U&S Pädagogik

Redlich/Schley · Kooperative Verhaltensmodifikation

UTE HENNIG
1983

Kooperative Verhaltensmodifikation im Unterricht

Alexander Redlich
Wilfried Schley

2., überarbeitete Auflage

Urban & Schwarzenberg
München - Wien - Baltimore 1981

Anschrift der Verfasser

Dr. R.-Alexander Redlich,
Dr. Wilfried Schley,
Psychologisches Institut II der Universität Hamburg, Abteilung Schulpsychologie, Von-Melle-Park 5, 2000 Hamburg 13

CIP-Kurztitelaufnahme der Deutschen Bibliothek

Redlich, Alexander:
Kooperative Verhaltensmodifikation im Unterricht / Alexander Redlich ; Wilfried Schley. – 2., überarb. Aufl. – München ; Wien ; Baltimore : Urban und Schwarzenberg, 1981.
(U-&-S-Pädagogik)
ISBN 3-541-40782-4
NE: Schley, Wilfried:

 Umschlagentwurf: Dieter Vollendorf. Satz: Wagner, Nördlingen. Druck und Bindung: C. H. Beck'sche Buchdruckerei, Nördlingen. Printed in Germany.

ISBN 3-541-40782-4

Inhalt

Lehrer zwischen Wunsch und Wirklichkeit

Die Lehrer, die im Rahmen der Lehrerfortbildung Projekte in Kooperativer Verhaltensmodifikation durchführen, stellen eine spezifische Auswahl der Lehrerschaft dar. Sie haben ihr Studium in den letzten 10 Jahren gemacht und in der Mehrzahl ein berufsvorbereitendes Referendariat absolviert. Von diesen Bedingungen aus gesehen, sind sie besser ausgebildet als alle Lehrer vorher.

Diese Lehrer sind unzufrieden darüber, mit einzelnen Schülern oder Gruppen nicht zurechtzukommen, Unterricht nicht interessant genug zu machen, auf Unterrichtsstörungen nur mit Druckmitteln zu reagieren. Als Ganzes gesehen registrieren sie enttäuscht und teilweise resigniert die Kluft zwischen den im Studium erworbenen Ansprüchen und dem wirklichen Geschehen in ihren Klassen.

Prägend für die Lehrerausbildung dieser Zeit war die Wende „von der Pädagogik zur Erziehungswissenschaft" (*Brezinka* 1969), die zu einer sozialwissenschaftlichen Orientierung der Lehrerausbildung führte. Gleichzeitig wurde Abschied genommen vom Lehrer als „Allrounddilletanten", der alles in allen Altersstufen unterrichten kann. Für alle Lehrer wurde eine fundierte fachwissenschaftliche Ausbildung eingeführt. Zudem begründete sich die Didaktik als Unterrichtswissenschaft (*Blankertz* 1970).

Die Wissenschaftsorientierung der Lehrerausbildung ließ die Lehrer mit einem dicken Bündel an Ansprüchen und Vorstellungen dem Schulalltag gegenübertreten. Sie wollten in ihrer Arbeit

- an den Interessen der Schüler anknüpfen und intrinsisch motivieren,
- die Dominanz der Lehreraktivitäten abbauen und einen schülerzentrierten Unterricht praktizieren,
- die Schüler nicht an die bestehenden Verhältnisse anpassen, sondern emanzipatorisch erziehen mit dem Ziel, Vor-

gegebenes in Frage zu stellen und die Wirklichkeit einer grundlegenden Kritik zu unterziehen,
- abwechslungsreichen und strukturierten Unterricht geben unter Einsatz von Gruppenarbeit, Projektunterricht, verschiedener Medien und Materialien,
- Konflikte rational austragen, die Macht der Lehrerrolle nicht ausnützen und die Schüler als gleichberechtigt ansehen,
- Schüler zu selbständiger Problemlösung befähigen,
- den Schülern nicht ihre mittelschichtsorientierte Sprache und Normen aufzwingen,
- Unterrichtsanforderungen nach Leistungsstand und Arbeitstempo differenzieren,
- Außenseiter integrieren, Problemschüler verstehen und abweichendes Verhalten abbauen.

Die Wirklichkeit sieht demgegenüber nach unseren Erfahrungen häufig anders aus:

- Unterricht läuft überwiegend in der traditionellen Form lehrerzentrierten Frontalunterrichts ab.
- Lehrer dominieren bereits rein sprachlich im Unterricht, sie reden im allgemeinen genauso häufig bis zweimal so viel wie alle Schüler zusammengenommen.
- Der Unterricht wird kaum differenziert nach unterschiedlichen Lernausgangslagen und Arbeitstempo, er richtet sich in der Regel am Schüler des guten Durchschnitts aus. Es gibt in den Klassen stets überforderte und unterforderte Schüler.
- Kleingruppenarbeit bleibt seltene Episode im schulischen Alltag.
- Außenseiter und auffällige Schüler erfahren vom Lehrer häufig keine Hilfe, eher führen größere psychologische Kenntnisse bei fehlenden Handlungsmöglichkeiten dazu, daß Lehrer über Etikettierungsprozesse die Karriere abweichenden Verhaltens ungewollt fördern.
- Die Lehrerrolle reduziert sich auf die Funktionen, Lehr-

stoff zu vermitteln und Leistungen zu überprüfen. Der Lehrer als Sozialerzieher bleibt auf der Strecke.

Diese Kluft zwischen Wunsch und Wirklichkeit der Lehrertätigkeit hat viele Ursachen.
Gesellschaftliche, d. h. politische und ökonomische Anforderungen engen schulische Handlungsmöglichkeiten ein. Schulorganisatorische Bedingungen wie Klassengrößen, Unterrichtsintervalle von 45 Minuten, Lehrpläne usw. legen den Lehrer in vielem fest.
Die „Kopflastigkeit" des erziehungswissenschaftlichen Studiums verhindert eine Ausbildung berufsspezifischer Handlungsweisen. In den Köpfen der Lehrer hat sich noch kein professionelles Selbstverständnis entwickelt, sondern zunächst nur eine Summierung partieller Anforderungen eingestellt, die Gefühle des Ungenügens auslösen und verunsichern.
Zu den verschiedenen Ursachebereichen für die Kluft zwischen Wunsch und Wirklichkeit des Lehrerverhaltens kommt hinzu, daß Lehrer diese Erkenntnis ganz unterschiedlich verarbeiten. Einige halten es für normal, daß Idealvorstellungen und Realität auseinanderfallen. Andere schätzen den Abstand als unüberbrückbar ein und resignieren. Wieder andere machen sich mit Einsatz an zähe Kleinarbeit, um Wunsch und Wirklichkeit einander näher zu bringen.
Die Breite der Probleme, die Vielschichtigkeit der Ursachen und die Verschiedenartigkeit der Wahrnehmung und Verarbeitung durch die Lehrer verbieten es, eindimensionale Lösungen zu propagieren. Von der Veränderung nur eines Bereichs, beispielsweise der Abschaffung des derzeitigen Leistungsbewertungssystems oder der Reduzierung der Klassenstärken, ist *die* Lösung nicht zu erwarten.
Auch psychologische Lösungsversuche sind nicht vor einseitigen Standpunkten geschützt. Wir selbst haben in vielen Lehrerfortbildungskursen mit ‚klassischer Verhaltensmodifikation' gearbeitet (*Belschner* u. a. 1973), ihre technologische Wirksamkeit erfahren, aber auch gefunden, daß sie zu wenig Verständigungsprozesse über Probleme zwischen Lehrer und

Schüler auslöst. Erfahrungen in anderen Lehrerkursen mit dem Ansatz der ‚Konfliktbewältigung ohne Niederlage' (*Gordon* 1977) haben uns gezeigt, wie wichtig diese Verständigung ist und welche konstruktiven Wirkungen davon ausgehen. Allerdings fehlt diesem Konzept die Systematik im diagnostischen Vorgehen und die Anleitung zum veränderten Handeln. Letztlich laufen hier die Veränderungen rein verbal ab.
Beide Konzepte haben uns sehr viele fruchtbare Ideen gegeben. Aufbauend auf den Erfahrungen mit ihnen haben wir das Konzept der Kooperativen Verhaltensmodifikation entwikkelt. Es verbindet die Verständigung über Probleme und Veränderungsmöglichkeiten mit systematischer Diagnose und detaillierter Planung von Änderungsschritten.
Von den Ebenen, auf denen Veränderungen zur Verminderung der Kluft zwischen Wunsch und Wirklichkeit der Lehrertätigkeit möglich und notwendig wären, wählen wir die der direkten Interaktion zwischen Lehrer und Schüler aus. Wir schließen uns dabei der Einschätzung *Hurrelmanns* (1975, S. 203) an, der von einer „relativen Autonomie des Erziehungssystems" spricht und begrenzte, aber realisierbare Veränderungen in Richtung einer „sozialtherapeutisch offenen Kommunikationssphäre" fordert.
Wir unterstützen die sozialwissenschaftlich begründete Forderung nach Professionalisierung der Lehrertätigkeit, treten jedoch der Fehlentwicklung entgegen, die Lehrerrolle auf die stoffvermittelnden und leistungsmessenden Funktionen zu reduzieren, weil hier möglicherweise der Anspruch am ehesten zu realisieren ist. Wir fordern dementsprechend, die sozialerzieherische Kompetenz der Lehrer zu stärken.
Soziales Lernen gleichberechtigt neben die Aufgabe zu stellen, Wissen und Fertigkeiten zu vermitteln, ist unser zentrales Anliegen. Wir möchten mit unserem Konzept helfend dazu beitragen, die in den Schulen vorhandenen Möglichkeiten besser zu nutzen, die Lernatmosphäre zu verbessern, die Schülerinteressen am Lernen zu aktivieren, Kommunikationsstörungen aufzulösen, gegenseitige Ablehnung von Lehrern und Schülern konstruktiv zu überwinden, Gefühle zu äußern

und bei anderen besser wahrzunehmen und insgesamt weitergehende Ziele sozialen Lernens zu erreichen.
Unsere Erfahrungen haben uns hierin optimistischer gemacht. Dieses Buch dokumentiert einen Teil dieser Erfahrungen. Es soll Lehrern Mut machen, sich ihrer Rolle als Sozialerzieher zu stellen.

Teil I: Theoretische Orientierung der Kooperativen Verhaltensmodifikation

Dieser Teil gibt die Überlegungen wieder, die uns dazu bewogen haben, im Rahmen praxisorientierter Lehrerfortbildung eine kooperative Art Verhaltensmodifikation zu entwickeln. Dazu stellen wir das theoretische Konzept dar, schildern Grundgedanken und Vorgehensweise der Ausbildung in diesem Konzept und gehen auf Perspektiven zur Weiterentwicklung ein.
Im zweiten Teil des Buches haben wir 14 Projektberichte als erste Produkte des Ansatzes zusammengefaßt.

Kapitel 1: Das theoretische Konzept

Die Kooperative Verhaltensmodifikation steht auf vier stabilen ‚Säulen'. Diese „Vierteilung" ist künstlich. In der Praxis sind alle Komponenten integriert.

- ▶ Auf der ‚klassischen' Verhaltensmodifikation als sprachliche Grundlage für die Verständigung im Kooperationsprozeß
- ▶ Auf einem Konzept kognitiver Selbstbewertung als ‚Modifikation' der klassischen Verhaltensmodifikation
- ▶ Auf einem Kooperations-Modell, das die Zusammenarbeit aller Beteiligten strukturiert und ihre Kommunikation verbessert
- ▶ Auf einer Handlungsstrategie als Orientierungshilfe und flexible Steuerung im Problemlösungsprozeß

Die folgenden vier Abschnitte gehen im einzelnen auf diese vier Ansätze ein.

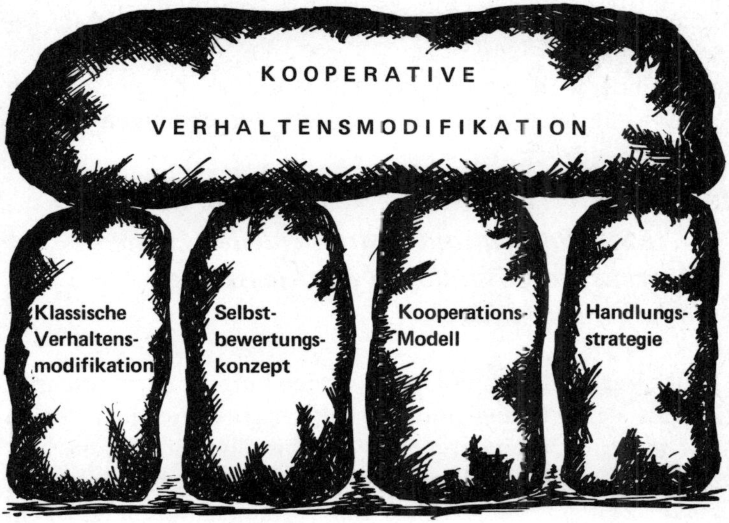

Abb. 1. Grundlagen der kooperativen Verhaltensmodifikation.

1. ‚Klassische' Verhaltensmodifikation als sprachliche Grundlage für Verständigung und Veränderung

Ausgangspunkt für die Entwicklung der Kooperativen Verhaltensmodifikation war die ‚klassische' pädagogische Verhaltensmodifikation (*Belschner u. a.* 1973; *Eisert u. Barkey* 1975; *Homme u. a.* 1974; *Ammer u. a.* 1976 u. v. a. m.). Aus verschiedenen Gründen haben wir uns entschieden, den lerntheoretischen Ansatz, der der klassischen Verhaltensmodifikation zugrunde liegt, als theoretische Sprache für die Verständigung in Problemlösungsprozessen heranzuziehen. Im nächsten Abschnitt (2.) wird diese Sprache erweitert und die technologische Intention der klassischen Verhaltensmodifikation erheblich reduziert.
Zunächst werden die wichtigsten Lernformen der klassischen Verhaltensmodifikation grob im Überblick dargestellt. Wir gehen dabei davon aus, daß der Leser sie schon kennt. Danach

folgt eine kurze Begründung, warum wir diesen Ansatz gewählt haben.
Am Ende wird ausgeführt, welche Erweiterungen unserer Auffassung nach an diesem Konzept vorgenommen werden müssen.

1.1 Modellernen und instrumentelles Lernen: Theoretische Grundlagen der klassischen Verhaltensmodifikation

In der Verhaltensmodifikation werden Lernprozesse beschrieben als Veränderungen im Verhaltensrepertoire einer Person und nicht als Veränderungen von Einstellungen, Eigenschaften oder Persönlichkeitszügen. Ändert eine Person in relativ kurzer Zeit eine ganze Reihe von Verhaltensweisen (z. B. ein 14jähriger während des Überganges von der Kindheit zur Jugend), so sprechen wir lieber von einer Veränderung des Verhaltensstiles oder ganzer Handlungsmuster als von der Veränderung seiner Persönlichkeit.

Modellernen

Am meisten lernen wir durch Beobachtungen an anderen. Dies wissen wir nicht nur aus unseren Alltagserfahrungen, sondern auch aus den Untersuchungen von *Bandura* (1976).

Für Jugendliche sind häufig bestimmte Filmschauspieler, Pop-Musiker oder etwas ältere Jugendliche Modelle, von denen sie sich einzelne Verhaltensweisen oder ganze Verhaltensmuster „abgucken".
Im Rollenspiel von kleinen Kindern, beispielsweise im Kindergarten, kann man deutlich sehen, welche Verhaltensweisen ihre Eltern häufig zeigen.

Wir lernen jedoch nicht alles, was Personen in unserer Umwelt zeigen. Was wir lernen, hängt von einer Reihe von Bedingungen ab, die hier nicht erläutert werden können (vgl. S. 67).

Die über Modellernen gelernten Verhaltensweisen speichern wir im Gedächtnis. So ist es möglich, daß wir sie nicht nur direkt, sondern auch später – zum Teil erst nach Jahren – „abrufen“ und zeigen können.
Während der Kindheit und Jugend lernen wir auf diese Weise die meisten Verhaltensweisen, die wir für unser Leben brauchen. Somit haben wir ein breites Verhaltensrepertoire, auf das wir laufend zurückgreifen können.

Instrumentelles Lernen

Die Lernprinzipien des instrumentellen (oder operanten) Lernens geben diejenigen Bedingungen an, die die Auswahl von Verhaltensweisen aus diesem Repertoire steuern. Die ausgewählten Verhaltensweisen werden dann in bestimmten Situationen tatsächlich gezeigt. Wir greifen nämlich diejenigen Verhaltensweisen aus unserem Repertoire heraus, die mit hoher Wahrscheinlichkeit ein bestimmtes von uns gewünschtes Ereignis (einen positiven Verstärker) in der Umwelt hervorrufen oder ein unerwünschtes (negativer Verstärker oder Strafreiz) verhindern. (*Holland u. Skinner* 1971).
Je nachdem, ob das erwartete Ergebnis nach der gezeigten Verhaltensweise eintritt oder nicht, steigt oder sinkt die Wahrscheinlichkeit, mit der in Zukunft dasselbe Verhalten wieder zu demselben Zweck instrumentell eingesetzt wird.
Der Prozeß kann insgesamt oder teilweise bewußt oder unbewußt-automatisch ablaufen.

So sind gezielte Impulse im Unterricht eher rational-bewußte Verhaltensweisen (Handlungen) des Lehrers, die bestimmte Antworten der Schüler (positive Verstärker für den Lehrer) hervorrufen. Die meisten Ermahnungen jedoch laufen bei Lehrern eher unbewußt-automatisch ab. Tadel und Ermahnungen sind Verhaltensweisen, die dadurch aufrechterhalten werden, daß sie in der Regel unmittelbar Erfolg haben: Der ermahnte Schüler wird kurzfristig tatsächlich ruhiger, paßt besser auf usw.

Instrumentelles Lernen beschreibt darüber hinaus die Bedingungen, die dazu führen, daß wir uns in verschiedenen Situationen unterschiedlich verhalten. Wir orientieren uns an ver-

schiedenen *Hinweisreizen,* die uns darüber informieren, daß bestimmte Verhaltensweisen in Gegenwart der Hinweisreize erfolgreicher sind als andere. Das Fehlen der Hinweisreize oder das Vorhandensein anderer Reize informieren darüber, daß dieselben Verhaltensweisen wahrscheinlich kein erwünschtes Ergebnis zur Folge haben werden.
Damit sind die Grundformen des Lernens abrißartig dargestellt, auf die sich die klassische Verhaltensmodifikation stützt. Mit ihnen kann nicht nur beschrieben werden, wie bestimmte Verhaltensweisen entstanden sind (diagnostische Funktion), sondern auch, wie Verhaltensänderungen (Lernprozesse) zielgerichtet initiiert werden können (Interventionsfunktion).
Im Rahmen der klassischen Verhaltensmodifikation sind auf der Grundlage des instrumentellen Lernens und Modellernens eine Reihe von Interventionsmethoden entwickelt worden. Sie lassen sich meistens auf folgende Grundregel zurückführen:

„Unerwünschtes Verhalten ignorieren und erwünschtes Verhalten belohnen!"

Durch Impulse, verbale Instruktionen oder Hinweise auf Modelle ruft man (als Lehrer oder Psychologe) bestimmte erwünschte, aber selten auftretende Verhaltensweisen wie z. B. „ruhiges Zuhören und Sich-melden" (beim Schüler) hervor und verstärkt sie jedesmal und unmittelbar mit einem (für den Schüler) angenehmen Ereignis wie z. B. einem Bonbon, mit Lob oder einer guten Zensur.
Dagegen werden unerwünschte Verhaltensweisen der Schüler überhaupt nicht beachtet (gelöscht) (vgl. dazu *Schulze in Belschner u. a.* 1973, S. 180 ff.).

1.2 Begründung und Funktion der verhaltenstheoretischen Sprache für die Kooperative Verhaltensmodifikation

Neben einigen anderen Argumenten, die schon von *Belschner* (1973), *Schott* (1973) und *Kuhlen* (1972) genannt wurden, haben uns folgende Gründe von diesem Ansatz überzeugt:

▶ **Der Allgemeinheitsgrad**

Verhaltensmodifikation basiert auf verhaltenstheoretischen Gesetzmäßigkeiten. Diese erscheinen uns von allen vorliegenden theoretischen Ansätzen, die zur Lösung von Problemen sozialen Verhaltens dienen könnten, am allgemeinsten zu sein.
Viele andere soziologische und psychologische Theorien lassen sich auf sie zurückführen (*Opp* 1972).
Die Allgemeinheit des theoretischen Ansatzes scheint uns der Breite und Vielfältigkeit von Problemen des sozialen Verhaltens gerecht werden zu können.

▶ **Der Bestätigungsgrad:** Voraussetzung für die Wirksamkeit von Interventionsmethoden

Gesetzmäßigkeiten des Lernens aus eigener Erfahrung und durch symbolische oder reale Modelle scheinen uns am häufigsten von allen vergleichbaren Theorien untersucht worden zu sein und haben den vielfältigen Prüfungen verhältnismäßig gut standhalten können. Dies gilt für Untersuchungen im Jugendheim (*Sarason* 1968, *Cohen u. a.* 1968), im Strafvollzug (*Barkey u. Eisert* 1975), im Elternhaus (*Minsel* 1975) und in der Freizeit (*Nelson u. a.* 1973) ebenso wie in der Schule.
Der hohe Bestätigungsgrad dieser Theorie bildet eine Voraussetzung dafür, daß Verhaltensmodifikation zur Lösung von Verhaltensproblemen auch in hohem Maße wirksam ist.

▶ **Der Realitätsbezug:** Weiterentwicklung des Konzeptes durch die Konfrontation mit der Realität

Pädagogische Verhaltensmodifikation hat von ihrer wissenschaftstheoretischen Ausrichtung her eine Orientierung an der Realität erhalten (*Kraiker* 1975). Das begriffliche Instrumentarium der Verhaltenstheorie bezieht sich auf reale, beobachtbare Tatsachen und nicht auf Abstraktionen wie „Charaktereigenschaften", „Intelligenz" oder „Verwahrlosung". Der Ansatz zwingt damit den Benutzer seiner Sprache zu einer fortlaufenden Kontrolle an der realen Umwelt. Wir sehen darin eine Übereinstimmung mit den Lerngesetzen selbst: Das Lernen aus Erfahrung an der Realität gilt nicht nur für Schüler und Lehrer, sondern auch für diejenigen, die diese Gesetze untersuchen und anwenden.
Dieser Realitätsbezug der verhaltenstheoretischen Sprache scheint uns die Gefahr einer Dogmatisierung der Theorie und Schematisierung der Anwendungsmethoden von vornherein zu verringern (*Opp* 1970, S. 135 ff.).

▶ **Die Eindeutigkeit:** Voraussetzung für klare Verständigung

Der direkte Bezug zur Realität drückt sich aus in sprachlichen

Einheiten (Verhaltensweisen und Reizen), die in hohem Maße eindeutig sind. Für kooperatives Handeln ist Eindeutigkeit die Voraussetzung für eine rasche und differenzierte Verständigung zwischen allen Beteiligten. Die Gefahr von Mißverständnissen wird verringert und erfolgreiche Kommunikation möglich.
Eine möglichst eindeutige Sprache scheint uns eine häufig vernachlässigte, aber notwendige Voraussetzung für kooperatives Handeln zu sein.

▶ **Der Abstraktionsgrad:** Direkter Bezug zur Handlungsebene

Mit der Sprache der Verhaltenstheorie werden begriffliche Einheiten angeboten, die es ermöglichen, komplexe Verhaltensmuster, Handlungsstrategien, Einstellungs- und Rollenstrukturen in einzelne Reiz- und Verhaltens-Bausteine zu zerlegen. Diese Bausteine können dann wieder zu neuen, besseren Verhaltensmustern, Handlungsstrategien usw. zusammengesetzt werden. Die verhaltenstheoretische Sprache liegt damit genau auf dem Abstraktionsniveau, auf dem konkrete Maßnahmen zur Veränderung gefunden werden müssen. So sagt uns beispielsweise der Begriff ‚Rivalität' an sich nicht, was man *tun* muß, um Rivalitätskonflikte zwischen Schülern abzubauen. Erst wenn man komplexes rivalisierendes Verhalten in einzelne Bestandteile zerlegt hat (sich vordrängen mit Beiträgen, andere abfällig beurteilen usw.) gelangt man auf die Ebene konkreten Handelns und damit praktikabler Maßnahmen.
Das Abstraktionsniveau (oder besser: die Konkretheit) der verhaltenstheoretischen Sprache legt unserer Auffassung nach die direkte Umsetzung von Ideen ins Handeln nahe.

▶ **Einheitlichkeit:** Diagnose und Intervention in derselben Sprache

Die verhaltenstheoretische Sprache dient nicht nur zur Beschreibung von Interventionen und Handlungsmethoden zur Veränderung von Problemen, sondern auch zu ihrer Diagnose. Mit denselben Lernprinzipien kann die Entstehung eines Problemverhaltens erklärt werden *und* die Veränderung des Problemverhaltens beschrieben werden. Diagnostischer Prozeß und Intervention werden damit in derselben ‚Sprache' vereinheitlicht. Diese Einheitlichkeit erleichtert nicht nur die Vermittlung des Konzeptes an die betroffenen Lehrer, sondern macht den gesamten Problemlösungsprozeß für alle durchschaubar.

1.3 Erweiterung und Veränderung der klassischen Verhaltensmodifikation

Der Ansatz der klassichen Verhaltensmodifikation muß jedoch unserer Auffassung nach um drei Elemente erweitert werden:

► Selbstbewertung statt Fremdverstärkung

Zum einen scheint uns der theoretische Ansatz selbst veränderungswürdig: Wir meinen, daß klassische Verhaltensmodifikation fast ausschließlich Fremdsteuerungsmethoden einsetzt.

So wird ‚Verstärkung' in der Regel als ‚Verstärkung durch andere' verstanden. Ziele und Methoden der klassischen Verhaltensmodifikation sind meistens für die Schüler nicht durchschaubar.

Richtiger jedoch erscheint uns von der pädagogischen Zielsetzung her der Aufbau einer Selbststeuerungsfähigkeit bei Schülern. Sie sollen sich selbst in ihrem Sozialverhalten steuern lernen, indem sie sich Ziele setzen und ihr Verhalten daran messen (selbst bewerten). Äußeren Verstärkern kommt dann nur eine zweitrangige Bedeutung zu. Denn wenn die Schüler sich bestimmte Ziele für ihr Verhalten selbst setzen, ist die Erreichung dieser Ziele an sich verstärkend. Dazu aber muß der Prozeß des Lernens den Schülern soweit wie möglich transparent sein.
Wir haben den theoretischen Ansatz der Verhaltensmodifikation durch ein Modell der Selbstbewertung ergänzt. Den Anstoß dazu gab uns *Kanfer* mit einem Modell zur Selbstveränderung (1977).

► Kooperation statt Weisung

Zum zweiten wird in der pädagogischen Verhaltensmodifikation die Beziehung zwischen den am Problemlösungsprozeß beteiligten Lehrern, Schülern und Beratern nicht thematisiert. Es wird nicht gefragt,

- ob die Schüler die vom Lehrer intendierten Veränderungen überhaupt wünschen
- ob die Lehrer Widerstände gegen Vorschläge von außenstehenden Beratern entwickeln
- oder was man tun kann, damit „alle an einem Strang ziehen".

Deshalb muß das Modell der pädagogischen Verhaltensmodifikation um eine kooperative Komponente erweitert werden.

▶ Strategie statt Schema

Zum dritten fehlt dem Verhaltensmodifikations-Ansatz eine systematische Handlungsstruktur. Vorliegende Strukturierungen – wie beispielsweise bei *Schott* (1973) – sind offensichtlich eher wissenschaftlichem Untersuchungsinteresse entsprungen und erweisen sich in der Praxis als zu schematisch. Außerdem bieten sie bestenfalls dem wissenschaftlichen Berater eine handlungsorientierende Strukturierung, nicht aber den Lehrern und Schülern.
Wir fassen kooperative Verhaltensmodifikation als eine problemlösende Handlungsstrategie auf, bei der bestimmte Handlungsschritte in flexibler Reihenfolge durchlaufen werden müssen. Dabei orientieren wir uns an der Handlungstheorie von *Miller, Galanter und Pribram* (1975).
In den folgenden Abschnitten werden diese Punkte erläutert.

2. Ein Selbstbewertungs-Konzept als ‚Modifikation' der klassischen Verhaltensmodifikation

Die klassische Verhaltensmodifikation beschreibt Lernprozesse mittels äußerlich sichtbarer Reize und Reaktionen. Verhaltensweisen (Reaktion) treten in bestimmten Situationen häufiger auf, wenn ihnen äußerlich sichtbare fördernde Reize (Verstärker) direkt folgen. Die allgemeine Verhaltenstheorie erklärt jedoch in dieser Form nicht, warum Menschen trotz fehlender Verstärkung an Handlungsweisen festhalten, von denen sie glauben, daß sie schließlich doch zum Erfolg führen werden. Sie erklärt nicht, warum sie Mühsal und Anstrengungen bei ihren Handlungen in Kauf nehmen, wenn sie meinen, daß sie später Glück und Zufriedenheit damit erreichen.

2.1 ‚Innere' Reize und Verhaltensweisen

Offensichtlich scheinen ‚innere' Reize ebenso wirksam oder sogar wirksamer zu sein als äußerlich sichtbare. Moderne

Verhaltenspsychologen gehen deshalb davon aus, daß Menschen in weiten Bereichen eher durch intern ablaufende (Denk-)Prozesse gesteuert werden als durch äußere Reize. Dieses innere Geschehen hat auf äußere Handlungen eine ganz erhebliche Wirkung. Zwischen dem äußeren Reiz-Input und dem äußerlich sichtbaren Verhaltens-Output werden gedankliche, nicht sichtbare Zwischenprozesse angenommen, die man aus den beobachtbaren Verhaltensweisen erschließen kann. Man nimmt dabei an, daß diese inneren Prozesse nach denselben Gesetzmäßigkeiten ablaufen wie äußere Verhaltensweisen (*Homme* 1965). Denkprozesse werden in diesem Ansatz „kognitives Verhalten" genannt und ihr Auftreten in derselben Weise beschrieben wie sichtbares Verhalten.
Zwischenglied zwischen dem sichtbaren (motorischen) Verhalten und dem nicht-sichtbaren (kognitiven) Verhalten ist das sprachliche Verhalten. Denkprozesse können somit in der Form sprachlichen Verhaltens sichtbar gemacht und untersucht werden. Umgekehrt können über sprachliches Verhalten (sog. Fremd- und Selbstinstruktionen) kognitive Prozesse eingeleitet und motorisches Verhalten damit gesteuert werden.

So kann beispielsweise ein Schüler, der in hohem Maße mißerfolgsorientiert dem Lernen gegenübersteht, sich laufend dadurch bestrafen, daß er zu sich selbst denkt: „Da habe ich schon wieder einen Fehler gemacht! Ich kann das ja doch nicht. Das schaffe ich nie. Ich bin eben zu dumm dazu." Durch diese nicht sichtbaren Selbstbestrafungen (in gleicher Weise gibt es auch Selbstverstärkungen) hemmt der Schüler jede motorische oder kognitive Annäherung an Lernprozesse. Damit steuern innere Prozesse sein äußeres Verhalten.
Die Veränderungsmethode kann darin bestehen, daß dieser Schüler zunächst über Modelle und Fremdinstruktionen lernt, sich laute Selbstbewertungen zu geben, die positiv sind: „Das kann ich schaffen. Beim nächsten Mal mache ich es bestimmt besser. Das interessiert mich. Hier habe ich zwar einen Fehler gemacht, den werde ich aber beim nächsten Mal nicht mehr machen."
Diese sprachlichen Selbstbewertungen werden in zunehmendem Maße verinnerlicht zu gedanklichen Prozessen. Wenn der Schüler diese Selbstbewertungen hinreichend geübt hat, werden sie in Zukunft automatisch als Denkprozesse ablaufen.

Vertreter dieser neueren Auffassung von Verhaltenspsychologie (*Kanfer* 1977, *Hartig* 1975) erklären damit „heldenhaftes Verhalten“ oder die Fähigkeit zum „Widerstand gegen Versuchungen“: Anstrengungen nimmt man dann auf sich, wenn man sich laufend dafür durch kognitive Selbstbewertungen verstärken kann („ich mach' jetzt schon Fortschritte, noch ein bißchen aushalten, dann erreiche ich mein Ziel“). In dem Maße also, in dem beispielsweise Schüler sich selbst Anerkennung und Bestätigung geben können, werden sie von äußeren, direkten Anreizen unabhängig und können langfristige Ziele trotz momentaner Schwierigkeiten mit großer Ausdauer anstreben.

Dazu brauchen sie jedoch nicht nur die Fähigkeit, sich selbst beim Handeln zu verstärken oder positiv zu bewerten, sondern müssen auch diejenigen Verhaltensweisen kennen, die langfristig tatsächlich zum angestrebten Ziel führen. Das bedeutet, daß die Selbstbewertungen nicht unrealistisch sein dürfen.

Wenn beispielsweise ein Schüler meint, daß er auch dann gute Schulleistungen erbringen wird, wenn er häufig den Unterricht versäumt, im Unterricht nicht aufpaßt und keine Hausaufgaben macht (ich schaff' das schon!), sich dabei aber überschätzt, so beruht seine Selbstbewertung auf bloßem Glauben und gibt nicht die tatsächlichen Zusammenhänge zwischen seinem Verhalten und dem Ziel wieder.

Beruhen die Selbstbewertungen auf falschen Annahmen, so laufen die Schüler Gefahr, daß sie sich über einen längeren Zeitraum gewissermaßen innerlich anerkennend auf die Schulter klopfen, ihr Ziel am Ende aber trotzdem nicht erreichen. Um so schlimmer wird dann ihr Mißerfolgserlebnis sein. Realistische Selbstbewertungen können Schüler nur dann entwickeln, wenn sie derartige Erfahrungen an der Realität in bezug auf das eigene Verhalten auswerten. Nehmen sie an, daß die Ursache für ihren Mißerfolg (oder auch Erfolg) mit ihrem Verhalten in keinerlei Zusammenhang steht, so können sie aus ihren Erfahrungen auch nicht lernen, wie sie sich in Zukunft verhalten sollen.

Wenn z. B. der Schüler, der sich selbst überschätzt hat, sitzenbleibt, hat er die Möglichkeit, diesen Mißerfolg im Zusammenhang mit

seiner lockeren Arbeitshaltung zu sehen oder auf andere Ursachen zu schieben, für die er selbst nicht verantwortlich ist. Beispielsweise könnte er denken, daß der Lehrer ihn nicht mag und ihm deshalb zwei Fünfen „reingewürgt“ habe.
Ein anderer, der mit sehr guten Zensuren abschneidet, nie gefehlt hat, sehr fleißig war und immer aufgepaßt hat, könnte dagegen meinen, daß das Ergebnis nicht an seinem Verhalten gelegen habe, sondern an glücklichen Umständen.
Je nachdem, wie die Schüler das Ergebnis in bezug auf ihr eigenes Verhalten auswerten, werden in Zukunft ihre Selbstbewertungen sein: „Der Lehrer mag mich ja doch nicht; da lohnt es sich überhaupt nicht zu pauken.“ Oder: „Hätte ich bloß besser mitgearbeitet! Dann hätte ich es bestimmt geschafft. Beim nächsten Mal strenge ich mich mehr an.“

Je klarer für die Schüler der Zusammenhang zwischen ihrem eigenen Verhalten und dem angestrebten Ziel ist, desto leichter fällt es ihnen, ihre Erfahrungen realistisch auszuwerten.
Am deutlichsten wird ihnen der Zusammenhang zwischen ihrem eigenen Verhalten und dem Ziel, wenn es direkt auf das Verhalten folgt. Je größer der zeitliche Abstand zwischen den Verhaltensweisen und dem Ergebnis ist, desto undurchsichtiger wird auch der Zusammenhang.
Bei der Kooperativen Verhaltensmodifikation wird deshalb gezielt trainiert, das Ergebnis der eigenen Verhaltensweisen im Hinblick auf ein Ziel auszuwerten. Wichtigstes Element dieses Auswertungsprozesses ist die *Selbstbewertung*. Denn in diesen Begriff gehen motivationale Elemente (Selbstverstärkung) und informative Elemente (Rückmeldung über Erfolg oder Mißerfolg) ein.
Unserer Auffassung nach ist menschliches Verhalten im wesentlichen dadurch gekennzeichnet, daß es durch (mehr oder weniger realitätsgerechte) Selbstbewertungsprozesse gesteuert wird. Selbstbewertungen treten laufend auf und finden in der Regel nicht-sprachlich und nicht-sichtbar – also als Denkprozesse – statt. Demgegenüber sind äußere Verstärker verhältnismäßig unwichtig.

Die Fähigkeit zur realitätsgerechten Selbstbewertung muß gelernt werden. Wenn Verhaltensprobleme in Schulklassen auftreten, ist in der Regel diese Fähigkeit zu verbessern. Das hier beschriebene Modell leitet Lehrer und Schüler dazu an.

diese Fähigkeit im Hinblick auf ein vorliegendes Problem sozialen Verhaltens zu erwerben und auszubauen.

2.2 Elemente des Selbstbewertungsprozesses

Jeder kann sich erst dann selbst bewerten, wenn er Maßstäbe hat, an denen er sich mißt. Er braucht also ein *Ziel.*
Diese Ziele können mittels bestimmter (Ziel-)Verhaltensweisen erreicht werden. Andere (Problem-)Verhaltensweisen stehen der Zielerreichung im Wege. Neben der Zielsetzung benötigen wir also eine möglichst genaue *Beschreibung* derjenigen Verhaltensweisen, mit denen das Ziel tatsächlich erreicht wird.

So kann beispielsweise ein Schüler, der das Ziel hat, von seinen Mitschülern anerkannt und beachtet zu werden, sich erst dann laufend realistisch selbstbewerten, wenn er *weiß,* daß kooperatives, solidarisches und kameradschaftliches Verhalten dazu führt, während aggressives, konkurrierendes und angeberisches Verhalten ihm eher Ablehnung einbringt. Der Schüler muß die Zielverhaltensweisen so genau kennen, daß er jederzeit feststellen kann, ob er sich zielgerecht verhält oder nicht.

Dazu muß er die Fähigkeit besitzen, *sich selbst zu beobachten.* Um überhaupt das Zielverhalten mit dem tatsächlichen Verhalten vergleichen zu können, muß der Schüler lernen, das eigene Verhalten möglichst objektiv zu beobachten.

So sind impulsive Kinder häufig nicht einmal in der Lage, ihr eigenes Verhalten nachträglich hinreichend objektiv zu beschreiben. Um so schwächer dürfte ihre Fähigkeit sein, sich selbst direkt bei Wutausbrüchen und Ablenkungen zu beobachten.

Erst wenn der Schüler sich ein Ziel setzen kann, wenn er weiß, welche Zielverhaltensweisen zum Ziel führen und wenn er selbst beobachten kann, welches Verhalten er tatsächlich gerade zeigt, ist er auch in der Lage, zu *bewerten,* ob sein tatsächliches Verhalten dem Zielverhalten entspricht oder nicht. Dementsprechend kann er im Interaktionsprozeß seine Verhaltensweisen korrigieren. Er sieht sich gewissermaßen selbst wie in einem Monitor. Der Selbstbewertungsprozeß ist jedoch in der Regel kein rationaler Prozeß, den man bewußt und gezielt durchführt. Verhaltenssteuerung ist meistens automatisiert und unbewußt. Zielsetzung, Verhaltensbeschreibung, Verhaltensbeobachtung und Selbstbewertung laufen blitzschnell und unsichtbar ab.

Allerdings muß der Schüler am Ende tatsächlich erleben, daß

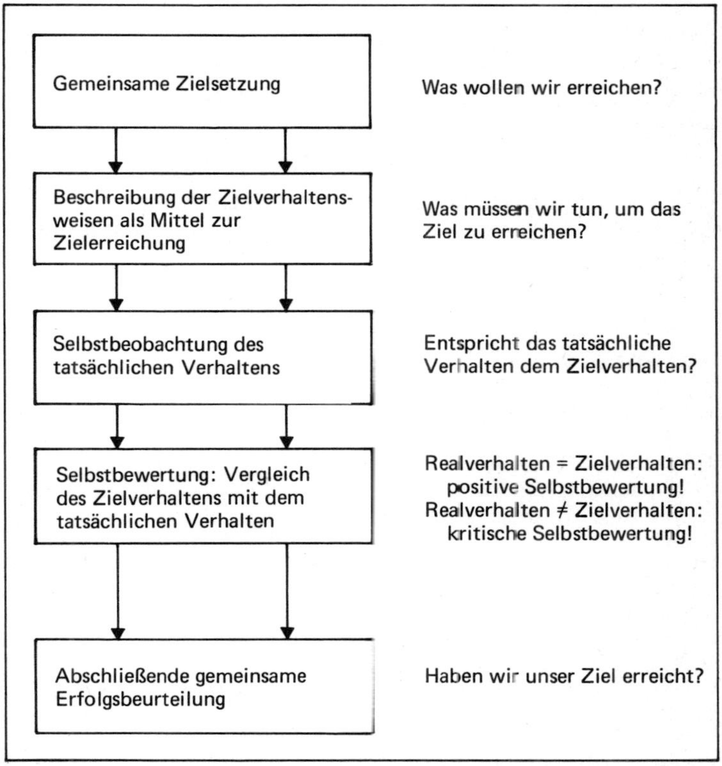

Abb. 2. Die fünf Schritte der Selbstbewertung: Am Projektbeginn steht die gemeinsame Zielsetzung und Beschreibung der Zielverhaltensweisen. Das realisierte Verhalten wird im Vergleich mit dem Zielverhalten geprüft und positiv oder kritisch selbst bewertet. Durch positive Bewertung wird es gefestigt, durch kritische verbessert. Am Ende steht die gemeinsame Erfolgsbeurteilung. Wurde das selbstgesetzte Ziel tatsächlich erreicht, so wird der gedankliche Zusammenhang zwischen dem Zielverhalten und dem Ergebnis gefestigt.

er sein *Ziel erreicht,* wenn er die Zielverhaltensweisen überwiegend realisiert hat.
Selbstbewertungsprozesse laufen somit in fünf Schritten von der Zielsetzung über die Verhaltensbeschreibung, die Selbstbeobachtung, Selbstbewertung und abschließende Erfolgsbeurteilung ab. Abb. 2 zeigt die genannten fünf Schritte. Diese fünf Elemente stellen jeweils den Kern der Interventionen im Rahmen der Kooperativen Verhaltensmodifikation dar. Gegenüber der klassischen Verhaltensmodifikation treten äußere Fremdverstärker in den Hintergrund, während die Selbstbewertung in den Vordergrund rückt. Im Ablauf des Prozesses von der Zielsetzung bis zur abschließenden Erfolgsbewertung üben sich die Schüler in der Fähigkeit zur realistischen Selbstbewertung. Zum besseren Verständnis dieser abstrakten Ausführungen sollte sich der Leser den konkreten Ablauf eines solchen Projektes genau vor Augen führen (vgl. auch einen beliebigen Bericht aus der Sammlung im Teil II):

Alle Schüler sind gefragt worden, was sie stört, welche Wünsche sie im Hinblick auf den Unterricht haben, und ob sie bestimmte Probleme genauso wie der Lehrer sehen. Die Erklärung des Problems ist mit ihnen besprochen worden, und sie haben im Rahmen der gemeinsamen Zielbestimmung ihre eigenen Wünsche einbringen können. „Gemeinsame Zielsetzung" heißt, daß das Ziel von allen akzeptiert wird (z. B. mehr Beteiligung am mündlichen Unterricht). Das Zielverhalten wird nun gemeinsam genau beschrieben (z. B. sich bei Fragen von Lehrer oder Schülern mindestens dreimal pro Stunde melden). Im Hinblick auf die Realisierung dieses Zielverhaltens beobachtet der einzelne Schüler sich selbst anhand eines Selbstbeobachtungsbogens. Dabei zeichnet er auf, ob er das Zielverhalten gezeigt oder nicht gezeigt hat.
Genau an diesem Punkt des Prozesses lernt der Schüler, sich selbst positiv oder kritisch zu bewerten: Jedesmal, wenn er sich selbst einen Pluspunkt gibt, ist er dem Ziel einen Schritt näher, und dies kann er als eigene Leistung festhalten. Das „Sich-selbst-Punkte-geben" ist demnach eine offene, sichtbare Selbstbewertung. Was normalerweise in Form unsichtbarer Denkprozesse abläuft, wird hier über das Hilfsmittel des Selbstbeobachtens sichtbar und systematisch eingeübt.
Es können sich auch jeweils zwei Schüler gemeinsam beobachten und einen Beobachtungsbogen ausfüllen. Dann fallen Fremd- und Selbstbewertung zusammen, was für den Aufbau eines realistischen Selbstbewertungssystems am günstigsten ist.

Datum	Ich habe mich gemeldet	Dabei hatte ich ..... Angst			
		keine	wenig	ziemlich	viel
17.2.77 Deutsch	++			+	+
17.2.77 Mathematik	+	+			

Abb. 3. Selbstbeobachtungsbogen für einen selbstunsicheren Schüler. Der Schüler trägt die Zahl seiner Meldungen pro Stunde ein und gibt an, wie stark seine Angst dabei war.

Dabei ist der Zusammenhang zwischen den einzelnen – selbst bewerteten – Zielverhaltensweisen und dem Gesamtziel in der gemeinsamen Interventionsplanung festgelegt worden. Für jeden Schüler ist demnach 100%ig klar: Wenn ich das Zielverhalten zeige, dann erreiche ich auch unser, bzw. mein Ziel. Oder: Ich habe mein, bzw. unser Ziel deshalb nicht erreicht, weil ich das Zielverhalten nicht gezeigt habe.
Dieses Zusammenhangs-Bewußtsein macht die realitätsgerechte Komponente des Selbstbewertungsprozesses aus. Dazu muß jedoch die regelmäßige und abschließende Erfolgsbewertung durch die ganze Klasse und den Lehrer gemeinsam durchgeführt werden.

Eine *einmalige* Selbstbewertung wird sicherlich keinen Effekt zeigen. Aus diesem Grund müssen Selbstbeobachtung und Selbstbewertung über einen längeren Zeitraum regelmäßig (beispielsweise eine Unterrichtsstunde pro Tag) stattfinden.
Ein einzelnes Selbstbewertungsprojekt (von der Zielsetzung über zahlreiche Selbstbewertungen bis zur abschließenden Erfolgsbewertung) wird die Fähigkeit zur realitätsgerechten Selbstbewertung auch nicht entwickeln können. Aus diesem Grunde sollten mehrere derartige Projekte in derselben Klasse aufeinander aufbauen.

3. Kooperation statt Weisung

Probleme sozialen Verhaltens und soziales Lernen treten in Gruppen auf. Die Verhaltensweisen der Gruppenmitglieder hängen von vielen Bedingungen ab. Die Gruppenmitglieder wirken durch ihre Verhaltensweisen aufeinander und auf ihre Umwelt ein. Die veränderten Umweltbedingungen wiederum haben eine Rückwirkung auf die Gruppe.
Die Gesamtheit der aufeinander in hemmender oder fördernder Weise wirkenden Bedingungen und komplexen Wechselwirkungsbeziehungen können wir als ein System im Sinne von *Chin* (1975) ansehen:
Systeme sind zum einen dadurch gekennzeichnet, daß alle ihre Teilelemente (Personen, sachliche Bedingungen) miteinander in *wechselseitiger Abhängigkeit* stehen. Verändert sich ein Teilelement – sei es aus sich selbst heraus, sei es durch Anstoß von außen –, so werden alle anderen in irgendeiner Weise in Mitleidenschaft gezogen.
Systeme sind weiterhin dadurch gekennzeichnet, daß sie dazu tendieren, einen *stabilen Gleichgewichtszustand* zu erreichen. Da sie durch die enge Beziehung mit dem Umfeld dauernd Impulse zur Veränderung erhalten und weil auch von innen her Anstöße zu Veränderungen kommen, müssen die Teilelemente in ihren komplexen Wechselwirkungsbeziehungen so flexibel sein, daß ein stabiler Gesamtzustand immer wieder durch Anpassungsprozesse im Feld hergestellt werden kann. „Ein stabiler Gesamtzustand“ heißt hier nicht Stagnation. Ein System kann sich auch laufend verändern und trotzdem ein stabiles Gleichgewicht im Veränderungsprozeß bewahren.
Ein solches Gleichgewicht kann – von außen her betrachtet – positiv und problemlos sein. Wenn es zusätzlich auch von allen Gruppenmitgliedern, also von innen her, als positiv empfunden wird, ist der Gleichgewichtszustand wirklich stabil. Ist das Kräftefeld jedoch von außen oder von innen her starken Spannungen ausgesetzt und ist das mühsam erreichte Gleichgewicht nur kurzfristig und labil, so sprechen wir von einem „Problem“.

Das Ziel der Kooperativen Verhaltensmodifikation als Problemlösungsstrategie besteht deshalb darin, in Gruppen einen stabilen Gleichgewichtszustand zu erreichen. Soll nun eine solche Stabilität hergestellt werden, so müssen im Veränderungsprozeß alle (Wechsel-)Wirkungsbeziehungen berücksichtigt werden.

So ist eine Schulklasse ein System menschlicher Beziehungen, die sich in Interaktionsmustern niederschlagen. Diese Interaktionsmuster entwickeln sich rasch aus den ersten Erfahrungen miteinander und können für alle befriedigend und stabil, aber auch frustrierend und wechselhaft sein.
Haben sich nun problematische Interaktionsmuster entwickelt, – z. B. dauernde Auseinandersetzungen zwischen Mädchen und Jungen, Aggressionen stärkerer gegen schwächere Schüler, gegenseitige Ablehnung von Lehrer und Schüler –, so können sie nur verbessert werden, wenn alle Elemente des Feldes berücksichtigt werden:

- die Interessen und Aufgaben des Lehrers
- die Rahmenbedingungen, unter denen er arbeiten muß
- die Zusammensetzung der Klasse
- die Interessen und Wünsche der Schüler usw.

Jede dieser Bedingungen hat auf das vorliegende Problem einen mehr oder weniger starken Einfluß, während es mit den anderen Bedingungen in einem hochkomplexen und vielschichtigen Wechselwirkungsverhältnis steht.

Hier über eine psychologisch-pädagogische Intervention im Sinne einer curricularen ‚Fertigware' eine gezielte und systematische Veränderung herstellen zu können, hieße, diese vielfältigen Wirkungen und Wechselwirkungen genau zu kennen. Wir können sie jedoch immer nur unzureichend kennen.

So gibt beispielsweise *Fend* (1971, S. 76) 17 (!) Bedingungen an, die für den Schulerfolg relevant sein sollen. 17 Bedingungen können in über 150 einfache Wechselwirkungsbeziehungen treten.

Die einzige Möglichkeit, alle Bedingungen im System auf längere Sicht in den Griff zu bekommen und sich flexibel auf neue Situationen und Veränderungen einzustellen, besteht darin, daß die Beteiligten, d. h. die wichtigsten Determinanten des Systems, miteinander in Kommunikation treten und gemeinsam die Problembedingungen verändern (Anm. 1 auf S. 55). Das bedeutet, daß sie sich auf ein Ziel einigen müssen und zusammen eine Veränderungsstrategie entwickeln und durchführen können. Sie müssen gemeinsam in der Lage sein, flexibel und zielgerichtet auf neue, das Gleichgewicht des Systems störende Bedingungen zu reagieren und immer wieder einen stabilen Gleichgewichtszustand herzustellen. Selbst wenn bei dem Problemlösungsprozeß wichtige Bedingungen zunächst vernachlässigt werden und Fehler auftreten, so kann doch eine (wiederum gemeinsam beschlossene) Korrektur trotz aller Widrigkeiten zum Ziel führen.

Ohne hinreichende Beteiligung der Schüler oder gegen ihren Willen wird der Einsatz bestimmter Maßnahmen des Lehrers oder außenstehender Personen auf Widerstände stoßen, unterlaufen werden oder vielfältige Nebeneffekte bewirken, die nicht vorhersehbar sind. Dies ist mit eine Ursache dafür, daß curriculare Fertigwaren im Bereich sozialen Verhaltens nicht funktionieren können. So erklärte eine Lehrerin nach Abschluß ihres Projektes: „Es hat den Schülern Spaß gemacht, weil sie wußten, daß es ihre Interessen betraf, und weil sie die Zielsetzung und die Intervention selbst erarbeitet haben. Eine fertige Intervention würden sie gar nicht akzeptieren."

Wenn Probleme nicht von den Betroffenen selbständig gelöst werden können, ist es notwendig, einen außenstehenden Berater hinzuzuziehen. Er kann Informationen liefern, neue Impulse geben, und über die begleitende Beratung helfend dazu beitragen, daß Lehrer und Schüler die grundlegenden Fähigkeiten und Techniken zur Selbststeuerung ihrer Beziehungen lernen. Dieser Berater wird zeitweise ein Teil des Systems. Er selbst wirkt somit auf die Teilelemente des Systems ein, und diese wiederum beeinflussen ihn.

Kurz: Die Bewältigung von Problemen in sozialen Gruppen sehen wir als kooperativen Prozeß aller Beteiligten an, in den auch außenstehende Berater einbezogen werden.

Aufgrund dieser Überlegungen haben wir die verhaltenstheoretische Sprache mit einem Kooperationsmodell verknüpft, das die Kommunikation zwischen Lehrern und Schülern einerseits sowie zwischen Beratern und Lehrern andererseits problemzentriert steuern soll.
Im folgenden wird kurz dargestellt, wie die Kooperationsstruktur (Funktionsteilung) zwischen Lehrern, Schülern und Berater aussieht (3.1), und welche Kommunikationsformen dazu wichtig sind (3.2).

3.1 Kooperationsstruktur: Berater – Lehrer – Schüler

Wir unterscheiden drei Funktionen: Die des Lehrers, der Schüler und die des Beraters (Schulpsychologe, Kollege).

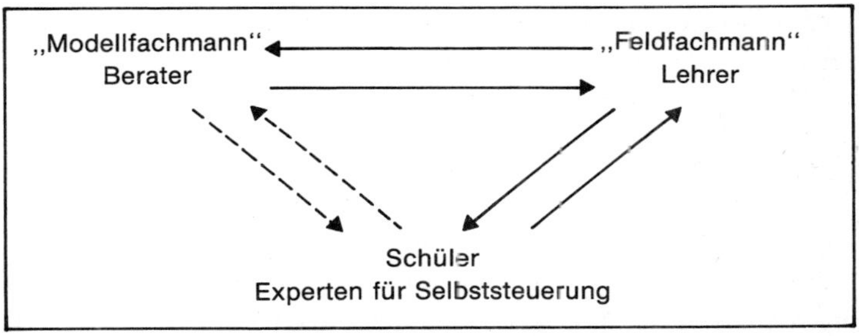

Abb. 4. Die Kooperationsstruktur zwischen Lehrer, Berater und Schülergruppe. Nur der Lehrer steht in enger Beziehung zum Berater und den Schülern. Schüler und Berater treten meistens nicht in eine Beziehung zueinander.

Dieses Kooperationsmodell betont jeweils diejenigen Kompetenzen der Kooperationspartner, die in schulpsychologischen Beratungen und in der Interaktion zwischen Lehrer und Schülern häufig *verletzt* werden. Wenn der Berater so tut, als könne er nicht nur gut beraten, sondern auch noch besser unterrichten als der Lehrer, so wird sich der Lehrer in seinen spezifischen Kompetenzen angegriffen fühlen. Wenn der Lehrer unterschwellig oder offen zum Ausdruck bringt, daß er alles, was der Berater einbringt, eigentlich viel besser kann als dieser, wird sich der Berater dagegen zur Wehr setzen. Wenn die Schüler vom Lehrer ständig kontrolliert und fremdgesteuert werden, fühlen sie sich in ihrer Fähigkeit zur Selbststeuerung verletzt. Jeder hat seine spezifischen Kompetenzen, auf die er viel Wert legt. Wenn sie von anderen verletzt oder in Frage gestellt werden, wird der Kooperationsprozeß erheblich beeinträchtigt.

Im Rahmen der Kooperativen Verhaltensmodifikation soll jeder seine spezifischen Kompetenzen in den Kooperationsprozeß einbringen.

Das Problem und die Aufgabe sozialen Lernens liegt im Handlungsbereich der Gruppe und des Lehrers. Der Berater gehört normalerweise nicht zum System (Schulklasse), sondern kommt von außen hinzu. Abb. 4 zeigt, daß eine Kommunikation zwischen Berater und Schülern selten stattfindet. Die Kommunikation läuft in der Regel über den Lehrer. Er ist gewissermaßen der Angelpunkt, an dem die Kooperation hängt.

► *Die Funktion des Lehrers*

Die Aufgabe des Lehrers besteht darin, den Schülern allgemeines Wissen zu vermitteln und als Sozialerzieher ihre Fähigkeiten zu entwickeln, miteinander umzugehen. Wenn er diese Aufgabe nicht ausreichend erfüllt, entsteht ein Problem, bei dem die Kooperative Verhaltensmodifikation hinzugezogen werden kann. Der Lehrer verfügt dabei über eine zentrale Position in der Gruppe: Er kennt die Schüler und äußeren Bedingungen der Klasse, er plant und führt den Unterricht durch, über ihn laufen die meisten Informationen, von ihm gehen die wichtigsten Impulse aus usw.
Kurz: Er besitzt die Kompetenzen eines „*Feldfachmannes*".

► *Der Berater*

Die Aufgabe des Beraters besteht darin, bei Problemen in Schulklassen helfend einzugreifen. Er kennt in der Regel des Problemfeld nur oberflächlich oder gar nicht aus eigener Anschauung. Dafür besitzt er spezifische Kenntnisse im Umgang mit dem Modell der Kooperativen Verhaltensmodifikation. Er kennt verschiedene Methoden und Techniken der Verhaltensmodifikation sowie ihre Möglichkeiten und Grenzen.
Darüber hinaus besteht seine Aufgabe darin, für den Lehrer Reflektionshilfe zu sein. Im Gespräch hilft er dem Lehrer dabei, eine klare Sicht des Problems zu entwickeln und Lö-

sungsmöglichkeiten im vorhinein gedanklich zu erproben. Falls der Lehrer selbst die verhaltenstheoretische Sprache, ihre Methoden und die Grundgedanken der Kooperativen Verhaltensmodifikation sicher beherrscht, reduziert sich die Funktion des Beraters auf die der Reflektionshilfe. Dabei benötigt er nur die Fähigkeit, das Problem zusammen mit dem Lehrer zu durchdenken, Unklarheiten aufzudecken sowie Entscheidungen und Ergebnisse mitzutragen.
Berater spielen also die Rolle eines *„Modellfachmannes"*. Bei hinreichender Kompetenz des Lehrers im Umgang mit der Kooperativen Verhaltensmodifikation jedoch können Berater auch Kollegen oder sogar Ehepartner sein, sofern sie einige grundlegende kommunikative Fähigkeiten (vgl. 3.2) besitzen. Ideal sind die Bedingungen für eine Kooperation dann, wenn zwei Lehrer ihre Funktionen als Berater und Lehrer austauschen. Dazu müssen beide Erfahrungen mit der Kooperativen Verhaltensmodifikation besitzen und sich gegenseitig Denkanstöße und Reflektionshilfen geben. In diesem Falle ist die Arbeitsteilung im Rahmen der Kooperation zu einer reinen Funktionsteilung geworden, die jederzeit umkehrbar ist, je nachdem, wessen Problem gerade gelöst werden soll.
Mit den Schülern hat der Berater nur bei speziellen Problemen Kontakt: wenn z. B. die Beziehung zwischen dem Lehrer und den Schülern so schlecht ist, daß ein neutraler Vermittler beiden „Parteien" Anstoß für eine neuartige Auseinandersetzung geben muß, oder wenn die Schüler einen Berater konsultieren.
Ein Berater-Schüler-Kontakt darf jedoch nicht mit der traditionellen Einzelfallhilfe verwechselt werden, in der ein Schüler der Problemfall ist, der zum Berater geschickt wird. Hier wird immer das System der Schulklasse mit allen Beteiligten als Problemträger gesehen.

► *Die Schüler*

Eine Aufgabe der Schüler im Rahmen der Kooperativen Verhaltensmodifikation besteht darin, die Sichtweise des Lehrers zu korrigieren. Denn von ihrem Standpunkt aus kann das Problem erheblich anders gesehen werden als vom Standpunkt des Lehrers aus. Darüber hinaus haben Schüler häufig andere Probleme oder Wünsche, von denen der Lehrer nichts weiß. Sie können sogar in direktem Zusammenhang mit dem Lehrerproblem stehen. Bei der Diagnose des Problems werden deshalb ihre Sichtweisen und Probleme ernstgenommen und miteinbezogen.

Ausgehend von dem Grundgedanken, daß alle Beteiligten an der Lösung des Problems mitarbeiten, übernehmen die Schüler auch wichtige Aufgaben bei der Intervention: Sie sollten soweit wie möglich eigene Ideen zur Veränderung einbringen und die geplanten Interventionsmethoden selbst durchführen können. Ihre spezifischen Kompetenzen liegen im Bereich der *Selbststeuerung*. Diese Aufgabe kann kein Lehrer oder Berater übernehmen. Individuelle und gemeinsame Selbststeuerungsprozesse als Ziel und Mittel der Kooperativen Verhaltensmodifikation können nur die Schüler durchführen. Das setzt voraus, daß für sie alle Vorgänge (die Diagnose des Problems, die Zielsetzung, die Interventionsplanung) in hohem Ausmaße durchschaubar sind.

Das kann natürlich je nach Alter der Schüler mehr oder weniger ausführlich geschehen. Während beispielsweise schon Erstkläßler in hohem Ausmaße die Fähigkeit zur Selbststeuerung anhand von Selbstbeobachtungsbögen erwerben können, ist ihre Kapazität im Hinblick auf das Verständnis der Diagnose und des Gesamtproblemlösungsprozesses notwendigerweise begrenzt. Mit älteren Schülern (etwa ab 5. Klasse) kann man schon die einfachen Lernprinzipien erarbeiten und sie damit wenigstens ansatzweise gegen Manipulation „impfen". Sie sind in der Lage, den gesamten Problemlösungsprozeß zu durchschauen und mit einiger Erfahrung selbst zu planen und durchzuführen.

Die jeweiligen Kooperationspartner *lernen* aus der Auseinandersetzung miteinander und aus der Auseinandersetzung mit der Realität.

So lernen Lehrer und Berater voneinander aus gegenseitiger Korrektur ihrer Vorschläge, Sichtweisen und bisherigen Lösungsmuster. Der Lehrer lehnt unzutreffende Diagnosen des Beraters und unrealistische Veränderungsvorschläge ab, wäh-

rend der Berater einseitige Sichtweisen, starre Handlungsabläufe und „blinde Flecken“ des Lehrers in Frage stellt. Am gegenseitigen Widerstand werden neue Lösungen gefunden und alte modifiziert. Gemeinsam wird eine Veränderungsstrategie geplant und durchgeführt.
In ähnlicher Weise lernen Lehrer und Schüler voneinander. Im Gespräch kann der Lehrer seine Problemwahrnehmung durch die Aussagen der Schüler korrigieren oder bestätigen. Die gemeinsam mit dem Berater entwickelten Vorschläge werden mit den Schülern geprüft und gegebenenfalls verändert. Denn häufig wissen die Schüler aus den Erfahrungen miteinander, welche Methoden von der Klasse angenommen und welche abgelehnt werden.
Erst eine von allen akzeptierte Intervention wird in die Tat umgesetzt. Dies wiederum bedeutet die Konfrontation mit und die Prüfung an der Realität, wobei in der Regel Korrekturen und Veränderungen (wiederum gemeinsam) eingeführt werden müssen. Denn viele Schwierigkeiten, die später auftreten, können nicht vorhergesehen werden.

Beispielsweise wird vielfach von Lehrern und Schülern die eigene Veränderungsfähigkeit überschätzt. Die Durchführung einfacher Verhaltensregeln wie beispielsweise „Nur Schüler drannehmen, die sich melden, und Zwischenrufe ignorieren!“ erscheint auf den ersten Blick sehr einfach zu sein. Denn solche Regeln sind meistens bekannt und erscheinen trivial. Ihre Einhaltung hängt aber im konkreten Unterrichtsablauf von sehr vielen Bedingungen ab. Ruft ein *guter* Schüler dazwischen, so wird der Lehrer eher den Beitrag aufnehmen, als bei Zwischenrufen von schlechten Schülern. Wünscht der Lehrer sich eine aktiv-spontane Beteiligung der Schüler, so kann er nicht jeden Zwischenruf unterdrücken. Ist die Unruhe sehr groß, melden die Schüler sich kaum noch, so „donnert“ er die ganze Klasse oder einzelne Schüler an. Der Widerstand der Realität besteht hier in den unerkannten Bedingungen, die die Einhaltung einer solchen „einfachen“ Regel behindern.

Alle Beteiligten lernen somit am Widerstand der Realität.

3.2 Formen der Verständigung im Kooperationsprozeß

Mit dem guten Willen zur Kooperation allein ist es nicht getan. Erfolgreiche Kooperation erfordert eine Reihe von kommunikativen Fähigkeiten.

Es müssen nicht nur Sachinhalte zwischen den Kooperationspartnern vermittelt werden, sondern auch Gefühle miteinander aufgearbeitet werden, die den Kooperationsprozeß beeinflussen können, wie z. B. Ängste, Enttäuschungen, Ärger usw.

Voraussetzung für die Kooperation ist eine gute gegenseitige Verständigung. Im Verständigungsprozeß werden Informationen über Sachinhalte und Gefühle zwischen den Kommunikationspartner ausgetauscht, d. h. vom „Sender" zum „Empfänger" vermittelt.

Dazu müssen sowohl der Empfänger als auch der Sender einige Bedingungen erfüllen:

Der Empfänger muß zum einen die Fähigkeit besitzen, dem Sender unvoreingenommen zuzuhören, damit er Sachinhalte und Gefühle so versteht, wie der Sender sie meint.

Zum zweiten muß er deutlich Stellung zu den Botschaften des Senders nehmen können. Das bedeutet: Nachdem er festgestellt hat, ob er den Sender richtig verstanden hat, gibt er eine eigene Rückmeldung darüber, wie er zu der Botschaft steht. Beispielsweise könnte er Sachinhalte richtig oder falsch finden oder Gefühle akzeptieren („Dein Ärger ist berechtigt."). Unter „Stellungnahme" wird hier eine differentielle Rückmeldung verstanden. Sie richtet sich (zeitlich rückwärts) auf eine Botschaft des Senders, ohne daß der Empfänger der Botschaft sich inhaltlich und gefühlsmäßig heraushält. „Differentiell" bedeutet: Die Stellungnahme kann positiv oder kritisch sein, in der Regel wird sie eine Mischung aus beidem enthalten. Dazu muß der Stellungnehmende lernen, die verschiedenen positiven und kritischen Komponenten in einer Botschaft zu unterscheiden, und darf nicht der gewohnten Tendenz nachgeben, alles entsprechend seiner (heimlichen) Vorannahmen zu ‚vereinheitlichen'. Hierzu gehört auch die Unterscheidung

von Sender und Botschaft, von Person und Inhalt. Der Sender muß Sachinhalte und Gefühle verständlich mitteilen können. Das bedeutet: Er kann zwischen Gefühlen und Sachinhalten deutlich trennen, seine Gefühle offen äußern, und er versteckt sie nicht hinter vorgeschobener Sachlichkeit; er muß möglichst einfach, konkret sprechen, darf nicht zu lange Ausführungen machen; seine Darstellung muß einen „roten Faden" erkennen lassen.
In der alltäglichen Kommunikation ist der Empfänger gleichzeitig Sender. Jede Botschaft muß deshalb auch Komponenten des Empfangens enthalten.
In einer Botschaft lassen sich in zeitlicher Reihenfolge drei Komponenten unterscheiden. Im ersten Schritt kontrolliert der Sender der Botschaft in der Funktion des Empfängers – denn er hat in der Regel gerade selbst eine Botschaft empfangen – das Ausmaß seines Verständnisses. Im zweiten Schritt legt er seine Stellungnahme offen und im dritten Schritt gibt er neue Informationen zum Sachinhalt oder Thema.

▶ *Die Verständnis-Komponente*

Der Empfänger kontrolliert, ob er die Botschaft hinsichtlich ihrer Sachinhalte und Gefühle richtig verstanden hat. Dazu kann er Fragen stellen, Sachinhalte einfach wiederholen (z. B. in Form eines „kontrollierten Dialoges", *Lorenz u. a.* 1976, S. 204), die Gefühle des anderen reflektieren (im Sinne vom „aktiven Zuhören", *Gordon* 1977, S. 77 ff.). Aufgabe dieser Komponente ist es, das gemeinsame Verständnis zu überprüfen und ggf. zu korrigieren.

▶ *Die Stellungnahme-Komponente*

Auch diese Komponente ist noch zeitlich rückwärts gerichtet – auf die vorangegangene Botschaft. Der Empfänger nimmt aktiv Stellung zur Botschaft. Dadurch weiß der andere, wie der Empfänger zu seinen Sachinhalten oder Gefühlen steht. Man kann diese Komponente auch als differentielle Rückmeldung („Feedback“) ansehen (vgl. *Antons* 1973). Rückmeldung wird allerdings zu leicht mißverstanden als Technik, bei der sich der Empfänger inhaltlich und gefühlsmäßig aus dem Kommunikationsprozeß heraushält.

▶ *Die Informations-Komponente*

Erst zu diesem Zeitpunkt seiner Botschaft wird der Empfänger selbst zum Sender von Informationen, die „nach vorn“ gerichtet sind und die Kommunikation weiterführen sollen. Er gibt Sachinhalte weiter und/oder äußert seine Gefühle offen. Diese Informationen sollen in hohem Ausmaß verständlich sein (vgl. das Verständlichkeitskonzept von *Schulz v. Thun* 1976), um dem Empfänger das Zuhören und Aufnehmen zu erleichtern. Gefühlsäußerungen sind ‚Ich-Botschaften‘ im Sinne von *Gordon* (1977).
Die folgende Abb. 5 stellt die drei Komponenten einer Botschaft jeweils bezogen auf Sach- und Gefühlsinhalte als Orientierungshilfe im Verständigungsprozeß dar.

Komponenten der Verständigung	Sachinhalte	Gefühlsinhalte
Verständnis	Erfrage konkrete Informationen!	Höre „aktiv“ zu!
Stellungnahme	Lege deine Meinung offen!	Gib' Rückmeldung, wie du den anderen, insb. seine Gefühle siehst!
Informationen	Teile Informationen verständlich mit!	Sende „Ich-Botschaften“, lege deine Gefühle offen!

Abb. 5. Formen und Inhalte von Verständigungsprozessen als Komponenten einer Botschaft.

Das hiermit nur kurz angeschnittene Verständigungs-Konzept trennt die einzelnen Komponenten nur künstlich. In jeder Botschaft stecken in der Regel alle Komponenten miteinander verschränkt. In einer Aussage können z. B. das gemeinsame Verständnis vorausgesetzt, die eigene Meinung geäußert und gleichzeitig schon neue Information gegeben werden. In der Ausbildung der Kooperativen Verhaltensmodifikation (vgl. Kap. 2) soll die Fähigkeit trainiert werden, die einzelnen Komponenten zu unterscheiden, um Mißverständnisse, gefühlsmäßige Widerstände und die wichtigen Inhalte von Botschaften aufzudecken. Die Gliederung dient dem Training in den einzelnen Komponenten. Danach werden alle kombiniert eingeübt.

Kooperative Problemlösung setzt in diesem Konzept optimale Verständigung voraus. Sie wird hergestellt durch Botschaften, deren einzelne Komponenten von den Kommunikationspartnern sicher unterschieden und beherrscht werden. Die Fähigkeit zur kommunikativen Verständigung im Hinblick auf die kooperative Lösung eines Problems muß trainiert werden. Haben Lehrer und Berater die Fähigkeit zur Verständigung erworben, können bei den Schülern auch derartige Verständigungsprozesse gefördert werden.

4. Die Handlungsstrategie der Kooperativen Verhaltensmodifikation

Lehrer, Berater und Schüler befinden sich von Anfang an in einem kooperativen Problemlösungsprozeß. Die folgende Beschreibung der Handlungsstrategie stellt die Abfolge bestimmter Handlungsschritte dar, an der sich die Beteiligten orientieren können.

Diese Orientierung ist wichtig, weil man im Laufe der Verhaltensmodifikation häufig durch die zahlreichen Informationen und äußerst komplizierten Bedingungskonstellationen im Problemfeld überfordert ist. Dann erweist sich ein Handlungsleitfaden als notwendige Hilfe, der angibt,

- wie man anfängt
- an welchem Punkt man angekommen ist
- welche Informationen wichtig sind
- welche Informationen fehlen
- wie man weiter vorgehen soll usw.

Die folgende Abb. 6 stellt die einzelnen Handlungsschritte der Kooperativen Verhaltensmodifikation im Überblick dar.
Wir unterscheiden drei Hauptphasen, die sich bei jeder Problemlösung abzeichnen:

▶ die Diagnose sozialen Verhaltens
▶ die Planung der Intervention
▶ die Durchführung des Interventionsplanes.

Dabei handelt es sich hierbei nicht um einen schematischen Ablauf, der immer in dieser Schrittfolge abläuft. Auch während der Durchführung der Intervention wird laufend soziales Verhalten analysiert, die Diagnose verbessert und der Plan entsprechend geändert. Die Diagnose selbst ist insofern schon Intervention, als sie Einsichten in die Bedingungszusammenhänge des Problems hervorruft.
Wir gehen davon aus, daß keine Diagnose – sei sie noch so gut und umfangreich – alle Bedingungen erfassen kann, die für die Entstehung und Aufechterhaltung des Problems verantwortlich sind.
Erst im Laufe der Intervention stellt man bei vielen Problemen am Widerstand der Realität, d. h. an Schwierigkeiten, Rückschlägen und unerwarteten Nebeneffekten fest, wo Fehler und Lücken in der Diagnose, im Plan oder seiner Durchführung stecken.

Kurz: Im gesamten Prozeß einer Verhaltensmodifikation „reichert“ sich das Wissen über die Bedingungen des Problems mehr und mehr an. Diagnose, Planung und Intervention stehen deshalb in einer flexiblen Beziehung wechselseitiger Steuerung zueinander.

Dasselbe gilt für die einzelnen Teilschritte innerhalb der Pha-

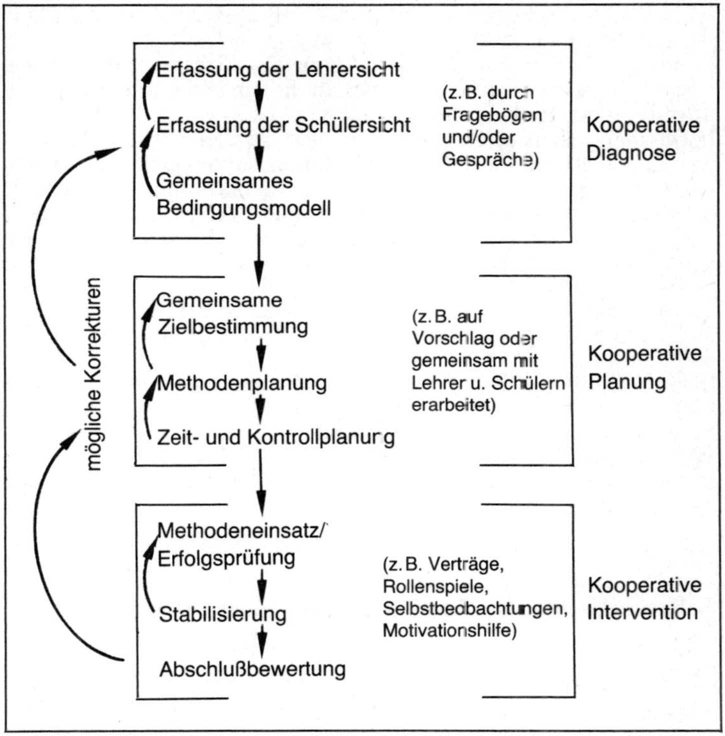

Abb. 6: Schematische Darstellung der Handlungsstrategie. Innerhalb jedes der drei großen Abschnitte unterscheiden wir drei Schritte, die in der angegebenen Reihenfolge ablaufen (senkrechte Pfeile) und durch Wiederholungen (gebogene Pfeile) korrigiert werden können. In der rechten Spalte sind verschiedene methodische Alternativen angedeutet.

sen. Wenn wir hier 9 Teilschritte in einer Abfolge beschreiben, so soll das nicht heißen, daß diese Abfolge immer und unter allen Umständen einzuhalten ist. Sie soll nur als Strukturierungs- und Orientierungshilfe dienen, die sich für die meisten Probleme bewährt hat. An den spezifischen Einzelfall sollte sie aber durch die Projektbeteiligten angepaßt werden.

So gibt es Fälle, bei denen eine gemeinsame Problemdiagnose des Lehrers mit den Schüler nicht möglich ist, weil die Beziehung zwi-

schen diesen ‚Parteien' so schlecht ist, daß ‚nichts mehr geht'. Dann fallen eine Reihe wichtiger Schritte weg.
In anderen Fällen geht der Berater von der Sichtweise der *Schüler* aus, wenn diese sich an ihn wenden. In diesem Falle werden einzelne Schritte in der Reihenfolge verändert.
Inzwischen gehen erfahrene Lehrer und Schüler mit dem Konzept der Kooperativen Verhaltensmodifikation so geschickt um, daß in *einem* Gespräch die Erfassung von Lehrersicht und Schülersicht sowie ihre Konfrontation, die gemeinsame Erklärung des Problems und die Entwicklung eines Interventionsplanes durchgeführt werden kann. In diesen Fällen können die einzelnen Phasen nicht mehr so genau unterschieden werden.
In manchen Fällen braucht überhaupt keine Korrektur der Diagnose und Planung vorgenommen zu werden, weil alles wie geplant verläuft.
In anderen Fällen wird nach den ersten Erfahrungen mit bestimmten Maßnahmen festgestellt, daß die Diagnose völlig schief liegt. Der ganze Plan muß umgestoßen werden.
Wir vermuten aufgrund einer Reihe von Projekten, daß in manchen Fällen schon allein die Erarbeitung der Problemsicht des Lehrers und der Schüler zu einer Lösung geführt hat.

5. Beschreibung der Handlungsstrategie an einem Beispiel

Im folgenden werden die einzelnen Schritte der Handlungsstrategie detaillierter beschrieben und an einem einfachen Beispiel erläutert.

(1) Erfassung der Sichtweise des Lehrers

Im ersten Schritt konkretisiert der Lehrer zusammen mit dem Berater *seine* Sichtweise des Problems. Hier geht es meist um Sachinhalte, die der Lehrer möglichst verständlich vermitteln und der Berater möglichst unvoreingenommen aufnehmen soll.
Diese Sichtweise soll später mit der der Schüler konfrontiert werden, um mögliche Wahrnehmungs- und Interpretationsverzerrungen transparent zu machen. Der Lehrer beschreibt seine Sicht möglichst in gut verständlichen Verhaltensbegriffen und gibt dem Berater ungefähr die Stärke des Problems

an, indem er Häufigkeiten oder Intensität der Verhaltensweisen schätzt.
Zusätzlich versuchen Lehrer und Berater herauszufinden, welche Bedingungen das problematische Verhalten (der Schüler *und* des Lehrers) auslösen und aufrechterhalten. Hierbei wird die lerntheoretische Terminologie benutzt: Es wird nach „Hinweisreizen“ und „fördernden bzw. verhaltenshemmenden Konsequenzen“ (Verstärkern) gefragt.
Dieser erste Schritt betrifft ausschließlich die Wahrnehmung des Lehrers und liefert nur die Beschreibung der Realität in der Klasse durch seine „Brille“.

Die Lehrerin[1]) einer 6. Klasse an einer Volks- und Realschule beschreibt ihr Problem zunächst so:
„Geringe Beteiligung am Unterricht: eine große Gruppe verhält sich beim Frontalunterricht und in Klassengesprächen passiv. Am Gespräch sind nur 4-5 Schüler beteiligt. Der Rest hört zu, sagt aber auch nach Anfrage nichts.“
Vorausgehende Impulse der Lehrerin können sehr gut sein. Trotzdem schweigt die Mehrheit. Anfangs hatte die Lehrerin schweigende Schüler drangenommen: als sie jedoch merkte, daß diese auch dann nichts sagten, ließ sie sie in Ruhe. Sie vermutet, daß die Angst, etwas Falsches zu sagen, das Schweigen aufrechterhält bzw. aktive Unterrichtsbeteiligung unterdrückt.

(2) Erfassung der Sichtweise der Schüler

Im Beratungsgespräch wird überlegt, wie die Sichtweise der Schüler vom Problem erfaßt werden kann. In einem Unterrichtsgespräch oder (besser) in einem Fragebogen können die Schüler ausdrücken, was sie stört:
▶ am Unterricht, ▶ an den Mitschülern,
▶ am Lehrer, ▶ an sich selbst.

Sie können die Problemsicht des Lehrers bestätigen oder nicht. Sie können Probleme in der Klasse anders gewichten als der Lehrer oder gerade das gut finden, was der Lehrer problematisiert. Innerhalb der Klasse können unterschiedliche Sicht-

[1]) Planung und Intervention: J. Gerke.

weisen bestehen. Zur Erfassung der Schülersicht muß man diese Möglichkeiten berücksichtigen.

Gerade weil das Problem darin besteht, daß die Schüler sich nur unzureichend am Gespräch beteiligen, entscheidet sich die Lehrerin für die Durchführung einer schriftlichen Befragung. Den Zweck der Fragebogen teilt sie den Schüler offen mit:
„Ich möchte – das wißt ihr ja auch – ganz gerne, daß ihr euch insgesamt mehr beteiligt. Ich weiß aber gar nicht, warum eure Beteiligung so gering ist. Durch die Befragung möchte ich herauskriegen, was *ihr* dazu meint und was euch am Unterrichtsgeschehen stört. Dazu habe ich hier einige Beispiele aufgeschrieben, die ihr ankreuzen könnt, wenn ihr meint, daß sie richtig sind. Ihr solltet aber möglichst viele *eigene* Gedanken hinschreiben. Denkt daran, daß dies keine Klassenarbeit ist. Eure Antworten werden nicht bewertet. Keiner erfährt, wer was geschrieben oder angekreuzt hat.
Wichtig ist, daß ihr genau das hinschreibt, was *ihr* dazu meint!"

Einige Beispielfragen:

```
Ich melde mich nicht, weil .....

    ( )  der Unterricht langweilig ist
    ( )  ich vieles nicht verstehe
    ( )  andere lachen, wenn ich Fehler mache
    .......................................................
    .......................................................

Meine Lehrerin .....

    ( )  redet zu viel
    ( )  stellt Fragen, die ich nicht verstehe
    .......................................................
    .......................................................
```

Die Beantwortung ergibt, daß die Schüler einhellig der Meinung sind, daß ihre Mitschüler immer lachen und abfällige Bemerkungen machen, wenn einer 'mal einen Fehler macht. Das stört *alle.*

(3) Gemeinsame Sicht: Bedingungsmodell

Die Sichtweise der Schüler wird mit der des Lehrers verglichen. Dabei legen sich Lehrer und Berater die Fragen vor:
– Sehen die Schüler das Problem genauso wie die Lehrer?

- Unterscheiden sich die Schüler untereinander in ihren Problemsichten?
- Haben die Schüler irgendwelche Probleme, die in einem Zusammenhang mit der Lehrersicht und dem Lehrerproblem stehen könnten?
- Wie verhält sich der Lehrer aus der Sicht der Schüler?
- Gibt es wichtige Gruppierungen in der Klasse, die unterschiedlicher Meinung sind?

In unserem Beispiel schneidet die Lehrerin bei der Beurteilung durch die Schüler recht gut ab. Ihr Unterricht ist nicht langweilig, sie schimpft so gut wie nie und spricht sehr verständlich. Alle Schüler fühlen sich jedoch durch abfällige Bemerkungen der anderen gestört. Während für die Lehrerin die geringe Beteiligung der Schüler im Vordergrund steht, sind die abfälligen Bemerkungen das Hauptproblem für die Schüler.

Aus den vorliegenden Informationen entwickeln Lehrer und Berater ein Bedingungsmodell des Problems, das die Entstehung und Aufrechterhaltung der problematischen Verhaltensweisen bei Lehrer und Schülern erklären soll, indem es Antwort gibt auf die Fragen:

- Wann ist das Problem zum erstenmal aufgetreten?
- Wie hat es sich im Laufe der Zeit entwickelt?
- In welchen Situationen tritt das problematische Verhalten auf?
- Was folgt dem Problemverhalten, was folgt dem Zielverhalten?
- Hängen die Verhaltensweisen des Lehrers mit denen der Schüler zusammen? Welche Abfolgen treten dabei auf?
- Bedingt das problematische Lehrerverhalten in der Sichtweise der Schüler ihre Verhaltensweisen?
- Bedingt das problematische Schülerverhalten aus der Sicht des Lehrers sein Verhalten?

Das Bedingungsmodell muß alle Sichtweisen der Beteiligten einbeziehen. Der Grundgedanke dabei ist, daß die Wahrnehmungsverzerrungen der einzelnen „Seiten“ durch die Einbeziehung aller Sichtweisen wieder ausgeglichen werden kann

und ein recht realitätsgerechtes Bild vom tatsächlichen Geschehen entsteht.
Ein Bedingungsmodell sollte sehr einfach formuliert werden, damit es mit den Schülern besprochen und ggf. von ihnen korrigiert werden kann.

Es liegt nahe, die mangelhafte Beteiligung der Schüler auf ihre Angst zurückzuführen, von anderen bei Fehlern ausgelacht zu werden. Die Schüler sehen dieses unangenehme Ereignis voraus und unterdrükken dann lieber alle Verhaltensweisen, die zu diskriminierenden Bemerkungen führen können wie z. B. „Sich-Melden", „laut sprechen", „Meinungen äußern" usw.
Man kann diesen Zusammenhang für alle Schüler verständlich so darstellen:

Situation	Problem aus der Sicht des Lehrers	Problem aus der Sicht der Schüler
Frontalunterricht, Klassengespräche, Fragen der Lehrerin →	Es beteiligen sich nur 4-5 Schüler, 80-90% der Klasse schweigt. ↑ →	Es stört alle Schüler, daß ihre Mitschüler häufig bei Fehlern lachen oder abfällige Bemerkungen machen.

also ←

Ein typischer Ablauf einer Situation, die für die Schüler problematisch ist:
Die Lehrerin fragt: „Wer möchte an der Tafel die Aufgabe rechnen"? – Ein Schüler meldet sich und rechnet vor, verrechnet sich und kommt nicht weiter, verschreibt sich . . . Die Mitschüler lachen und einer brüllt: „Der bringt sich noch um bei der leichten Aufgabe!"

Mit dem dritten Schritt ist die (vorläufige) Problemdiagnose beendet. Das Projekt tritt in die Planungsphase.

(4) Gemeinsame Zielbestimmung

Der Lehrer bespricht mit den Schülern das Ergebnis der Befragung und das Bedingungsmodell.
Gemeinsam überlegen alle, welches Ziel sie erreichen wollen. Dabei sollte dieses Ziel ebenso wie das Bedingungsmodell die Bedürfnisse aller Beteiligten betreffen, indem die von den

Schülern und dem Lehrer genannten Probleme einbezogen werden. Hierbei besteht die Grundüberlegung darin, daß die genannten Probleme nichts anderes sind als unbefriedigende Zustände, deren Existenz alle Beteiligten motivieren kann, sie zu beseitigen. Äußere Verstärker sind nicht mehr nötig, wenn Probleme der Schüler ebenso verringert werden wie Probleme des Lehrers.
Das Ziel wird von allen gemeinsam festgelegt.

Die Lehrerin akzeptiert das Problem der Schüler als vorrangig. Abfällige Bemerkungen sollen in Zukunft abgebaut werden. Sie selbst geht davon aus, daß „ihr" Ziel – die Steigerung der Unterrichtsbeteiligung – dann auch leichter zu verwirklichen ist, wenn abfällige Bemerkungen nicht mehr stattfinden und die Angst davor zurückgeht.
Gemeinsames Ziel also: Abbau diskriminierender Äußerungen im Unterricht.

Im Beratungsgespräche zerlegen Lehrer und Berater das Ziel in Teilziele. Teilziele werden in Verhaltensbegriffen – ebenso wie die Problembeschreibung und das Bedingungsmodell – bestimmt, damit Mißverständnisse vermieden werden.
Durch die Zielbestimmung mittels Verhaltensbegriffen kommt man der Handlungsebene möglichst nahe. Verhaltensbegriffe geben an, was man tun, wie man sich verhalten muß, um das Teilziel zu erreichen.
Sofern die Schüler mit Ziel und Teilzielen nicht einverstanden sind, müssen ihre Argumente berücksichtigt werden. D. h.: Zieländerung!

Die Lehrerin geht nicht davon aus, daß man das Ziel „Abbau diskriminierender Äußerungen" direkt erreichen kann. Zudem scheint es ihr wichtig, daß die Schüler lernen, Fehler zu machen, auch wenn sie etwas Angst vor abfälligen Bemerkungen haben.
Sie schlägt der Klasse also vor, daß alle lernen, diskriminierende Bemerkungen zurückzuweisen.
Teilziel 1: Die Häufigkeit des Zurückweisens von diskriminierenden Äußerungen nimmt zu.
Teilziel 2: Die Schüler lernen, Fehler zu riskieren.
Darüber hinaus sollte auch die Lehrerin selbst lernen, den Schülern, die ausgelacht werden, in angemessener Form Hilfestellung zu geben.
Teilziel 3: Die Lehrerin lernt, Schüler beim Zurückweisen abfälliger Bemerkungen zu unterstützen.

(5) Planung konkreter Interventionsmethoden

Lehrer und Berater (oder Lehrer und Schüler) ordnen den einzelnen Teilzielen konkrete Methoden und Maßnahmen zu, die leicht in praktisches Handeln umsetzbar sein sollen. Die Interventionsmöglichkeiten bestehen im wesentlichen in den Methoden der

- *Diskriminationshilfe:* zusätzliche Hinweisreize wie z. B. Tafeln mit der Aufschrift „Partnerarbeit", „Frontalunterricht" oder die Veränderung der Sitzordnung bei Klassendiskussion usw.
- *Verhaltensübung:* Das Zielverhalten wird im Rollenspiel oder direkt im normalen Unterricht mehrfach wiederholt, mit dem Problemverhalten als Kontrast verglichen, gemeinsam beurteilt, ggf. korrigiert.
- *Motivationshilfe:* Das Zielverhalten wird durch äußere Verstärker zusätzlich belohnt. Dies sollte nur dann gemacht werden, wenn das Zielverhalten eher unangenehm ist (z. B. Hausaufgaben) und das Problemverhalten sehr angenehm (z. B. Fußballspielen). Verstärker sollten nur kurzfristig und ohne großen materiellen Wert eingesetzt werden.

Hinzu kommen verbale Instruktionen, die Veränderung struktureller Bedingungen, Modellvorgaben, Einführung von Interaktionsregeln. Bei bestimmten Problemen gibt es bereits „fertige" Interventionsprogramme, aus denen man einzelne Übungen verwenden kann: Selbstsicherheitsübungen, Selbstkontrolle bei Aggressionen, Entspannungsübungen zur Verminderung von Angst usw. Bei Problemen, die nur wenige Schüler betreffen, können die Gesprächstechniken des „aktiven Zuhörens" und der „Ich-Botschaften" gute Dienste leisten (*Gordon* 1977).

Die Lehrerin möchte ein gemeinsames Abkommen mit den Schülern schließen, in dem sowohl für die Schüler als auch für sie selbst Verhaltensregeln enthalten sind. Sie will folgende Regeln vorschlagen und mit den Schülern ausführlich darüber sprechen. Da den Schülern das Problem aus den vorangegangenen Gesprächen klar ist, kann die Lehrerin die Einsicht der Schüler voraussetzen.

Schülerregel 1: Wenn ein Schüler einen Fehler macht, lache ich ihn weder aus noch mache ich abfällige Bemerkungen („oh, wie doof . . .!"), sondern helfe ihm freundlich weiter, wenn ich dran bin.

Schülerregel 2: Wenn ich einen Fehler gemacht habe und deshalb ausgelacht werde, sage ich: „Mich stört das . . .!“
Lehrerregel 1: Wenn ein Schüler einen Fehler macht, frage ich die anderen: „Wer kann ihm helfen?“
Lehrerregel 2: Wenn ein Schüler ausgelacht wird, frage ich ihn, wie ihm/ihr zu Mute ist.

Statt reiner Appelle an die Einsicht leitet die Lehrerin, wenn sie sich regelgerecht verhält, die Schüler zum *Handeln* an und zwar auf der Grundlage der vorher entwickelten Einsicht in die Problematik.
Alle Regelverstöße werden von den einzelnen Schülern selbst in einem Selbstbeobachtungsbogen protokolliert.
Die Gesamtzahl der Regelverstöße wird jeweils freitags für die vergangene Woche zusammengezählt und in ein großes Schaubild eingetragen, das in der Klasse aushängt.
Für eine festgelegte Verringerung der wöchentlichen Gesamtzahl an Regelverstößen wird eine Belohnung für die ganze Klasse festgelegt.
Die Lehrerin stellt fest, daß fast 100 diskriminierende Äußerungen pro Woche fallen. In Anbetracht dieser hohen Zahl soll der Zielwert auf 20 diskriminierende Äußerungen pro Woche festgelegt werden.

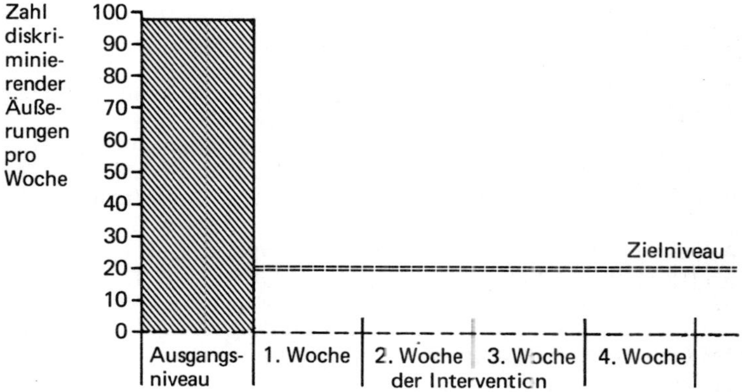

Die Abb. 7 gibt an, wie hoch die Zahl der diskriminierenden Bemerkungen pro Woche *vor* der Intervention ist („Ausgangsniveau“). Die gestrichelte Doppellinie gibt das Zielniveau an, das durch die Intervention erreicht werden soll.

(6) Zeit- und Kontrollplanung

Methoden und Maßnahmen werden nun in eine zeitliche Reihenfolge gebracht. Es wird festgelegt, in welchen Schritten vorgegangen werden soll und welche Zielwerte in welchen Zeitabschnitten erreicht sein können.
Fortschritte und Mißerfolge sollen möglichst rasch festgestellt werden können. Dazu wird geplant, wie Erfolge und Fehlschläge so kontrolliert werden können, daß sie für alle leicht feststellbar sind. Diese Art der Erfolgsrückmeldung entspricht dem Prozeß der Selbstbewertung (vgl. Kap. 1, Abschnitt 2).
Ein Zeitplan bedeutet nicht, daß man unter allen Umständen an ihm festhalten muß. Man kann ihn sofort wieder umstoßen, wenn er der Wirklichkeit nicht entspricht. Man sollte dennoch einen Zeitplan festlegen, damit alle Beteiligten eine Orientierung haben und gezwungen sind, ihre eigenen Vorstellungen zu überdenken, wenn der Plan nicht eingehalten werden kann. Unrealistische Zeitvorstellungen müssen prinzipiell ebenso korrigiert werden wie unzureichende Diagnosen oder schlechte Interventionen. In der Regel macht man sich über Korrekturmöglichkeiten erst sehr spät Gedanken, wenn die Intervention schon völlig gescheitert ist. Eine genaue Zeitplanung kann als Maßstab dienen, um rechtzeitig die ersten Andeutungen von Fehlschlägen festzustellen.

Zunächst will die Lehrerin mit den Schülern sprechen und ihren Plan vorschlagen. Der Ablauf soll dann folgendermaßen sein:
In der ersten Woche nach dem Abschluß des Abkommens sollen die Selbstbeobachtungsbögen erprobt werden (Vorversuch). Ab der zweiten Woche soll dann das festgelegte Ziel (20 diskriminierende Äußerungen pro Woche) gelten. Bleiben die Schüler drei Wochen lang unter diesem Wert, gibt es die Belohnung für die ganze Klasse. Als Daten für die Erfolgsrückmeldung gelten die Ergebnisse aus den Selbstbeobachtungen der Schüler – vorausgesetzt sie stimmen mit den Beobachtungen der Lehrerin im Großen und Ganzen überein. Die Ergebnisse werden jeden Freitag in das Schaubild eingetragen.

Hiermit ist die Planungsphase vorläufig abgeschlossen und die tatsächliche Intervention beginnt.

(7) Methodeneinsatz/Erfolgsprüfung

Der Lehrer bespricht gemeinsam mit den Schülern seine Planung. Anregungen und Veränderungsvorschläge sollen soweit wie möglich aufgenommen werden. Je stärker die Schüler an der Planung beteiligt werden, desto mehr können sie bei diesem Projekt lernen. Ein fertiger „Vertrag“ der den Schülern „von oben“ aufgestülpt wird, mag zwar kurzfristig durch entsprechende Motivationshilfen erfolgreich sein, langfristig werden jedoch die Lernmöglichkeiten der Schüler nicht genutzt und das Prinzip der Selbststeuerung verletzt, das als übergeordnetes Lernziel für alle Projekte im Rahmen der Kooperativen Verhaltensmodifikation gelten soll.
Besonders an diesem Punkt der Kooperation wird der Wert einer partnerzentrierten Kommunikation zwischen dem Lehrer und der Klasse deutlich. Ob die Einbeziehung der Schüler ‚echt‘ ist oder aufgesetzt, wird sich an dieser Stelle zeigen.

Der Vorschlag der Lehrerin wird von der Klasse begeistert aufgenommen. Die Schüler meinen, daß sie gleich auf ‚Null‘ diskriminierende Äußerungen kommen können.
In diesen überhöhten Ansprüchen an sich selbst muß die Lehrerin sie etwas ‚bremsen‘.
Als Klassenbelohnung wünschen sie sich einen Schwimmbadbesuch.
Im übrigen bleibt der Vorschlag der Lehrerin unverändert.

Gemeinsam wird der Plan in die Tat umgesetzt und Fortschritte festgehalten. In dieser Phase treten eine Reihe von praktischen Problemen auf, die hier nicht näher erläutert werden können:

- ▶ Was macht man, wenn ein Schüler nicht mitmachen will?
- ▶ Wie informiert man die Eltern?
- ▶ Was meinen die Kollegen dazu?
- ▶ Wie werden die Selbstbeobachtungen der Schüler ausgewertet?

Diese Fragen können nur im Rahmen der Praxis-Ausbildung in Kooperativer Verhaltensmodifikation hinreichend ‚bearbeitet‘ werden. Das wichtigste bei der Durchführung einer Intervention scheint uns die *Einstellung* des Lehrers zu sein.

Wenn es ihm gelingt, die Intervention nicht als *sein* Projekt, sondern als eins der Schüler anzusehen, wenn er sie nicht als Unterrichtseinheit, sondern als konkrete Lebenssituation auffaßt, in der er nicht ‚der große Meister' ist, der alles kann, sondern selbst unbeholfene Lernschritte macht, dann werden auch die Schüler das Projekt mittragen. Echte Problemlösungen werden nicht „verabreicht", um dann in beliebigen neuen Situationen wieder verwendbar zu sein, sondern müssen in „Ernstsituationen" gemeinsam erarbeitet werden.

Die Lehrerin berichtet: „Die Schüler waren sehr mit den Selbstbeobachtungsbögen beschäftigt. Der Unterricht wurde öfter unterbrochen, um zu diskutieren, ob ein bestimmter Schüler die Regeln verletzt habe oder nicht. Positiv: Die Schüler hatten Spaß daran, mit den Regeln umzugehen, und waren erstaunt, wie häufig sie sich doch gegenseitig ‚anmachten'."

Falls keine Fortschritte oder aber Fehlschläge festgestellt werden, muß man möglichst rasch eine Korrektur einführen. Möglicherweise ist die Diagnose falsch, der Interventionsplan oder seine Durchführung fehlerhaft. Diese Möglichkeiten müssen überdacht werden und zu einer Korrektur an der entsprechenden Stelle der Handlungsstrategie führen.

Auch hier scheint uns das Hauptproblem darin zu liegen, daß viele Lehrer keine Korrektur vornehmen, weil sie keinen neuen Fehlschlag riskieren wollen. Das Eingeständnis, trotz aller Bemühungen keine Problemlösung fertiggebracht zu haben, ist unangenehm. Manche erfolgversprechende Intervention wird dann nicht mehr weitergeführt und verläuft im Sande. Stattdessen könnte eine geringfügige Korrektur den Fehlschlag aufheben.

Am Beispiel unserer 6. Klasse stellt sich in der ersten Woche heraus, daß die Regeln zu kompliziert sind.

Trotz starker Bedenken und Gefühlen des Unbehagens entschließt sich die Lehrerin zur Korrektur. Die Regeln werden geändert:

Schülerregel 1: Wenn ein Schüler einen Fehler macht, lache ich ihn weder aus noch mache ich eine abfällige Bemerkung („oh, wie doof . . .!")

Schülerregel 2: Wenn ein anderer Schüler, der eine abfällige Bemerkung gemacht oder jemanden ausgelacht hat, sich keinen Minusstrich auf seinem Beobachtungsbogen macht, fordere ich ihn höchstens *einmal* dazu auf.

Lehrerregel: Wenn ein Schüler einen Fehler macht, frage ich: „Wer kann ihm/ihr helfen?“
Mit der Schülerregel 2 werden ausufernde Diskussionen begrenzt. Außerdem bürgert sich ein, daß die ausgelachten Schüler sich in zunehmendem Maße gegen diskriminierende Äußerungen zur Wehr setzen, indem sie dem Lacher den Hinweis geben: „Strich!“
In dieser Woche sinkt die Häufigkeit diskriminierender Äußerungen um die Hälfte auf 50. Die genannte Korrektur wird dennoch eingeführt.
Der weitere Verlauf entspricht dem Interventionsplan.
Die Lehrerin berichtet folgendes von der Wirkung der Intervention auf einen einzelnen Schüler:
„M. ist sehr gehemmt (kommt aus der Sprachheilschule), hat bisher nur etwas gesagt, was mit 200%iger Sicherheit richtig war (z. B. Ergebnisse der Rechenhausaufgaben). Gestern hat er das erste Mal eine *Meinung* von sich gegeben (stotternd) und die Klasse hat den Beitrag ganz normal angenommen. Heute hat er sich gemeldet, um an der Tafel etwas Neues vorzumachen. Er hatte Schwierigkeiten mit dem Geo-Dreieck. Ein anderer Junge lachte und sagte: ‚Er bringt sich mit dem Ding noch um!‘ Da drehte M. sich um: „Das ist ein Strich!‘ und machte weiter.
14 Tage später: M. meldet sich jetzt viel häufiger und übt sogar Kritik.“

(8) Stabilisierung

Falls die Ergebnisprüfung zeigt, daß das Ziel zur Zufriedenheit aller Beteiligten erreicht worden ist, kann die Intervention ausgeblendet werden, d. h.: Diskriminationshilfen, Verhaltensübungen, Motivationshilfen, Selbstbeobachtung usw. werden nach und nach abgebaut bis das Zielverhalten bei allen Beteiligten von selbst aufrechterhalten wird.

Nach drei Wochen, in denen die Gesamtzahl abfälliger Bemerkungen jeweils unter 20 liegt, bespricht die Lehrerin mit den Schülern das Ergebnis.
„Ich teile der Klasse meine Beobachtungen mit: Es gibt kaum noch diskriminierende Äußerungen, einige melden sich häufiger als vorher. Was nun?
Die Schüler äußern sich insgesamt positiv. Einige meinen, man könne bei Regelverstößen ja weiterhin ‚Strich‘ sagen – ohne Zettel (Selbstbeobachtungsbögen).
Die anderen sind alle einverstanden. Die Regeln werden beibehalten.“
Auf diese Weise wird die Intervention ausgeblendet. Einigen Fachlehrern fällt auf, daß die Schüler manchmal scheinbar unmotiviert

„Strich“ sagen. Bis zum Ende des Schuljahres bleibt das Zielverhalten hinreichend stabil. Nach den Ferien wird die Klasse aufgeteilt und bekommt neue Lehrer.

(9) Abschlußbewertung

Am Schluß muß das Projekt mit allen als Ganzes bewertet werden. Die Schüler sollten ggf. noch einmal befragt werden, welche Probleme sie noch haben, was sie weiterhin am Unterrichtsgeschehen stört, was sie am Projekt gut fanden, was besser gemacht worden wäre usw. Ein Gespräch mit ihnen könnte allen noch einmal deutlich machen, was gelernt worden ist, welche Fortschritte gemacht wurden, wie Schwierigkeiten und Fehlschläge überwunden wurden und was ganz leicht ging.

Diese abschließende Beurteilung sollte zeigen, daß soziales Verhalten auch *gelernt* werden kann und nicht von vornherein gekonnt werden muß. Das Projekt sollte den Schülern als Modell für eigene Lernprozesse und als Prinzip der Selbststeuerung klar werden und sie zu weiteren Vorhaben anregen. Für Schüler und Lehrer kann dieser Rückblick auf das Projekt motivierend wirken, weitere Probleme kooperativ zu lösen.

Die folgende Abb. 8 zeigt das im Laufe der Intervention vervollständigte Schaubild mit dem abschließenden Ergebnis.

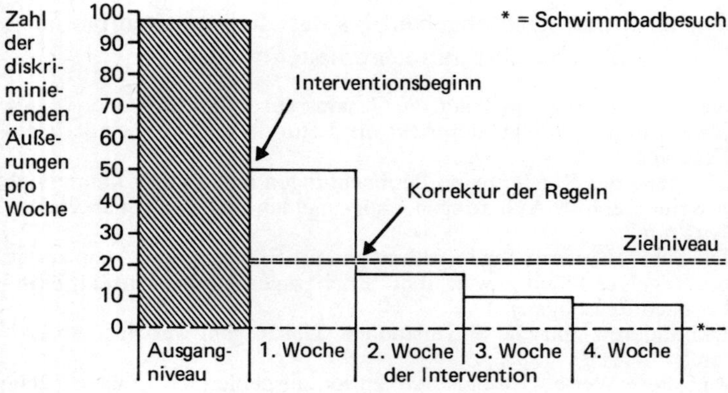

Abb. 8.

Anmerkung zu S. 29

(1) Dabei kann es sich nicht um das Ideal der symmetrischen, herrschaftsfreien Kommunikation handeln, da die Verhaltenserwartungen zwischen Lehrern und Schülern zum einen durch den Erziehungsauftrag der Schule, zum anderen durch die allgemeine Rollenstruktur „Erwachsener – Kind" definiert sind. Hier ist eine symmetrische Kooperation nicht in jedem Falle möglich. Uns liegt daran, daß die Beteiligung der Schüler an Problemdefinition, Zielbestimmung und Veränderung *zunimmt.*

Kapitel 2: Ausbildung in Kooperativer Verhaltensmodifikation

Kooperative Verhaltensmodifikation wird im Rahmen von Lehrveranstaltungen des Instituts für Lehrerfortbildung in Hamburg vermittelt. Am Anfang der Ausbildung steht ein Grundlagenkurs, in dem die theoretischen Überlegungen und praktischen Fähigkeiten zur Analyse und Veränderung von Lehrer- und Schülerverhalten erarbeitet werden. Darauf folgt eine Praxisphase, in der die Lehrer gemeinsam mit ihren Schülern problematische Interaktionsverläufe analysieren und konkrete Maßnahmen zu ihrer Veränderung planen und durchführen. Gemäß dem Kooperationsmodell werden sie von pädagogisch-psychologischen Beratern betreut, mit zusätzlichen Informationen versehen und bei Unsicherheiten und Schwierigkeiten unterstützt.
In den folgenden Abschnitten wird zunächst dargestellt, in welcher Weise sich durch die Ausbildung das Selbstbild der Teilnehmer verändern soll (1.), auf welchen Lernwegen ausgebildet wird (2.) und wie die konkrete Struktur der Ausbildung aussieht (3.).

1. Was soll gelernt werden?

Aufgabe der Ausbildung ist die Vermittlung des bereits dargestellten Konzeptes. Die theoretische Darstellung muß notwendigerweise komplexe reale Tatbestände und Abläufe verkürzt darstellen. Dies verführt leicht dazu, einzelne Methoden und Techniken des Ansatzes zu verabsolutieren und wie Rezepte zur Beseitigung von Schwierigkeiten zu verabreichen.

So könnte die Gefahr bestehen, daß Kooperative Verhaltensmodifikation mit der Anwendung von Selbstbeobachtungsbögen gleichgesetzt wird, ohne daß die Interessen der Schüler in einem kooperativen Verständigungsprozeß erfaßt und ernsthaft in die Interventionsziele einbezogen werden.

Stattdessen muß der Lehrer, der ein Projekt in seiner Klasse durchführt, das Konzept sicher beherrschen, um auch in unvorhersehbaren Situationen im Sinne der kooperativen Intention des Ansatzes handeln zu können.

Es können viele Schwierigkeiten auftreten, auf die keine noch so gute Projektbeschreibung oder theoretische Abhandlung vorbereiten können: Was macht man z. B., wenn die Schüler meinen, die Intervention für eine Teilgruppe in der Klasse sei ungerecht, und sie möchten alle mitmachen? Wie soll man reagieren, wenn der wichtigste Schüler der Klasse, den die Mädchen ‚anhimmeln' und alle Jungen voll anerkennen, plötzlich seinen Vertrag vor aller Augen zerreißt und sagt: „Kinderkram!"? Was sagt man den Eltern, wenn sie auf einem Elternabend deutlich machen, daß sie es für unsinnig halten, Kinder ‚für Selbstverständlichkeiten auch noch zu belohnen'? Wie verhält man sich im Lehrerkollegium, wenn man seine Schwierigkeiten mit der Klasse quantifiziert als Schaubild in der Klasse aufgehängt hat und ein Fachlehrer anonym dazuschreibt: „Und was machen *Sie* dagegen!"? Alle diese Beispiele traten bisher mehrfach auf und diese Liste ließe sich erheblich verlängern.

Aufgabe der Ausbildung ist, anders gesagt, die Vermittlung flexiblen Denkens und Handelns im Sinne des Konzepts anstelle technologischen Rezeptdenkens, das mit der klassischen Verhaltensmodifikation häufig verbunden wird.

Ein reales Beispiel soll dies verdeutlichen: Die Einführung eines Selbstbeobachtungssystems in einer 6. Klasse führt schlagartig zur Verringerung von Unterrichtsstörungen. Die Schüler machen interessiert mit. Nachdem der Reiz des Neuen verflogen ist, gelingt es den Schülern nicht mehr so leicht, den Zielwert zu halten, und sie fangen an, zu ‚schummeln'.
Ein Lehrer, der ‚rezeptorientiert' vorgeht, ist wahrscheinlich enttäuscht, daß die Schüler seine Bemühungen ‚wieder' nicht anerkennen. Er reagiert folglich mit verstärkter Fremdkontrolle: Er ermahnt, wenn geschummelt wird, versucht, den Schummlern auf die Schliche zu kommen und sorgt für die Einhaltung der Ehrlichkeit mit Strafandrohungen. Die Intervention wird mehr und mehr zu *seiner* Sache, die er wie jeden anderen Unterrichtsstoff bei den Schülern durchsetzen muß. Sie scheitert.
Ein ‚konzepttrainierter' Lehrer nimmt dagegen Schummeln als Signal dafür, daß er selbst im Ansatz etwas falsch gemacht hat (z. B. Schülerinteressen nicht einbezogen, sich zu wenig über unterschiedliche Sichtweisen verständigt). Er wird zunächst nicht davon ausgehen, daß die Schüler nicht *wollen,* sondern daß sie noch nicht selbstverantwortlich handeln *können.* Er wird sich sagen, daß die Schüler das Prinzip des selbstgesteuerten Lernens nicht richtig ver-

standen haben und an dieser Stelle Korrekturen vornehmen. Auf keinen Fall aber darf er verstärkte Fremdkontrolle einführen.

Bei der Frage „Was wird in der Ausbildung vermittelt?" geht es weniger um die Inhalte des Konzeptes (klassische Verhaltensmodifikation, Selbstbewertungskonzept, Kooperationsmodell, Handlungsstrategie), sondern um die Antwort auf die Frage „Was verändert sich bei den ausgebildeten Lehrern?"
Die Prinzipien der Kooperativen Verhaltensmodifikation sollen von den Lehrern in ihre bereits vorhandenen Konzepte von Schule, Unterricht, guten und schlechten Schülern usw. integriert werden. Diese Konzepte gehören zum Selbstbild jedes Lehrers, weil er sie immer in irgendeiner Beziehung zu sich selbst sieht.

So hat jeder Lehrer z. B. eine konzeptuelle Vorstellung vom ‚Schlechten Schüler'. Teilweise fühlt er sich für ihn verantwortlich, teilweise führt er sein Versagen auf äußere Faktoren (Elternhaus, Nachbarschaft) zurück. In gewissem Maße hält er es für seine Aufgabe, dem Schüler zu helfen. Darüber hinausgehende Bemühungen gehören seiner Meinung nach nicht zu den Funktionen eines Lehrers. Der eine Lehrer mag sich für äußerst kompetent halten, dem schlechten Schüler wieder auf die Beine zu helfen, der andere hat vielleicht schon resigniert.

Das Selbstbild ist demnach ein komplexes System derartiger Einzelkonzepte, die sich überdies dauernd verändern. Nun soll im Rahmen der Ausbildung in die verschiedenen Selbstbilder der Teilnehmer das neue Konzept ‚Kooperative Verhaltensmodifikation' eingehen.
In Anlehnung an *McClelland* (1965) und *Bandura* (1977) sehen wir zwei handlungsleitende Elemente bei jedem Konzept als besonders wichtig an. Konzepte besitzen einen Motivationsaspekt und einen Kompetenzaspekt. Motive und Kompetenzen, die wir uns zuschreiben, leiten in weiten Bereichen unsere Handlungen.
Hinsichtlich dessen, was sich jeder Lehrer z. B. unter ‚seinem Unterricht' vorstellt, kann man verschiedene Motive unterscheiden. Er möchte gerne seinen Stoff vermitteln; sein Unterricht soll ruhig, aber rege ablaufen; der Leistungsstand der Klasse soll überdurchschnittlich sein; die Schüler sollen eine

gute Beziehung zu ihm haben; die Klassengemeinschaft soll integriert sein; es sollte keine Konkurrenz auftreten usw. Wenn man Lehrer fragt, welche Wünsche und Ziele sie im Hinblick auf ihren Unterricht haben und wie sie diese gewichten würden, so erhält man eine Motiv-Hierarchie, auf der die einzelnen Elemente auf verschiedenen Stufen stehen. So sind gute Leistungen und die Vermittlung des vorgeschriebenen Stoffes für Lehrer häufig am wichtigsten, während Diskussionsfähigkeit und offene Gefühlsäußerungen der Schüler eher am unteren Ende der Motivhierarchie zu finden sind. Im Hinblick auf die Vorstellung von gutem Unterricht bringt das Konzept der Kooperativen Verhaltensmodifikation Unruhe in solche Hierarchien. Soziales Lernen steht im Vordergrund anstelle kognitiver Wissensvermittlung, Verständigung anstelle von Weisung, Selbstdisziplin im Umgang mit Schülern anstelle spontaner Einfühlung usw. Eine Umstrukturierung von Motiven kann nur langsam geschehen und bedarf einer sorgfältigen Verarbeitung beim Lehrer. Jeder Lehrer wird diese Umstrukturierung in anderer Weise vornehmen. Der Ansatz soll nicht zu einer ‚Einheits-Hierarchie' führen. Dennoch wird jeder im Rahmen der Ausbildung seine Motiv-Hierarchie prüfen und korrigieren müssen. Andernfalls liegt nur eine oberflächliche Aneignung des Ansatzes im Sinne einer technologischen Verwendung für jede beliebige Situation vor und führt zu den o. g. Schwierigkeiten.
Die Wünsche der Lehrer im Hinblick auf den Unterricht sind jedoch erst dann realisierbar, wenn sie auch die entsprechenden Kompetenzen besitzen. Nach *Bandura* (1977) ist die Selbsteinschätzung der beste Indikator für tatsächliche Kompetenzen. Fragt man Lehrer, was sie im Hinblick auf ‚Unterricht' mehr oder weniger gut können, so erhält man für jeden eine Kompetenz-Hierarchie. Ein Fachlehrer für Physik und Mathematik könnte sich für hochkompetent in der Didaktik der Naturwissenschaft halten, während er sich methodisch als ‚durchschnittlich' und musikalisch als ‚inkompetent' einschätzt. Im Hinblick auf das soziale Verhalten der Schüler könnte er der Meinung sein, daß er es kaum beeinflussen

kann, weil das Elternhaus der Schüler die wichtigste Determinante sozialen Verhaltens sei. Das Konzept der Kooperativen Verhaltensmodifikation impliziert die Veränderung von Kompetenzhierarchien. Es soll gelernt werden, sich mehr Einfluß auf die soziale Interaktion im Klassenzimmer zuzutrauen, mit schwierigen Schülern ohne autoritäre Methoden auszukommen, die Fähigkeit der Selbststeuerung bei Schülern zu fördern usw.

Der Ansatz bringt bisherige Kompetenzhierarchien durcheinander. Kompetenzen, die man sich zuschreibt, werden überprüft und ggf. korrigiert. Neue Kompetenzen werden erworben und alte rücken innerhalb der Hierarchie an eine andere Stelle.

Motive und Kompetenzzuschreibungen stehen in enger Wechselwirkung. Erst durch neue Kompetenzen sieht man sich häufig in der Lage, neue Ziele zu erreichen und entwickelt somit neue Motive. Umgekehrt drängen neue Motive dazu, die entsprechenden Kompetenzen zu erwerben. In der Ausbildung sollten Lehrer ihr Selbstbild in Richtung ‚Sozialerzieher' verändern und erweitern. Sie sollten der Förderung und Entwicklung sozialen Verhaltens im Klassenzimmer größerer Bedeutung beimessen, und sich selbst diese Aufgabe aufgrund eigener Erfahrungen zutrauen. Was das im Einzelnen heißt, kann nur die Ausbildung selbst klären.

2. Wie wird gelernt?

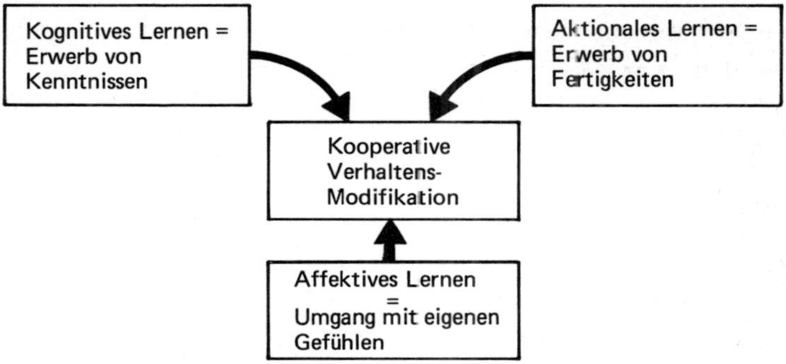

Abb. 9. Drei Wege des Lernens: Über theoretische Vorträge, Lesen von Büchern und rationale Erklärungen erwerben wir Kenntnisse und Wissen. Über konkrete Handlungen, Verhaltensübungen und -Trainings erwerben wir praktische Fertigkeiten. Über Reflektionen an eigenen Erfahrungen und Gefühlen lernen wir den Umgang mit unseren Gefühlen und Ängsten. In der Ausbildung der Kooperativen Verhaltensmodifikation werden Lernprozesse auf allen drei Wegen hervorgerufen.

Die Integration der drei Lernwege in der Ausbildung entwikkelte sich aus der Kritik an einseitigen Vermittlungsformen.

‚Kopflastigkeit': Erwerb von Wissen

Die dominierende Form der Hochschulausbildung ist die Vermittlung allgemeinen theoretischen Wissens auf kognitivem Wege. Diese ‚kopflastige' Vermittlungsform im Studium ist in den letzten Jahren immer häufiger kritisiert worden. Sie wurde u. a. als Ursache für den sog. Praxisschock von Lehrern genannt (*Koch* 1972) und als Erklärung für die geringe Innovationsbereitschaft angeführt (*Reichwein, Frech* 1971). Geändert hat dies die Studiengänge kaum.
Trotz der Kritik: Jede Ausbildung braucht den kognitiven Weg. Die Kenntnis der theoretischen Grundlagen eines Konzeptes, der Zusammenhang von Lernzielen und -inhalten, die

theoretische Begründung von Methoden sind wesentliche Voraussetzungen für seine sinnvolle Anwendung. Ohne die Darstellung der kognitiven Struktur eines Stoffes kann das Gelernte nicht bewußt reflektiert, kritisiert und korrigiert werden.

Verhaltenstraining: Erwerb von Fertigkeiten

Die Mängel des ‚reinen' Theorieweges im Studium sind von vielen pragmatisch orientierten Hochschullehrern erkannt worden. Das Training einzelner Fertigkeiten in der Durchführung von Unterricht war die Antwort. Im sog. Micro-Teaching sollten bestimmte ‚skills' wie ‚Fragen stellen', ‚Ergebnisse zusammenfassen' oder ‚Anerkennen von Schülerbeiträgen' eingeübt werden (*Allen, Ryan* 1969; *Zifreund* 1970). Im Lehrertraining sollten Verhaltensstile verändert (z. B. Wertschätzung) und spezifische Verhaltensmuster (z. B. reflektierte Reaktionen in schulischen Konfliktsituationen) erworben werden (*Tausch* 1970).
Ohne den kognitiven Lernweg bleiben derartige Übungen ‚blind' und oberflächlich. Zusammenhänge zwischen Konzept und Verhaltensweisen werden vernachlässigt, das trainierte Verhalten wird zum technischen Rezept und kann nicht mehr situationsspezifisch variabel verwendet werden.
In der Kooperativen Verhaltensmodifikation ist der aktionale Weg in Verbindung mit theoretischem Wissen die zentrale Methode. Um neue Methoden in der Praxis zu erproben, muß der Lehrer sie vorher hinreichend eingeübt haben, damit er sich sicher fühlt und nicht bei den ersten Schwierigkeiten auf eingefahrene Verhaltensweisen zurückfällt.

Selbsterfahrung: affektives Lernen

Als alternative Richtung der Kritik an der Kopflastigkeit des Studiums verstehen sich verschiedene Ansätze, in denen die emotionale Seite menschlichen Verhaltens die zentrale Rolle spielt. Selbsterfahrungen und Reflektion der eigenen Ängste, Zweifel, Unsicherheiten, Autoritätsabhängigkeiten und Verletzbarkeiten sollen über eine Veränderung der Persönlichkeit zu veränderter Kommunikation mit den Schüler und darüber zur Lösung von Problemen in Schulklassen führen. Selbsterfahrungsgruppen stehen häufig wie ‚Inseln' im Alltag von Lehrern – ohne Bezug zu den aktuellen Problemen und Nöten. Die konkrete Praxis bleibt häufig unverändert, weil die Kluft zwischen den persönlichen Erfahrungen in der Selbsterfahrungsgruppe und den dringend notwendigen Verhaltensänderungen im Lehreralltag nicht überbrückt wird. Dennoch betonen wir den affektiven Lernweg in der praktischen Arbeit mit den Lehrern. Bei der Ausbildung in der Kooperativen Verhaltensmodifikation werden Gefühle laufend involviert. So ist ein Ausgangspunkt für die Teilnahme an unseren Seminaren häufig das Gefühl, überfordert, angegriffen oder gescheitert zu sein. Während des Grundkurses tritt spontane Abwehr gegen vermeintliche ‚mechanistische Intentionen' der Verhaltensmodifikation auf. In der Praxisphase sind mit dem Einsatz neuer Methoden Versagensängste verbunden. Gefühlsmäßiges Unbehagen gegenüber einzelnen ‚unsympathischen Schülern' muß bearbeitet werden usf.

Der Bezugspunkt für die Aufarbeitung von Gefühlen ist jedoch immer die konkrete Problemstellung und seine Lösung. Selbsterfahrungen sind nur dann sinnvoll, wenn man sie anschließend im eigenen Handeln ‚wiederfinden' kann.

Es mag scheinen, als ob hier inzwischen allgemein bekanntes Wissen als völlig neu dargestellt wird. Kommunikations- und Verhaltenstrainings (*Fittkau u. a.* 1977, *Signer* 1976) oder die sog. themenzentrierte-interaktionelle Methode (*Cohn* 1977) verstehen sich in ähnlicher Weise integrativ. Wichtig erscheint uns allerdings, diese Integration auch in die reale Praxis umzusetzen und an konkretes Alltagshandeln anzubinden, um sich der dauernden Kritik der Realität zu stellen. Aus diesem Grund gehen wir von den konkreten Praxisfeldern der Lehrer aus und beziehen theoretische und praktische Ausbildung immer wieder auf diesen Bezugspunkt. Die Verbesserung der

Arbeit in der Schule wird dabei nicht als Transfer der Trainingseffekte oder Selbsterfahrungen angestrebt. Theoretisches Wissen, Verhaltensübung und die Auseinandersetzung mit den eigenen Gefühlen soll Probleme im Unterricht lösen helfen. Am Gelingen oder Mißlingen der einzelnen Lösungsversuche mißt sich die Brauchbarkeit der Ausbildung auf den drei Wegen des Lernens.
Im folgenden Abschnitt soll dargestellt werden, wie das Konzept im Ablauf der theoretischen und praktischen Ausbildung schrittweise vermittelt wird und in welcher Art die drei genannten Lernwege dabei eingehen.

3. Struktur und Methoden der Ausbildung

Den ersten Überblick über das Konzept erhalten die Lehrer im Rahmen des Grundkurses, der in der Regel kompakt an 3 bis 4 Tagen in 10 Arbeitseinheiten durchgeführt wird. Die Übersicht auf der nächsten Seite veranschaulicht die Umsetzung der vier theoretischen Komponenten des Konzeptes in Arbeitseinheiten. Für die spätere Praxis soll damit eine begriffliche Basis gelegt werden, auf der schon im Grundkurs das Training der wichtigsten kommunikativen Fertigkeiten aufbauen kann. Damit lernen die Teilnehmer zunächst nur die grobe Struktur des Ansatzes kennen. Die Vermittlung einzelner Details folgt in der anschließenden Praxisphase.

3.1 Ausbildung in den theoretischen Grundlagen (vgl. Kap. 1)

Zunächst erhalten die Teilnehmer nach einer warming-up-Phase, in der kommunikative Fertigkeiten trainiert werden, anhand von drei realen Einzelfallstudien aus der Praxis der schulpsychologischen Diagnostik, der klassischen Verhaltensmodifikation und unserem Ansatz einen groben Überblick

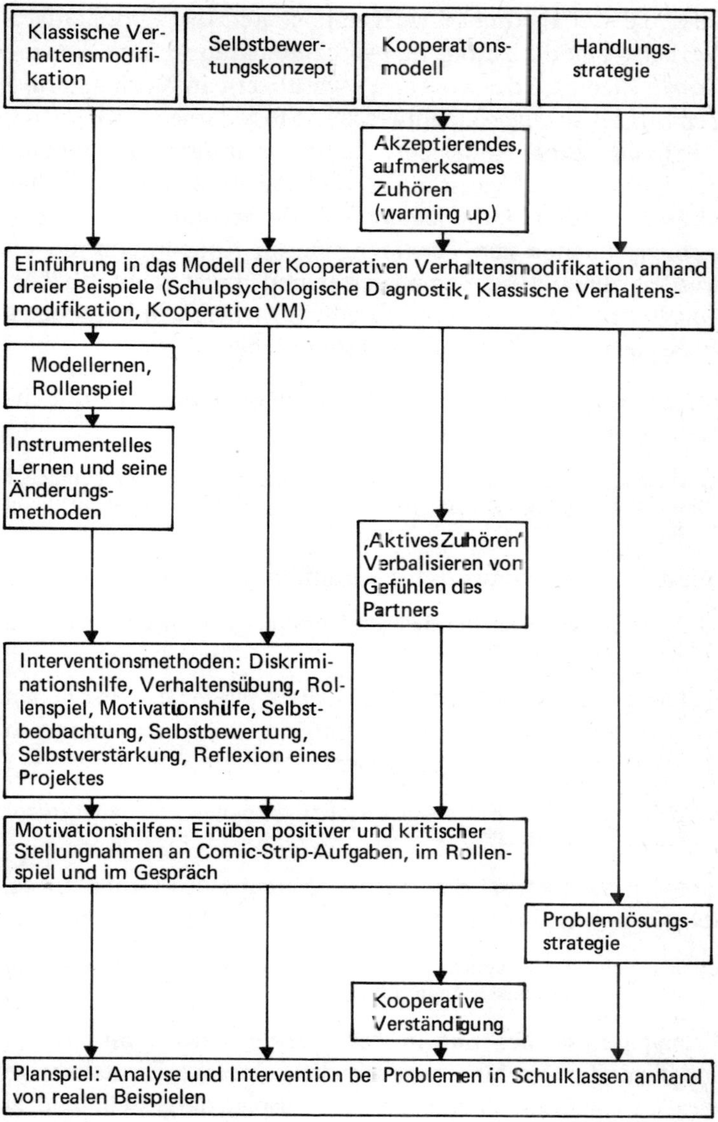

Abb. 10. Aufbau des Grundkurses – Übersicht über die einzelnen Arbeitseinheiten

über die vier theoretischen Komponenten der Kooperativen Verhaltensmodifikation. Im Anschluß daran werden die einzelnen Elemente des Konzeptes schrittweise in Plenum, Gruppen- und Einzelarbeit entwickelt. Modellernen und Instrumentelles Lernen sowie eine Reihe von Interventionsmethoden werden der klassischen Verhaltensmodifikation entlehnt und eng mit den Methoden der Selbstbewertung verzahnt. Die Arbeitseinheiten zur Verständigung im Kooperationsmodell werden zunehmend komplizierter und damit realitätsnäher. Am Ende wird die gesamte Handlungsstrategie in Form eines Planspieles mit allen Teilnehmern durchgespielt.

Im Laufe des Grundkurses werden typische Fragen von Lehrern schrittweise beantwortet:

a) Welche Erfahrungen wurden bisher mit dem Ansatz gemacht? Welche Ergebnisse liegen vor? Lohnt sich die Beschäftigung damit?

Diese Fragen beantwortet die Einführungseinheit.

b) Ist der Ansatz auch für mein Problem geeignet? Wie kann ich ihn in meinem Bereich anwenden?

Bei jeder Arbeitseinheit stellt sich diese Frage neu. Erst in den komplexeren Arbeitseinheiten am Ende des Kurses kann sich der Einzelne diese Fragen selbst beantworten.

c) Was muß ich im Einzelnen wissen und können, um damit in der Praxis umzugehen?

Diese Frage betrifft die zentrale Aufgabe des Grundkurses, die Vermittlung bestimmter Kenntnisse und Fertigkeiten.

d) Wie sieht die Anwendung des Ansatzes im Ganzen aus? Wie kann ich die Handlungsstrategie üben?

Prinzipiell ist dies nur in der eigenen Praxis hinreichend möglich. Zur Vorbereitung auf die komplexe Ernstsituation wird das gesamte Vorgehen am Beispiel dargestellt und in einem Planspiel anhand weiterer Materialien aus gelaufenen Projekten simuliert. Dabei spielen die Teilnehmer die Beraterrolle und die Spielleiter simulieren die Realität.

Die drei Lernwege werden in jeder einzelnen Arbeitseinheit eingesetzt. In der Regel wird die kognitive Komponente in einem Kurzvortrag berücksichtigt, in dem die wichtigsten Begriffe und Zusammenhänge dargestellt werden. Aktionales Lernen findet dann an Arbeitsaufgaben statt, die meist in Kleingruppen bearbeitet werden und von Papier-und-Bleistift-Tests bis zur Vorbereitung und Durchführung von Rollenspielen reichen. In jeder Arbeitseinheit werden eigene Erfahrungen mit dem Stoff diskutiert. Darüber hinaus werden in der Regel Aufgaben gestellt, die die gefühlsmäßige Auseinandersetzung provozieren sollen.
Ein Beispiel stellt die folgende Kurzfassung einer Arbeitseinheit dar. Das Gewicht der drei Lernwege ist in den einzelnen Arbeitseinheiten unterschiedlich. Während beispielsweise die Einheit ‚Problemlösungsstrategie' starke ‚kognitive Schlagseite' hat, geht es beim ‚aktiven Zuhören' vorwiegend um die eigenen Gefühle. ‚Motivationshilfen' ist eine typische Trainingseinheit und ‚Modellernen' vereinigt alle drei Komponenten ungefähr zu gleichen Teilen.

Beispiel: Arbeitseinheit ‚Modellernen' (Kurzfassung)

Grundüberlegung (Kurzvortrag): Ein Beobachter (z. B. Schüler) lernt am besten von einem Modell (z. B. ein anderer Schüler), wenn eine Reihe von Bedingungen erfüllt sind: Das Modell muß mit seinem Verhalten *erfolgreich* sein, das Modellverhalten muß vom Beobachter als *durchführbar* eingeschätzt werden, das Modell muß dem Beobachter *sympathisch* sein, es darf nicht zu *verschieden* von ihm sein, es sollte generell in seiner Umwelt *anerkannt* sein. Alle diese Bedingungen führen dazu, daß der Beobachter auf das zu lernende Verhalten des Modells *aufmerksam* wird. Diese Aufmerksamkeit kann zusätzlich durch *Instruktionen* verbessert werden.
Aufgaben (Kleingruppen): Jeder analysiere eigene Modellernerfahrungen in seiner Lerngeschichte! Von wem hat er am meisten gelernt? Welche Bedingungen erfüllte diese Person? Diskussion der Ergebnisse in der Kleingruppe.
Anschließend soll jede Gruppe ein kurzes Rollenspiel vorbereiten. Dazu sagte ein Teilnehmer: „Nachdem mir und einem anderen Gruppenmitglied klar geworden war, wie viele Verhaltensweisen wir von unseren Vätern übernommen haben, die uns heute erhebliche Auseinandersetzungen mit unseren Frauen bescheren, kamen wir

zum Anwenden der Modellernprinzipien. Dazu haben wir geübt, wie man einem ängstlichen Schüler ein Modell bietet, das sich trotz Unsicherheit gegen eine falsche Bewertung einer Mathearbeit wehrt. Dabei wurde mir bewußt, daß ich intuitiv bei Rollenspielen in meiner Klasse schon immer Modellernprinzipien eingesetzt habe. Aber nie systematisch als Ganzes. In der Kleingruppe konnte ich den ängstlichen Modellschüler spielen, ohne den Beobachter durch die perfekte Darbietung eines idealen Durchsetzungsverhaltens zu überfordern."
Diskussion (Plenum): Anschließend werden die Erfahrungen der Gruppen an alle vermittelt, Widersprüche geklärt, Grenzen und Möglichkeiten der Methode im Hinblick auf die Alltagspraxis diskutiert. Schließlich können auch besonders interessante Aufgabenlösungen im Plenum vorgespielt und differenziert analysiert werden.

3.2 Ausbildung durch Praxis

An den Grundkurs schließt sich eine mehrmonatige Praxisphase an, in der die Teilnehmer eigene Probleme in ihren Schulklassen gemeinsam mit den Schülern analysieren, eine problemspezifische Intervention entwickeln und durchführen. Dabei wird das grobe Konzept von Kooperativer Verhaltensmodifikation, das die Teilnehmer im Grundkurs erworben haben, durch eine enge Verbindung von Theorie und praktischen Erfahrungen verfeinert. In den von uns betreuten Projekten haben wir die Erfahrung gemacht, daß bestimmte theoretische Fragen im Zusammenhang mit der Analyse und Intervention immer wieder auftraten. Die Beantwortung dieser Fragen geschieht in zusätzlichen Arbeitseinheiten, die in Form flexibel einsetzbarer ‚Bausteine' während der Projektdurchführungen angeboten werden. Darüber hinaus hat jeder Teilnehmer jedoch spezifische Fragen, die nur sein eigenes Projekt betreffen. Diese Fragen werden in der Einzelberatung mit dem Betreuer geklärt. Die Durchführung der Intervention ist im Sinne eines übergreifenden Erkenntnisgewinnes auch für die anderen Teilnehmer interessant. Diesem Interesse kommt die Möglichkeit zum Erfahrungsaustausch entgegen.
Neben der realen Praxis spielen die genannten drei Komponenten eine wichtige Rolle.

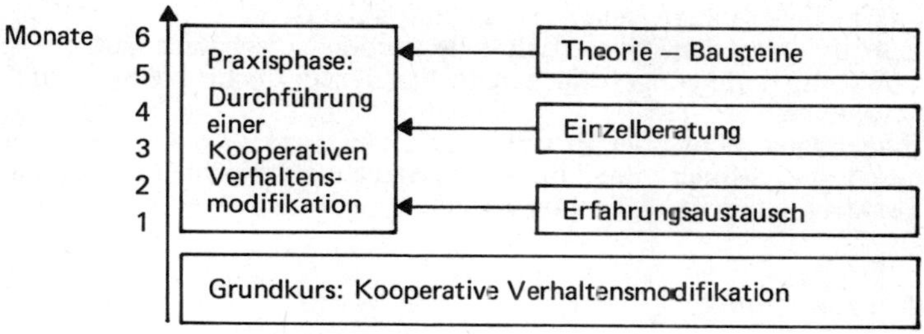

Abb. 11. Theorie-Praxis-Zusammenhang.

Theorie-Bausteine

Im Grundlagenkurs wird bereits so viel Information vermittelt, daß die Aufnahmekapazität der Teilnehmer erschöpft ist. Aus diesem Grund haben wir die Baustein-Einheiten nicht in den Grundkurs hineingenommen. Darüber hinaus hat sich gezeigt, daß sich erst im Zusammenhang mit den praktischen Problemen eines Projektes bestimmte Fragen stellen und ihre Beantwortung für die Teilnehmer überhaupt verständlich wird (Prinzip der ‚Passung', *Heckhausen* 1969).

Als Beispiel der Baustein ‚Befragungsmethoden' (Kurzfassung):
Ein Teilnehmer berichtet von seinen Erfahrungen: „Nach der Erarbeitung meiner Sichtweise vom Problem ging ich mit einem Kollegen daran, einen Fragebogen zur Erfassung der Schülersicht vom Problem zu entwickeln. Wir schrieben zunächst alle Fragen auf, die wir interessant fanden. Am Ende hatten wir 25 Fragen formuliert, um alle Gesichtspunkte zu erfassen. Ich führte die Befragung durch und versuchte sie auszuwerten. Das Ergebnis war enttäuschend. Einige Fragen konnte ich überhaupt nicht auswerten, da in Fragestellung und Antwortalternativen doppelte Verneinungen steckten, auf die die Schüler entsprechend mißverständlich antworteten. Die meisten der anderen Fragen gaben zwar die Einstellung der Schüler zu Hausaufgaben und Unterricht wieder, berührten jedoch überhaupt nicht die Frage, worauf sie die Probleme zurückführten. Wir mußten einen zweiten Fragebogen machen."
Der Teilnehmer hat in der konkreten Praxis erfahren, wie schwierig die Konstruktion eines problemspezifischen Fragebogens ist. Viele Fragen, die interessant erscheinen, müssen verworfen werden.
Die Auswahl der Fragen sollte hypothesengeleitet sein und folgende Grundfragen beantworten:
- Sehen die Schüler das Problem auch so wie der Lehrer?

- Welche Probleme sehen die Schüler außerdem?
  ▶ im Unterricht ▶ am Lehrer ▶ an den Mitschülern usw.
- Welche Bedingungen machen die Schüler für die Probleme verantwortlich?

Fragebögen dienen der Erweiterung und Korrektur der Lehrersicht durch die Schüler. Sie können zusätzlich als Nachbefragung die Funktion einer Erfolgskontrolle haben.

Einzelberatung

Die Beratung orientiert sich am Kooperationsmodell. Der Berater ist ‚Modellfachmann' und liefert Informationen. Die Entscheidung über den Umgang mit seinen Vorschlägen – ihre Annahme, Ablehnung oder Veränderung – trifft der Lehrer. Gleichzeitig ist die Verständigungsform zwischen beiden ein Modell für die Verständigung mit den Schülern. Für die Ausbildung hat die Beratung eine weitere Funktion. In den Beratungssitzungen erhält der Berater Rückmeldung über theoretische und praktische Lücken, die die Ausbildung noch offengelassen hat. Implizite Merkmale des Konzeptes können im Einzelgespräch am praktischen Beispiel am besten vermittelt werden. Darüber hinaus kommen in der Einzelberatung häufig gefühlsmäßige Vorbehalte zum Vorschein, die der Teilnehmer in der Seminargruppe nicht zu äußern wagte.

Ausschnitt aus einem Tonbandprotokoll einer Beratung (7. Klasse):

Lehrer: „Ich hatte den Vertrag so gut vorbereitet und ausgerechnet die beiden wichtigsten Problemschüler wollten ihn nicht unterschreiben!"
Berater: „Und deine Gefühle in dem Augenblick?"
L.: „Ich war unheimlich wütend, fast beleidigt . . . hab' die Schüler ganz schön angemuffelt, was sie denn noch alles wollten und so."
B.: „Was haben die denn gesagt?"
L.: „Gar nichts, nur mit dem Kopf geschüttelt."
B.: „Warum könnten Sie den Vertrag nicht wollen?"
L.: „Weiß nicht; Lustlosigkeit, nehme ich an. Ich glaube, das hat gar keinen Zweck mit denen."
B.: „Und was hast du mit den anderen gemacht?"
L.: „Ich hab' erstmal den Vertrag abgeblasen; entweder alle oder keiner! Die Klasse war ganz schön sauer."
B.: „Ich glaube, wir müssen 'mal herausfinden, warum die nicht wollten" . . .

Im Gespräch mit den Schülern fand der Lehrer heraus, daß beide Jungen bei der ersten Befragung angegeben hatten, daß sie mehr an der Themenauswahl beteiligt sein wollten. Dies war im weiteren Verlauf unter den Tisch gefallen und nun waren sie beleidigt. Der Lehrer begann den Vertrag zunächst ohne diese Schüler. Zusätzliche Vertragbedingung: Beteiligung der interessierten Schüler an der Themenauswahl bei den nächsten Unterrichtseinheiten. Nach vier Tagen wollten die beiden Jungen doch den Vertrag unterschreiben.

Erfahrungsaustausch in der Bezugsgruppe

Die Funktion des Erfahrungsaustausches wird am Beispiel deutlich:
1. Klasse: Die Schüler toben während des Unterrichts ‚wie die Wilden' herum, ein Unterricht ist kaum möglich. Lehrer und Berater hatten nach einer ausführlichen Diagnose geplant, die von ihr normalerweise gesetzten Anforderungen an die Konzentrationsfähigkeit der Schüler zu reduzieren. Stillarbeit sollte in der Intervention nur noch dreimal 3 min lang von den Schülern verlangt werden (vorher bis zu 30 min). Jeweils nach 3 min sollten die Schüler sich selbst einschätzen, ob sie ruhig gearbeitet haben oder nicht. Dieses Intervall sollte dann zunehmend größer werden.
Die Lehrerin berichtet im Seminar: „Das hat überhaupt nichts gebracht. Die Schüler wurden noch unruhiger und beschwerten sich darüber, aus der Arbeit herausgerissen zu werden, nicht fertig zu sein usw."
Einige weitere Teilnehmer wurden skeptisch und meinten, daß die Schüler mit den Selbsteinschätzungsbögen überfordert seien, daß sie nicht mehr richtig aufpassen könnten, daß der Unterricht durch die Intervalle zu häufig unterbrochen würde usw.
Eine Teilnehmerin hatte aber ein ähnliches Vorgehen mit Erfolg in einer zweiten Klasse eingesetzt und konnte die Bedenken nicht nachvollziehen. Aber die Skepsis blieb. Niemand konnte erklären, woran die unterschiedlichen Erfahrungen lagen. Glücklicherweise gab es eine Videoaufnahme von der Vorgehensweise der zweiten Lehrerin. Wir spielten sie vor: Die Stillarbeit in der Klasse begann. Die Schüler arbeiteten ruhig an ihren Arbeitsbögen, die Selbsteinschätzungsblätter lagen auf den Tischen. Nach 5 min gab die Eieruhr ein kurzes ‚Ping' von sich, die Schüler kreuzten an, ob sie selbständig gearbeitet hatten oder die Lehrerin fragen mußten, und arbeiteten weiter. An dieser Stelle sagte die erste Lehrerin: „Die machen ja weiter! Ich dachte, ich sollte nach 3 min die Stillarbeit abbrechen und später eine zweite 3-min-Phase einsetzen, wieder abbrechen und dann eine dritte!"
Der Fehler beruhte auf einem Mißverständnis. Die Anforderungen an die Schüler sollten insg. auf 9 min *nacheinander* reduziert werden. Die Einteilung in 3-min-Phasen ergab sich aus der Einteilung in Selbsteinschätzungsintervalle. Durch den dauernden Wechsel hatte die Intervention beträchtlich zur Erhöhung der Unruhe beigetragen.

Der übergreifende Erkenntnisgewinn für alle liegt auf der Hand. Zusätzlich zeigt das Beispiel, daß die Bezugsgruppe eine wichtige Rolle in der Struktur Lehrer-Schüler-Berater spielt. Sie ermöglicht die Korrektur einzelner Beratervorschläge und des gesamten Konzeptes. In der Bezugsgruppe können ähnliche Erfahrungen verschiedener Lehrer besser falsche Methoden aufdecken und korrigieren als in der Einzelberatung. Letztlich ist hier der wichtigste ‚Prüfstand' für das Konzept.

Die Beratung ist eine der intensivsten Lernsituationen für den Berater, der hier der Praxis am nächsten ist. In der Bezugsgruppe haben wir durch die Kreativität der Praktiker Diagnose- und Interventionsmethoden kennengelernt, die uns ‚am grünen Tisch' nie eingefallen wären.

Z. B. hat eine Lehrerin eine Befragung ihrer Erstkläßler in Form einer Stimmabgabe durchgeführt, weil diese ja noch nicht lesen konnten (vgl. S. 91).

Wir glauben jetzt, daß die Bedeutung einer stabilen Bezugsgruppe für das Gelingen der Projekte größer ist, als wir bisher annahmen. Die Treffen mit ‚Leidensgenossen' ermöglichen neben dem Erfahrungsaustausch auch psychische Sicherheit. Im Lehrerkollegium sind die einzelnen Teilnehmer häufig ohne festen Rückhalt, neue Methoden werden kritisch betrachtet und die Angst vor weiterem Versagen ist verunsichernd. Die Seminarteilnehmer nehmen Anteil an den eigenen Schwierigkeiten und Fortschritten, zeigen Verständnis und sind nicht bedrohlich, weil sie selbst in einer ähnlichen Lage stecken.

Voneinander lernen die Teilnehmer am besten. Das Konzept festigt sich durch die Verständigung mit den grundlegenden Begriffen. Berichte und Videoaufnahmen von Interventionen bieten Modelle für verschiedene Vorgehensweisen an und vergrößern das Reservoir an Ideen. Erfolgreiche Interventionen geben zögernden Teilnehmern Anstöße für eigene Versuche. Viele Übungen aus dem Grundkurs können hier vertieft und theoretische Einsichten stabilisiert werden.

Schließlich soll nicht unerwähnt bleiben, daß die Ausbildung in der Bezugsgruppe trotz der hohen Arbeits- und Leistungsanforderungen viel Spaß macht: Man lernt andere Leute kennen, kann sich über außerschulische Interessen verständigen und gelungene Projekte ausgiebig feiern . . .

Kapitel 3: Perspektiven

In diesem Kapitel sollen in einem kurzen Überblick die Perspektiven für die Weiterentwicklung der Kooperativen Verhaltensmodifikation zusammengefaßt werden.
Zum ersten stellt sich die Aufgabe, pädagogisch hochwertige Ziele sozialen Verhaltens (Kommunikation, Kooperation, Konfliktbewältigung) sowie schwerwiegende Probleme (Aggressionen, Sachzerstörungen, soziale Ängste usw.) mehr als bisher zu thematisieren.
Zum zweiten sollte in Zukunft das theoretische Konzept der Kooperativen Verhaltensmodifikation um Überlegungen erweitert werden, die sich auf den Einstellungswandel der Beteiligten im Laufe einer kooperativen Problemlösung beziehen.
Zum dritten kann das Vermittlungskonzept um einen weiteren Theorie-Praxis-Schritt erweitert werden.
Diese drei Punkte werden im folgenden näher erläutert.

1. Zur Erweiterung der Problembereiche

Sieht man sich die Probleme an, die bisher im Rahmen der klassischen Verhaltensmodifikation behandelt wurden, so fällt auf, daß die Mehrzahl in den Bereich der Unterrichtsstörungen fällt. Auch wenn dieser Problembereich die Lehrer allgemein am stärksten belastet (*Krieger u. a.* 1976), sollte die Kooperative Verhaltensmodifikation darüber hinausgehen. Im Hinblick auf die Ausweitung der Problembereiche ergeben sich zwei Richtungen.
Bei der einen Richtung geht es um den Aufbau komplexen Sozialverhaltens „jenseits“ von Unterrichtsstörungen.
Die zweite Tendenz deutet auf die Lösung von Problemen im Bereich schwerwiegender individueller Sozialisationsdefizite hin.
Die folgenden Gliederungspunkte gegen auf diese beiden Richtungen detaillierter ein.

1.1 Vom Problem-Lösen in Gruppen zum Lernen komplexer sozialer Fähigkeiten

Die Behebung von Unterrichtsstörungen durch gemeinsame Verhaltensänderungen von Lehrern und Schülern sehen wir als Voraussetzung an, die den gezielten Aufbau eines breiten Repertoires sozialen Verhaltens erst ermöglicht. Diese Verhaltensweisen bezeichnen wir als ‚kommunikatives Verhalten'. Sie umfassen Fähigkeiten, die zur Bewältigung von Aufgaben (Kooperation) und zur konstruktiven Auseinandersetzung miteinander dienen (Konfliktlösungen). Die gemeinsame Lösung von Konflikten und Aufgaben erfordert die Fähigkeit zur Verständigung über gemeinsame und divergierende Ziele und Vorgehensweisen. Das Medium dieser Verständigung ist kommunikatives Verhalten.

Einige Beispiele für konkrete Verhaltensweisen, die einzelne Elemente des ‚kommunikativen Verhaltens' beschreiben:
- Meinungen äußern und begründen
- Leistungen anderer offen anerkennen, loben und sich mit anderen freuen
- Kritik in angemessener, nicht abwertender Form äußern
- Kritik aufnehmen, überdenken, nicht abwehren
- Fehler riskieren und korrigieren
- eigene Bedürfnisbefriedigungen zurückstellen und Kompromisse schließen
- Gefühle und eigene Bedürfnisse verständlich äußern
- auf Beiträge anderer eingehen und sachbezogen diskutieren
- gemeinsame Entscheidungen treffen, akzeptieren, nach außen offen vertreten, ausführen oder begründet ablehnen

Mangelhaftes kommunikatives Verhalten in der Schulklasse stellt sich auf den ersten Blick für Lehrer und Schüler nicht als Problem dar, solange sie keine Ansprüche in dieser Richtung entwickelt haben. Kommunikatives Verhalten ist unserer Auffassung nach jedoch eine grundlegende Fähigkeit zur Bewältigung zwischenmenschlicher Probleme und sollte als definitives Lernziel gelten.

Die hier vorgestellten Projekte wurden von ‚Erstanwendern' durchgeführt. Im Sinne des Vermittlungskonzepts zur koope-

rativen Verhaltensmodifikation befanden sich diese Lehrer noch in der Praxisphase ihrer Ausbildung.
Zum gegenwärtigen Zeitpunkt laufen einige Projekte von ‚Fortgeschrittenen' in denen z. B. Konflikte zwischen Schülern und Gruppen verringert, Diskussions- und Gesprächsverhalten verbessert wird und die Selbststeuerungsfähigkeit von Schülern in den Bereichen des Sozial- und Leistungsverhaltens aufgebaut werden sollen (s. Anm. 2 auf S. 85).
Diese Tendenz muß unserer Auffassung nach weiter ausgebaut werden. Denn Kooperative Verhaltensmodifikation hat vom Ansatz her keine „Reparatur"- oder „Feuerwehr"-Funktion, sondern soll langfristig eher der Vorbeugung psychosozialer Störungen dienen. In diesem Sinne soll auch die Funktion des Lehrers als Sozialerzieher wieder hervorgehoben werden.

1.2 Ausgleich von Sozialisationsdefiziten durch Motiveänderungen

Kooperative Verhaltensmodifikation dient vorwiegend als Unterrichtshilfe: Fast alle Interventionen beziehen sich auf das Geschehen in der Schulklasse. In diesem Bereich hat sie sich bewährt. Über ihre Wirksamkeit bei schweren Störungen außerhalb des Unterrichts durch Einzelfälle oder Schülergruppen wissen wir dagegen wenig.
Wir vermuten, daß derartige „schwere" Störungen nur abgebaut werden können, wenn man die betreffenden Schüler intensiver betreut als dies im gesamten Klassenverband möglich ist. Denn sie müssen nicht nur bestimmte Verhaltensweisen abbauen und Selbststeuerungsmethoden lernen, sondern ihre Motive verändern.

Wenn z. B. eine Gruppe 12jähriger auf dem Schulweg andere Kinder überfällt, ihnen Geld und Wertsachen wegnimmt und mit der Androhung von Prügel dazu erpreßt, zu Hause Geld und Zigaretten zu stehlen, müssen diese Jungen ihre ‚innere' Hierarchie von Motiven umstrukturieren.

Anstelle von Zigaretten, Geld, Macht über Andere durch körperliche Gewalt und Anerkennung durch die Kumpane bei der Verletzung gesellschaftlicher Normen müssen andere Motive treten:
- Anerkennung von Lehrern bei intellektuellen Leistungen
- Anerkennung von anderen Schülern aufgrund sportlich-fairen Verhaltens
- Freundschaften zu möglichst vielen Schülern auf der Basis prosozialen Verhaltens
- Eine gute Position im Klassenverband wegen gewaltloser Konfliktlösungen und solidarischem Verhalten

Die gezielte Veränderung von Motiven erfordert nicht nur ein intensives Training der Schüler in kleinen Gruppen, sondern auch eine entsprechend veränderte schulische und außerschulische Umwelt. Denn die trainierten Fähigkeiten werden sich nicht stabilisieren, wenn sie in der natürlichen Umwelt nicht erfolgreich sind.
Eine Tendenz der Erweiterung der Kooperativen Verhaltensmodifikation muß deshalb in der Entwicklung von *Methoden der Motivänderung in Gruppen* bestehen. Erste Erfahrungen mit verhaltensmodifikatorischen Trainingsmethoden zum Abbau von sozialen Ängsten (*Wendlandt u. Noll* 1976) sowie von Aggressionen (*Petermann u. Hasslinger* 1977) zeigen neue Möglichkeiten auf.
Allerdings gehört zu diesem Training die Übertragung des Gelernten auf reale Situationen. Das bedeutet, daß die Schüler nur kurzfristig (maximal für eine Stunde pro Tag) aus ihrem Klassenverband herausgenommen werden dürfen, um in kleinen Gruppen trainiert zu werden. Wir lehnen wegen der Etikettierungsgefahr (*Brusten u. Hurrelmann* 1973) die Bildung von Sonder- und Kleinklassen für „Verhaltensgestörte" ab. Die Schüler müssen die in kleinen Schritten gelernten Verhaltensweisen *direkt* als erfolgreich in ihrer natürlichen Umwelt erleben, wenn sie stabile Motive aufbauen sollen.
In diesen Zusammenhang gehört die Frage der Zusammenarbeit mit den Eltern. Auch wenn die tatsächliche Funktion der Familie für Verhaltensstörungen in der Schule von Lehrern häufig überschätzt wird, finden die Veränderungsmöglichkeiten in manchen Fällen ihre Grenze an den Bedingungen, unter denen die Schüler im Elternhaus stehen.

Zum gegenwärtigen Zeitpunkt erproben wir die Übertragung des Modells auf das System ‚Familie'. Hierbei wird – ebenso wie im System ‚Schulklasse' – das Kind nicht als Problemfall betrachtet und einseitig modifiziert, sondern Verhaltensänderungen aller Beteiligten durch die Kooperation zwischen Eltern, Kindern und Beratern initiiert.

2. Erweiterung der Trainingsinhalte: die Veränderung von Alltagsannahmen der Lehrer

Im Kapitel 2 wurden die Grundgedanken der Ausbildung entwickelt. Die Lehrer sollten im theoretischen Grundkurs und in der anschließenden Praxisphase ein stabiles Konzept ihrer Handlungsmöglichkeiten im Rahmen der Kooperativen Verhaltensmodifikation entwickeln. Dieses Konzept bedeutet, daß die Lehrer ihre – motivational besetzten – Alltagsannahmen über Probleme und Störungen im Unterricht umstrukturieren. Im wesentlichen sollte nach unserer Auffassung diese Umstrukturierung darin bestehen, daß anstelle der verschiedenen individuellen Alltags-„Theorien" die erheblich präzisere Verhaltenstheorie tritt.
Diese Überlegungen können wir inzwischen schärfer fassen. Im Verlauf der von uns betreuten Projekte sind uns eine Reihe von Schwierigkeiten der Lehrer im Umgang mit dem verhaltenstheoretischen Konzept aufgefallen. Die Schwierigkeiten deuten auf Punkte hin, bei denen die Lehrer Unstimmigkeiten zwischen ihren Alltagsannahmen und dem verhaltenstheoretischen Ansatz wahrnahmen. Diese ‚unstimmigen' Punkte lassen sich als problematische Alltagsannahmen von Lehrern explizieren:

► *Die monokausale Betrachtungsweise*

Während der Zusammenarbeit mit den Lehrern fielen uns immer wieder Formulierungen über die Ursachen von Unterrichtsstörungen und auffälligen Verhaltensweisen einzelner Schüler auf, die eine einzige Bedingung für das Problem verantwortlich machten:

- „Meiner Meinung nach reagieren die Schüler dann aggressiv, wenn sie vom Elternhaus her unter Druck stehen."
- „Thomas ist so unkonzentriert, weil er zu klein für sein Alter ist und deshalb die Anerkennung der Mitschüler durch Clownerien sucht."
- „Gerhard kommt deshalb zu spät, weil seine Mutter ihn nie weckt."
- „Martina beteiligt sich deshalb nicht am Unterricht, weil sie intelligenzmäßig in der Realschule überfordert ist."
- „Bei diesem Schulsystem muß den Schülern ja jede Kreativität und Selbstverantwortlichkeit abgetötet werden."

Aus sozialwissenschaftlicher Sicht dagegen sind Verhaltensweisen immer durch mehrere Faktoren bedingt. Es gibt immer mehrere ‚Ursachen' für einen Tatbestand. Selbst bei Gerhard ist das ‚Zu-spätkommen' nicht allein dadurch bedingt, daß seine Mutter ihn nicht weckt, sondern auch durch seine Unfähigkeit, sich selbst einen Wecker zu stellen oder weitere Faktoren.
In den o. g. Äußerungen kommt jedoch die Tendenz zum Ausdruck, einen einzigen verursachenden Faktor so stark zu betonen, daß man von einer monokausalen Denkweise im Gegensatz zur multifaktoriellen Sicht in den Sozialwissenschaften sprechen kann.
Würde man diese Alltagsannahme explizit formulieren, so könnte sie folgendermaßen lauten: „Es gibt immer nur eine ‚einzige' (‚eigentliche, echte, wirkliche, wahre usw.') Ursache für problematisches Verhalten von Schülern".
Aus dieser Alltagsannahme ergibt sich implizit auch eine handlungssteuernde Regel: „Erst wenn die wirkliche Ursache für ein Problem gefunden ist, kann das Problem gelöst werden."
In diesem Zusammenhang fiel uns auf, daß viele Lehrer während der diagnostischen Phase ihres Projektes recht umfangreiche Erhebungen durchführen. So wurden z. B. die Schüler einer 4. Klasse mit einem detaillierten Anamnesebogen befragt, als es um das Problem von Zwischenrufen und Unterrichtsstörungen ging. Die diagnostische Phase dauerte häufig sehr lange, weil einige Lehrer meinten, daß sie noch nicht die eigentliche Ursache ihres Problems gefunden hätten. Dieses führen wir auf die genannte Alltagsannahme zurück. Denn wenn es tatsächlich immer nur eine einzige Ursache für ein Problem gibt, dann ist der Erfolg vorprogrammiert, wenn man diese Ursache gefunden hat; deshalb die aufwendige Diagnose.
In gleicher Weise überraschte es uns, daß während der Intervention relativ selten die Chance zur Korrektur des Interventionsplanes genutzt wurde, wenn die gewünschten Fortschritte ausblieben. Auch dies kann die monokausale Betrachtungsweise erklären. Wenn nämlich die Intervention keinen Erfolg bringt, kann das gemäß dieser Alltagsannahme nur daran liegen, daß man die ‚eigentliche' Ursache nicht gefunden und verändert hat. Demnach nützt eine Korrektur der

Intervention nichts, sondern nur ein völlig neuer Ansatz, der die ‚wahre Ursache' aufdeckt. Die monokausale Betrachtungsweise führt somit auch zu einem starren Handlungskonzept, ohne die Möglichkeit der Fehlerkorrekturen.

▶ *Die Ansiedlung von ‚Ursachen' außerhalb des eigenen Handlungsbereiches*

Im engen Zusammenhang mit der ersten Alltagsannahme steht offensichtlich die Tendenz, diese einzige Ursache außerhalb des eigenen Handlungsspielraumes zu sehen. Die oben genannten Lehreräußerungen siedeln die Ursachen für Verhaltensstörungen der Schüler im Elternhaus, in der Persönlichkeit oder in bestimmten Eigenschaften der Schüler oder im Schulsystem an. Die eigenen Einflußmöglichkeiten zur Lösung des Problems werden häufig vernachlässigt.
Nach sozialwissenschaftlicher Auffassung werden Verhaltensweisen von verschiedenen Faktoren bedingt, die in ganz unterschiedlichen Umweltbereichen des Schülers liegen. Da diese Faktoren in komplexen Wechselwirkungsbeziehungen stehen, kann man durch die Veränderung eines Faktors in einem Bereich bestimmte Wirkungen auch in anderen Bereichen erzielen.
Eine Explikation dieser Alltagsannahme könnte lauten:
„Wenn Schüler problematisches Verhalten zeigen, dann liegt die ‚eigentliche Ursache' außerhalb der Einflußmöglichkeiten des Lehrers: im Schüler, im Schulsystem, bei den Eltern, in der Gesellschaft."
Diese Annahme hat eine wichtige Funktion: sie entlastet den Lehrer psychisch vom Druck der Verantwortlichkeit für die schwierigen Schüler. Auf der anderen Seite aber verhindert sie, daß die Handlungsmöglichkeiten von Lehrern zur Lösung von Problemen ihrer Schüler ausgeschöpft werden. Denn im Unterrichtsgeschehen (Lehrer-Schüler-Interaktion, Schüler-Schüler-Beziehungen usw.) liegen in der Regel Faktoren, die das Problem mitverursachen und einer direkten Veränderung zugänglich sind.

▶ *„Sozialverhalten muß im Schulalter bereits beherrscht werden"*

Pädagogen sind Fachleute in der Anwendung des Prinzips der kleinen Lernschritte. Komplexe *kognitive* Lernziele werden in kleinen Einheiten und Schritte zerlegt und den Schülern in ‚verdaubaren Brocken' angeboten.
Im Bereich des Lernens *sozialer* Verhaltensweisen jedoch fiel uns auf, daß die meisten Lehrer ihre Lernziele sozialen Verhaltens für die Schüler zu hoch ansetzen. Dies betraf einfache Lernziele wie z. B. den Abbau von Zwischenrufen oder abfälligen Bemerkungen. In

diesen Fällen wurde von den Schülern häufig Unmögliches verlangt: sie sollten innerhalb von einer Woche z. B. lernen, von 100 auf 6 (!) Zwischenrufe herunterzukommen, oder die Beteiligung im Unterricht sollte sich von 4 Schüler auf *alle* steigern.
Die hohen Ansprüche der Lehrer drückten sich auch in sehr komplizierten Lernzielen aus: Schüler sollten gleichzeitig abfällige Bemerkungen untereinander abbauen und die offene Äußerung von Gefühlen und Meinungen in Unterrichtsgesprächen aufbauen.
Viele Lehrer scheinen die Annahme zu haben, daß die Schüler soziale Verhaltensweisen eigentlich schon können müßten. Wenn sie jedoch angemessenes soziales Verhalten tatsächlich nicht zeigen, so deutet es offensichtlich darauf hin, daß sie es nicht zeigen wollen. Für uns alle war es bei vielen Projekten sehr überraschend, daß die Schüler hochmotiviert waren, sich zu ändern. Das äußerte sich darin, daß sie ihre Selbstbeobachtungsbögen sorgfältig ausfüllten, und kaum ein Projekt von den Schülern abgelehnt wurde. Bei der Durchführung der Selbstbeobachtung dagegen fiel uns auf, daß die Schüler trotz guten Willens die von ihnen selbst gewünschten Verhaltensweisen nicht beherrschten. Sie wollten wohl, aber konnten nicht.
Wir können demnach nicht davon ausgehen, daß Schüler soziale Verhaltensweisen bereits gelernt haben, wenn sie in die Schule kommen. Ebenso wie kognitive Lerninhalte müssen sie auch soziales Verhalten in kleinen Schritten lernen.

▶ *„Selbststeuerung kann nicht gelehrt werden“*

Eine Reihe von Lehrern lehnte die zielgerichtete Veränderung sozialer Verhaltensweisen ab. Es fielen dabei häufig die Worte „psychotechnisch“, „mechanistisch“ oder „unmenschlich“.
Das Ziel der Kooperativen Verhaltensmodifikation, die Selbststeuerung der Schüler, entsprach ihrer Auffassung nach nicht dem Mittel, der geplanten Veränderungsstrategie.
Es scheint so, als nähmen diese Lehrer an, daß der Aufbau der Fähigkeit zur Selbststeuerung nicht geplant werden kann, sondern sich ergibt. Selbststeuerung kann ihrer Auffassung nach nicht durch gezielte Maßnahmen von außen entwickelt werden (Fremdsteuerung). Alle Sozialisationstheorien (Psychoanalyse, Rollentheorie, Lerntheorien usw.) gehen dagegen davon aus, daß in der Kindheit und Jugend Fremdsteuerung dominiert und nur langsam abnimmt. Wird die elterliche Fremdsteuerung zu früh abgebrochen (z. B. bei verwahrlosten Kindern), so sind diese Kinder mehr als andere bei der Entwicklung eines angemessenen Selbststeuerungssystems behindert. Sie entwickeln nur eine unzureichende Kontrolle eigener Impulse und bleiben von äußeren Einflüssen bedeutend abhängiger als andere. Sieht man den Erwerb der Fähigkeit zur Selbststeuerung als langfristigen Prozeß, der sich auch über die Schulzeit erstreckt, so müssen bei der Lösung von Problemen in Schulklassen notwendiger-

weise Elemente der Fremdsteuerung enthalten sein. Wichtig ist, daß äußere Kontrollen deutlich abnehmen und selbstverantwortliches Handeln zunimmt.

Es gibt sicherlich noch viele weitere ‚problematische' Alltagsannahmen von Lehrern zu bestimmten Schüler‚typen' (*Hofer* 1974), zu Problemen und Bedingungszusammenhängen (*Heckhausen* 1976). Die hier genannten Annahmen scheinen uns am deutlichsten allgemein anerkannten sozialwissenschaftlichen Prinzipien zu widersprechen.
In diesem Zusammenhang scheint uns eine Tendenz bei manchen Lehrern erwähnenswert, die dazu führt, daß die vorhandenen Alltagsannahmen nicht korrigiert werden: eine Tendenz zur Immunisierung von Annahmen durch eine unzureichende Prüfungstechnik. Uns fiel auf, daß viele Lehrer eine Abneigung dagegen hatten, die Probleme im Unterricht in Verhaltensbegriffen präzise zu beschreiben. Sie griffen lieber auf komplexere Eigenschaftsbegriffe zurück. Dieselbe Abneigung fanden wir bei der Formulierung von Zielen für die Intervention. In Explorationsgesprächen kam es vor, daß der berichtende Lehrer keine konkreten Beispiele nennen konnte, mit denen er Abstraktionen wie ‚Rivalitätsdenken der Schüler', ‚mutistisches Verhalten', ‚Aggressivität' usw. hätte veranschaulichen und belegen können.
Vom forschungsmethodischen Standpunkt aus werden Präzision von Begriffen und ihr Bezug zur Realität als Voraussetzung gesehen, um falsche Annahmen über die Wirklichkeit überhaupt korrigieren zu können. Alltagsannahmen sollten ebenso wie wissenschaftliche Theorien an der Realität geprüft und ggf. korrigiert werden können. Durch abstrakte und unpräzise Begriffe sowie ihren mangelhaften Bezug zur ‚empirischen Basis' werden problematische Alltagsannahmen häufig ‚immunisiert'. Bisher wurden diese Alltagsannahmen im Konzept der Kooperativen Verhaltensmodifikation nicht explizit thematisiert. In Zukunft müßte diesem Thema mehr Raum gegeben werden.
Die Ausbildung kann die Lehrer nicht auf alle zukünftigen Problemsituationen vorbereiten. Damit sie im Sinne des Kon-

zeptes handeln können, müssen derartige Hintergrund-Annahmen entsprechend mitverändert werden. Die Ausbildung haben wir an anderer Stelle als Austausch von Alltagstheorien interpretiert (Schley u. Redlich 1980).

3. Erweiterung der Ausbildungsstrategie zu einer doppelten Theorie-Praxis-Sequenz

Die Ausbildung in Kooperativer Verhaltensmodifikation beruht im Grunde auf der klassischen Trennung von Theorie und Praxis (vgl. Kap. 2). Nach einem theorieorientierten Grundkurs, in dem sich die Teilnehmer die wesentlichen Begriffe und Zusammenhänge sowie grundlegende Fähigkeiten der Kommunikation und Kooperation aneignen, folgt eine Praxisphase, in der sie das Gelernte ‚anwenden'. Auch wenn wir diese Praxisphase als Ausbildungssituation begreifen und durch theorieorientierte Bausteine und Beratungen unterstützen, bleibt die klassische Theorie-Praxis-Struktur bestehen: auf die Theorie folgt die praktische Anwendung.
Viele Lehrer betonten, daß ihnen durch die Praxis im Rahmen der Kooperativen Verhaltensmodifikation theoretische Grundgedanken erheblich klarer geworden sind. Einige äußerten das Interesse, sich mit der verhaltenstheoretischen Betrachtungsweise weiter auseinanderzusetzen. Dieses Interesse sowie unsere Überlegungen zur Ausweitung der Problembereiche (vgl. 1.1 und 1.2) brachten uns auf die Idee, die Erfahrungen aus der Praxisphase zur Vertiefung des theoretischen Konzeptes bei den Lehrern zu nutzen. Dazu folgt auf die Praxisphase ein zweiter theoretischer Kurs (Aufbaukurs). So wird der Erwerb theoretischen Wissens nicht Voraussetzung für die Praxis, sondern umgekehrt die Praxis Voraussetzung für die Vertiefung des theoretischen Konzeptes.
Diese Vertiefung wiederum ermöglicht in einer zweiten Praxisphase die Bearbeitung von komplexeren Problemen im Sinne des ersten Abschnittes in diesem Kapitel.

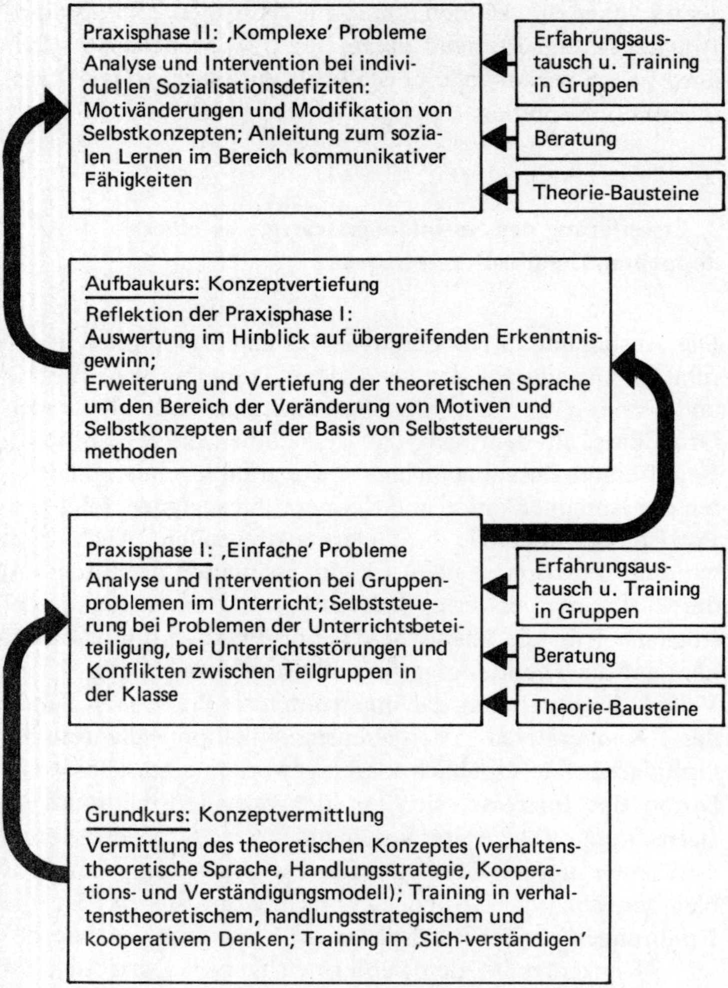

Abb. 12. Ausbildung in Kooperativer Verhaltensmodifikation in einer doppelten Theorie-Praxis-Sequenz.

Damit hat sich unsere Ausbildungsstrategie zu einer Doppel-Sequenz entwickelt, die in der Abb. 12 dargestellt ist.
Auch der Aufbaukurs wird kompakt durchgeführt und besteht im wesentlichen aus zwei Elementen: rückblickend wird zum einen die gelaufene Praxis reflektiert, es werden Fehlschläge analysiert und Grenzen und Möglichkeiten diskutiert. Im Hinblick auf die Praxisphase II werden theoretische Grundüberlegungen zur Motivänderung und zum Aufbau eines realistischen, aber positiven Selbstbildes gemeinsam erarbeitet.
Gegenwärtig beginnen einige ‚Fortgeschrittene' dieses Konzept in einer Praxisphase II zu erproben. Die informellen Rückmeldungen der Lehrer sowie die ersten Ergebnisse deuten an, daß wir mit den genannten Perspektiven zur Erweiterung der Kooperativen Verhaltensmodifikation auf dem richtigen Wege sind.
Aus unseren „Aufbaukursen" sind inzwischen „Werkstattseminare" geworden, in denen sich in jedem Halbjahr Lehrer treffen, die durch die theoretische und praktische Ausbildung in Kooperativer Verhaltensmodifikation die gleiche theoretische Sprache und Denkweise gelernt haben. Entsprechend einem vorher abgemachten Thema (Konzentration, Angst, Aggression, Elternarbeit usw.) wird ein Wochenende lang an der Planung konkreter Veränderungsprojekte gearbeitet. Diese Planungen werden in dem halben Jahr bis zum nächsten „workshop" praktisch erprobt. Die verschiedenen Erfahrungen werden in zwischenzeitlichen Treffen ausgetauscht.

Anmerkung zu S. 76

(2) In der Zwischenzeit hat sich gezeigt, daß diese Überlegungen richtig sind. Viele Proejkte wurden im Rahmen der Kooperativen Verhaltensmodifikation zu Themen „jenseits" von Unterrichtsstörungen durchgeführt (vgl. *Redlich* u. *Schley* 1980 a, 1980 b).

Teil II: Projektberichte aus der Praxis der Kooperativen Verhaltensmodifikation

1977 wurden etwa 50 Projekte im Rahmen der Ausbildung in Kooperativer Verhaltensmodifikation durchgeführt. Vier Fünftel davon wurden von den betreffenden Lehrern noch 6 Wochen nach Interventionsbeendigung als ‚Ziel vollständig bzw. weitgehend erreicht' eingestuft. Die subjektive Beurteilung wurde in der Regel durch die quantifizierbaren Selbstbeobachtungen der Schüler gestützt. Für dieses Buch haben wir aus den erfolgreichen Projekten eine Auswahl von Berichten getroffen, die die bisherige Praxis exemplarisch darstellen soll. Dabei kam es darauf an, möglichst verschiedene Probleme (Disziplin, Gesprächsverhalten, Lehrer-Schüler-Beziehung, Schüler-Schüler-Beziehung, Schulleistungen, Unpünktlichkeit, fehlende Hausaufgaben usw.) in allen Klassenstufen und Schularten in die Auswahl einzubeziehen.
Der folgende ‚Wegweiser' gibt an, wo man für bestimmte Lernziele (Probleme) bei Schülern und Lehrern in bestimmten Klassenstufen Projektberichte finden kann. Darüber hinaus wird auf Besonderheiten, typische Phänomene und Beispiele für bestimmte Diagnose- und Interventionsmethoden hingewiesen.
Die Berichte sind folgendermaßen entstanden: Die Verfasser haben die in jedem Projektbericht genannten Lehrer bei der Planung und Durchführung beraten. Die Lehrer haben anhand eines Handlungsleitfadens ihr Projekt dokumentiert und den Verlauf der Intervention tagebuchartig festgehalten. Dies Material wurde von den Verfassern in die vorliegende mitteilbare Form gebracht, wobei möglichst viele praktische Dokumente und Aussagen der Lehrer in jeden Bericht eingehen. Dadurch erhalten sie den Charakter von ‚Werkstatt'-Berichten, was dem augenblicklichen Stand der Kooperativen Verhaltensmodifikation entspricht. Sie stellen die ersten Erfahrungen dar.

Weitere Projektberichte sind veröffentlicht worden:
Zum Thema „Hauptschulprobleme“ haben wir ein Buch mit 11 Projektberichten „von Lehrer an Lehrer“ herausgebracht, in denen auch die persönlichen Schwierigkeiten der Lehrer bei der Durchführung deutlich werden (Redlich u. Schley 1980a).
Zur Verbesserung des Diskussionsverhaltens findet man einen Projektbericht in betrifft: erziehung (1980, 6) S. 47-50.
Der Abbau von Angst im Unterricht wird in einem Projektbericht am Beispiel von zwei Schülern dargestellt (Redlich u. Ott 1980). Der Aufsatz kritisiert gleichzeitig die Stigmatisierungsfunktion traditioneller schulpsychologischer Einzelfallhilfe.

Wegweiser durch

Klassenstufe Schulart	Veränderungen des Schülerverhaltens	Veränderungen des Lehrerverhaltens
1. Klasse Grundschule S. 90–98	Aufmerksamkeit zu Unterrichtsbeginn, Abbau von Unruhe	Konsequentes Verhalten, Abbau von Ermahnungen und Schimpfen
2. Klasse Grundschule S. 99-109	Selbständiges Arbeitsverhalten, Konzentration	Verständlichkeit bei Anweisungen, Abbau übermäßiger Hilfe
4. Klasse Grundschule S. 110-117	Gegenseitiges Zuhören, Abbau von Zwischenrufen	Konsequentes Nicht-Beachten von Zwischenrufen
4. Klasse Grundschule S. 118-125	Pünktlichkeit im Unterricht, Abbau von Pausenkonflikten	
6. Klasse Hauptschule S. 127-138	Regelmäßiges Hausaufgaben-Anfertigen	Verständlichkeit, Hilfestellung für schwache Schüler
6. Klasse Hauptschule S. 139-146	Realistische Einschätzung eigener Leistungen in Tests	
6. Klasse Gymnasium S. 147-157	Gegenseitiges Akzeptieren von Jungen und Mädchen	Verbesserung der Beziehung zu den Jungen der Klasse
6. Klasse Gymnasium S. 158-164	Gesprächsverhalten, Beteiligung	Zurückhaltung in Unterrichtsgesprächen
7. Klasse Gesamtschule S. 165-180	Beteiligung, Abbau von Unruhe und Zwischenrufen	Zurückhaltung, gesprächsförderndes Lehrerverhalten
7. Klasse Gymnasium S. 181-184		Verbesserung der Unterrichtsgestaltung (Themen, Methoden)
7. Klasse Hauptschule S. 185-196	Aktive Beteiligung ohne Störungen	Abbau von Appellen, Einbeziehung der Schüler bei Themenauswahl
8. Klasse Realschule S. 197-210	Zusammenarbeit und Verständigung zwischen Mädchen und Jungen	Verständlichkeit, Geduld
9. Klasse Hauptschule S. 211-218	Unterrichtsbezogene Beteiligung, Abbau von Unruhe	Verbesserung des Unterrichts, Einbeziehung der Schüler bei Themen
Oberstufe Handelsschule S. 219-229	Abbau eines ‚Versager-Syndroms' (Wiederholerklasse)	Aufbau methodisch abwechslungsreichen Unterrichtes

die Projektberichte

Interventionsmethoden	Besonderheiten/Beispiele
Motivationshilfe (zusätzliche Spielzeit), Diskriminationshilfe (Sanduhr)	Systematisches Ausblenden der Intervention (S. 96)
Abkommen mit Selbstbeobachtung, Motivationshilfe (gemeinsame Unternehmungen)	Frage-, Selbstbeobachtungsbögen, veränderungsorientiertes Bedingungsmodell, Regelsystem
Abkommen mit Lehrer-, Schüler-Regeln und Motivationshilfen (Unternehmungen der Klasse)	Fremdbeobachtung durch Schüler, Beispiel zur Erfassung der Aufmerksamkeit von Schülern
Abkommen, Selbstbeobachtung, Kinobesuch als Verstärker	Differenzierte Grundratenerhebung, Fragebogen mit ‚typischen' Fehlern
Abkommen mit Schülerselbstbeobachtung und Motivationshilfe (Klassenfest)	Korrektur eines Fragebogens in der diagnostischen Phase (S. 127)
Selbsteinschätzung, rasche Rückmeldung über Teilleistungen	Beispiel für Teilgruppenproblem, Änderung auf Motivebene (Anspruchsniveau, Selbstbild)
Abkommen, Schülerselbstbeobachtung, Lehrerbeobachtung	Problemsicht der Schüler ist Ausgangspunkt für das Projekt
Selbstbeobachtung, Reflektion der Ergebnisse	kombinierte Selbst- und Fremdbeobachtung
schriftlicher Vertrag, Diskriminationshilfe für verschiedene Unterrichtsphasen	prägnantes Bedingungsmodell, Selbstbeobachtungsbogen
Abkommen, Einschätzung der Interessantheit vom Unterricht durch die Schüler	Schwerpunkt: Veränderung beim Lehrer
Abkommen mit Zielwerten und Selbstbeobachtung	Beispiel für differenziertes Bedingungsmodell, Aussetzen der Intervention für einige Zeit
Abkommen, Diskriminationshilfe, Selbstbeobachtung, Rollenspiel	Originelle Intervention, zusätzliche Nachbefragung der Schüler
Selbstbeobachtung, Diskriminationshilfe (Symbole für Frontal- und Gruppenunterricht)	differenzierter Selbstbeobachtungsbogen für Schüler
Abkommen mit komplexen Verhaltensregeln, Fremdkontrolle, Motivationshilfe (Reise)	Beispiel für komplexe Problematik und Intervention

Verbesserung der Aufmerksamkeit zu Unterrichtsbeginn (S. Maier)

1. Rahmenbedingungen

1. Klasse: 23 Mädchen, 13 Jungen. Projektdauer: 9 Wochen täglich 1 Stunde. Das Projekt führte die Klassenlehrerin durch, die 14 Stunden in der Woche in der Klasse unterrichtete. Sie wurde durch das Vorhaben zeitlich nicht zusätzlich belastet. Allerdings erforderte die Einhaltung bestimmter Regeln von ihr ein größeres Maß an Selbstdisziplin.

2. Problemsicht der Lehrerin

„Zu Unterrichtsbeginn dauert es lange, bis alle leise sind. Immer wieder reden Kinder miteinander, lachen, spielen herum mit irgendwelchen Dingen (unterrichtsfremd). Nicht zuhören; nicht wissen, was die Klasse gerade arbeitet, nicht mitarbeiten. Stören durch lautes Reden, singen, Geräusche machen, aufstehen, herumlaufen, mit dem Stuhl wackeln".
Diese Verhaltensweisen finden sich auch beim Wechsel von Arbeitsformen, beim Herausholen von Arbeitsmaterial, beim Lehrervortrag und allgemein bei wenig motivierendem Unterricht.
Die Lehrerin reagiert darauf mit Abwarten, Loben von einzelnen oder Gruppen, die still sind, Ermahnen, Schimpfen und Bestrafen.
Ziel aus Lehrersicht:
„Die Schüler sollten nach Unterrichtsbeginn möglichst schnell auf die Plätze gehen, dann leise werden, nach vorne sehen, konzentriert zuhören, auf ihren Stühlen sitzenbleiben, sich leise melden und abwarten, bis sie drankommen.
Bei irgendwelchen Veränderungen im Unterricht (wie Her-

ausholen/Austeilen von Material, Wechsel der Arbeitsform) sollten die Schüler die Anweisungen schnell und leise befolgen.
Bei Stillarbeit sollten die Schüler konzentriert arbeiten. Die Schüler sollten mehr einander zuhören und aufeinander eingehen."

3. Problemsicht der Schüler

Die Lehrerin führte eine Befragung der Schüler durch.
Die Schüler mußten dabei zu den Fragen jeweils einen Zettel in einen Kasten stecken. Es standen drei Kästen zur Auswahl, die die Zustimmung zu den einzelnen Fragen mit ‚oft', ‚manchmal', ‚selten' unterschieden. Die Fragen waren:

1. Es ist so laut, daß ich nicht aufpassen kann.
2. Ich finde, daß es zu lange dauert, bis der Unterricht beginnen kann.
3. Es ist so laut, daß ich beim Schreiben, Lesen und Rechnen gestört werde.
4. Ich finde, daß der Lehrer zuviel redet und ich immer nur zuhören muß.
5. Ich finde, daß der Lehrer zuviel schimpft.
6. Ich finde, daß es langweilig ist in der Schule.
7. Ich finde, daß wir mehr schöne Sachen machen sollten (basteln, singen, Ausflug . . .)
8. Ich finde, daß ich zu wenig drankomme.
9. Ich verstehe vieles nicht.
10. Ich finde, daß der Lehrer sich nicht genügend um mich kümmert.

Während der Befragung fand die Lehrerin noch zwei Fragen, die sie zusätzlich stellte:

11. Ich finde, daß ich zu lange stillsitzen muß.
12. Ich möchte gerne das machen, wozu ich Lust habe.

Kommentar: Die Lehrerin gab selbst nach der Befragung an, daß es zu viele Fragen für ein erstes Schuljahr waren. Die Schüler mußten zu lange warten. Sie machte den Verbesserungsvorschlag, beim nächsten Mal entweder nur die Hälfte der Fragen zu stellen, oder die Befragung in zwei Abteilungen durchzuführen.

Die Lehrerin faßte die Befragungsergebnisse folgendermaßen zusammen:

1. Was stört die Schüler?
   - Es ist zu laut, so daß sie nicht aufpassen können.
   - Es dauert zu lange, bis der Unterricht beginnen kann.
   - Es ist zu langweilig in der Schule.
   - Die Schüler kommen zu wenig dran.
2. Was wollen die Schüler?
   - Die Schüler wollen mehr schöne Sachen machen (basteln, singen, spielen, Ausflug).
   - Die Schüler wollen nicht so lange stillsitzen.
   - Die Schüler wollen das machen, wozu sie Lust haben.

4. Bedingungsmodell

Die Lehrerin sieht, daß an „kritischen" Punkten im Unterricht, nämlich bei Unterrichtsbeginn, beim Herausholen von Arbeitsmitteln, beim Wechsel der Arbeitsform und während des Unterrichtsgesprächs allgemeine Unruhe entsteht.
Sie reagiert darauf mit Abwarten, Belohnen derjenigen, die ruhig sind; aber wenn dies nichts nützt, auch mit Ermahnen und Schimpfen und manchmal Schreien und Bestrafen.
Für die Schüler ist es auch zu laut in der Klasse. Sie führen das darauf zurück, zu lange warten zu müssen. Am Unterricht kritisieren sie, zu selten dran zu kommen, zu wenig schöne Sachen zu machen. Sie finden den Unterricht teilweise „langweilig" und gleichen diesen Mangel an „interessanten" Möglichkeiten unterrichtsbezogener Betätigung aus mit Reden, Singen, Geräusche machen und Spielen in der Klasse.
Die von der Lehrerin praktizierte ‚Problemlösungsstrategie' (Abwarten und Schimpfen) enthält für die Schüler *sowohl fördernde wie hemmende Konsequenzen.* Sie sehen gerade das Warten-müssen und das Schimpfen der Lehrerin (neben dem Zu-selten-Drankommen) als Problem, auf das sie mit Unruhe reagieren.

Es ist gerade so, daß die Problemlösungsversuche der Lehrerin für die Schüler das Problem ausmachen und umgekehrt die Problemlösung für die Schüler der Lehrerin als Problem erscheinen.

Situation	Schülerverhalten	Lehrerreaktion
– Unterrichtsbeginn – Herausholen von Arbeitsmitteln – Wechsel der Arbeitsform – Unterrichtsgespräch	Allgemeine Unruhe: – Singen – Geräusche machen – Spielen – Stören	– Loben, wer ruhig ist – Belohnen mit Gruppensternchen – Abwarten – Ermahnen – Schimpfen, Schreien
	Problemsicht des Lehrers	Problemsicht der Schüler

5. Gemeinsame Zielbestimmung von Lehrer und Schüler

Gesamtziel: Schüler und Lehrer wollen, daß es während des Unterrichts leiser wird.
1. Teilziel:
Nach Unterrichtsbeginn sollen die Schüler schnell auf den Platz gehen und ruhig und aufmerksam nach vorn sehen (innerhalb von 2 Minuten).
2. Teilziel:
Bei Frontalunterricht sollen die Schüler sich ruhig melden und abwarten (nicht unterbrechen, nicht dazwischenrufen). Das Unterrichtsgespräch soll jeweils nicht länger als 10-15 Minuten dauern.
3. Teilziel:
Das Herausholen von Arbeitsmaterial und der Wechsel von Arbeitsformen soll schnell und leise geschehen (2 Minuten).
4. Teilziel:
Bei Stillarbeit soll jeder Schüler konzentriert und sachbezogen arbeiten (leise sprechen ist erlaubt). Stillarbeit soll jeweils höchstens 10-15 Minuten dauern.

6. Interventionsplanung

Die Lehrerin will sich zunächst darauf konzentrieren, das erste Teilziel zu erreichen. Um die Ausgangslage hinsichtlich dieses Teilziels genau zu erfassen, führt sie eine Woche lang eine Grundratenerhebung durch. Sie hat dazu jeden Tag mit Hilfe einer Küchenuhr gemessen, wie lange die Kinder brauchen, bis sie auf ihrem Platz sitzen und ruhig nach vorn sehen. Sie stand in dieser Zeit ruhig vorn und wartete ab, ohne einzugreifen oder die Kinder anzuspornen.

Ergebnisse der Grundratenbeobachtung:

Montag	Dienstag	Mittwoch	Donnerstag	Mittelwert
6 min	7 min 4 min	5 min 5 min	5 min	5 min

Kommentar: Die offene Messung reduzierte schon die Wartezeit zu Unterrichtsbeginn. Die Schätzung der Lehrerin war vorher 8 min. Nach unseren Erfahrungen ist die Erhebung von Grundraten durch die Betroffenen selbst immer schon als Intervention anzusehen: Die Aufmerksamkeit wird auf das Problemverhalten gelenkt, die Lehrerin verhält sich bei der Messung anders als sonst usw.

Die Lehrerin plante dann die Intervention in folgender Weise:

(1) Die Schüler bekommen für jede Stunde eine Grundspielzeit von 10 min. Davon werden die ‚vergammelten' min abgezogen. Diese 10 min werden an der Tafel visualisiert und die Wartezeit mit einer großen Sanduhr sichtbar gemacht:

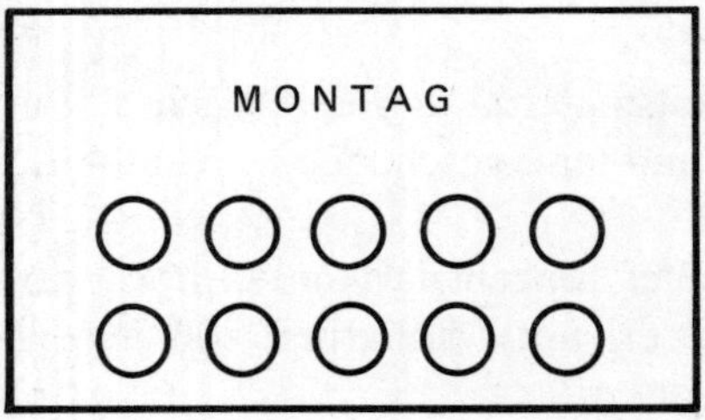

In der ersten Woche wird den Kindern die gewonnene Zeit jeweils am Ende der Stunde zur Verfügung gestellt. Sie können dann spielen, miteinander reden, lesen oder auch einfach am Platz sitzenbleiben.

(2) In der zweiten Woche sollen jeweils die zwei Stunden am Dienstag und Mittwoch zusammengelegt werden zu einer längeren Spielzeit.

(3) In der dritten Woche werden jeweils die drei Spielzeiten von Montag, Dienstag und Mittwoch, Donnerstag zusammengefaßt zu zwei längeren Spielzeiten.

(4) In der vierten Woche wird die ganze Woche zusammengefaßt. Dafür können lohnendere Ziele angestrebt werden wie: draußen sein, Ausflug machen, Klassenfest machen usw.

Gleichzeitig wird damit erreicht, daß die Einhaltung der Regeln getrennt wird von Fremdverstärkern.

Ein weiteres Ziel besteht darin, die Grundzeit schließlich auf 5 Minuten herunterzusetzen und sie ganz abzubauen.

Kommentar: Die Lehrerin leitet aus dem Bedingungsmodell und dem Grobziel detaillierte Teilziele ab, die sie durch zeitliche Angaben genau festlegt. Sie konzentriert ihre Interventionsplanung schließlich auf ein Teilziel und legt eine genaue zeitliche Planung vor, in welchen Stufen dieses Teilziel erreicht werden soll, und überlegt gleichzeitig Möglichkeiten der Ausblendung der Intervention. Dieses Vorgehen stellt eine systematische Reduzierung eines komplexen Problems auf einen Ansatzpunkt für eine kontrollierbare und durchführbare Intervention dar. Es fiel ihr, nach eigener Aussage, sehr schwer, auf all die anderen Teilziele zu verzichten. Sie hielt sich selbst und auch die Kinder jedoch für nicht in der Lage, mehr als ein Teilziel zur Zeit zu bearbeiten.

7. Verlauf der Intervention

Der erste Einsatz der 10 Minuten Spielzeit traf die Erwartungen der Lehrerin. Die Kinder brauchten drei Minuten. Eine Erschwernis lag darin, daß einige Kinder bei der Besprechung des Planes gefehlt hatten und nicht wußten, worauf es ankam.

Eine Schwierigkeit für die Lehrerin war, „nicht in den Fehler zu verfallen, den Schülern anzudrohen, daß aus der Spielzeit nichts würde, weil sie während des Unterrichts laut waren".
Eine zweite Anwendung der Intervention im Werken lief unerwartet schlecht. Die Zeit konnte nicht gemessen werden. Es hatte sehr stark geregnet und alle Kinder waren naß. Sie waren deswegen sehr unruhig und blieben noch lange in der Garderobe, um sich abzutrocknen. Außerdem schien der Lehrerin 10 Minuten freie Spielzeit in einer Werkstunde auch unnötig zu sein. Sie änderte daraufhin den Plan und ließ die Werkstunde in Zukunft aus der Intervention heraus.
Auch in einer dritten Stunde lief die Intervention unerwartet schlecht. Die Lehrerin äußerte dazu die Vermutung: „Vielleicht liegt es an einigen schwierigen Kindern der Klasse, die wenig geneigt sind, sich überhaupt an irgend etwas zu halten. Oder aber sie hatten die Sache irgendwie wieder vergessen". Sie besprach daraufhin mit den Kindern den Plan noch einmal.
In einer zweiten Stunde am selben Tage lief dann die Intervention gut. Die Kinder waren durch das Gespräch offensichtlich angespornt und beeilten sich wirklich. Die Klasse war bereits nach einer halben Minute ruhig und behielt 9 Minuten Spielzeit übrig. Zusätzlich überlegte sich die Lehrerin, als Abwechselung bzw. Anreiz am nächsten Tag mit den Kindern nach draußen zu gehen: „Es darf nicht immer das gleiche sein".

Kommentar: Die Lehrerin nahm jeden Tag die Ergebnisse der Zeitmessung zum Anlaß, Überlegungen anzustellen, wie die Intervention zu verbessern sei. Sie korrigierte die Intervention in einem Punkt, erhöhte den Anreiz für die Kinder und machte allen noch einmal den gemeinsamen Plan klar. Diese Fähigkeit zur raschen Plankorrektur ist wichtig für den Erfolg eines Projektes.

8. Ergebnis

Die Intervention wurde 30 Unterrichtsstunden durchgeführt und mit dem Ende des Schuljahres eingestellt. Die durch schnelles Beendigen der Unruhe zu Unterrichtsbeginn gewonnenen Minuten wurden jeweils in Form von Punkten an der Seitentafel deutlich gemacht. Diese Punkte wurden gegen Ende des Schuljahres immer kleiner, „bis sie schließlich so klein waren, daß man sie kaum noch sehen konnte“. Auf diese Weise wurde die Intervention auch optisch ausgeblendet.

In einer Nachbefragung bezeichnete die Lehrerin das Teilziel 1 (Arbeitsbereitschaft zu Unterrichtsbeginn) als vollständig erreicht.

Den Verlauf und die Ergebnisse der Intervention zeigt die folgende Abbildung:

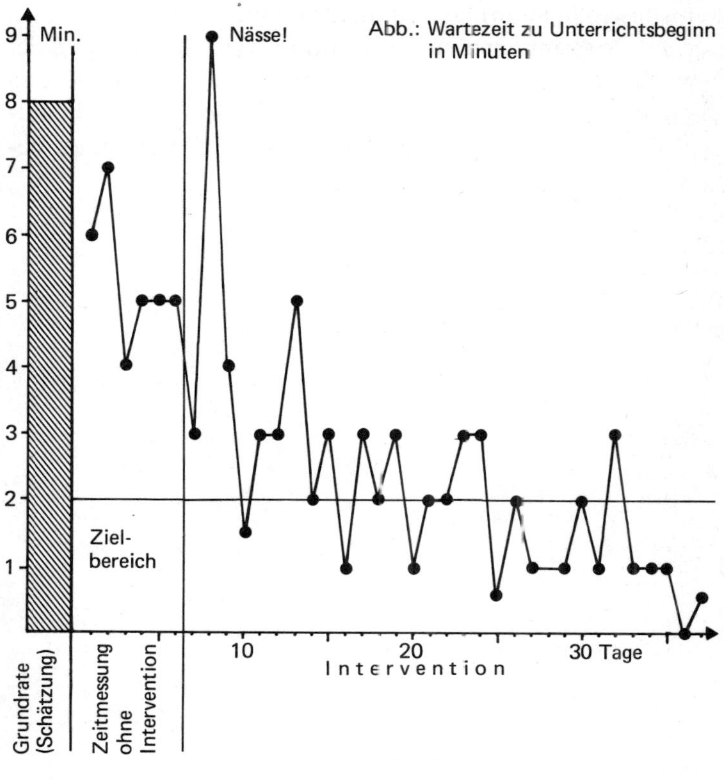

Abb.: Wartezeit zu Unterrichtsbeginn in Minuten

Die Wartezeit schätzte die Lehrerin während der Zeit *vor* der Intervention auf 8 Minuten ein.
Die Zeitmessung ohne Intervention zeigt schon eine Abnahme der Wartezeit.
Die Intervention bringt dann eine kontinuierliche Verbesserung auf durchschnittlich 1 Minute Wartezeit. Damit ist das Ziel erreicht.
Die Effekte dieser Intervention hielten auch noch 8 Wochen nach Abschluß des Programms an. Die Lehrerin erklärte die Wirkung des Vorgehens damit, daß die Regeleinhaltung über Wochen konsequent durchgeführt wurde, daß die Intervention systematisch ausgeblendet wurde und daß in Gesprächen das Problem den Schülern immer wieder deutlich gemacht wurde. Für sich selbst sah sie es als wichtig an, eine gewisse Selbstdisziplin aufbringen zu müssen, indem sie die Stunde, in der das Programm laufen sollte, nicht vergaß, die Minuten der gewonnenen Spielzeit am Ende der Stunde einplante und darauf verzichtete, die Spielminuten als Druckmittel zu benutzen, um später auftretende Störungen im Unterricht zu bestrafen.

Unselbständigkeit im Arbeitsverhalten (S. Junge, D. Greaves)

1. Rahmenbedingungen

2. Klasse: 16 Mädchen, 11 Jungen. Interventionsdauer: 6 Wochen. Das Projekt wurde von der Klassenlehrerin durchgeführt. Sie hat 20 Wochenstunden in der Klasse. Der Unterricht mußte genauer geplant werden als sonst. Deshalb brachte die Intervention eine zeitliche Mehrbelastung mit sich. Die Schüler hätten sonst die Bedingungen selbständiger Arbeit nicht einhalten können. Die Lehrerin gab an, daß der Aufwand am Ende der Intervention unerheblich wurde, da sie sich auf diese Form der Unterrichtsplanung eingespielt habe. Sie wurde von einer Beratungslehrerin betreut.

2. Lehrersicht des Problems

„Das größte Problem stellt das undisziplinierte Verhalten von Thomas dar, der sich den normalen bekannten Verhaltensregeln nicht unterwerfen will oder kann. Störungen erfolgen durch Zwischenrufe, Aufstehen und lautes Reden. Thomas widerspricht und wird aufsässig. Er verleitet dadurch andere." (Aussage der Lehrerin)

Kommentar: Die Lehrerin macht hier ihre ‚Alltagstheorie' der Situation deutlich. Das Problem liegt hauptsächlich bei einem einzelnen Schüler, der andere verleitet. Schwierigkeiten mit anderen Schülern werden nur angedeutet.

Problembereiche (Lehrersicht):

a) Undiszipliniertes Verhalten während des Unterrichts: Thomas steht während des Unterrichts auf, geht herum, guckt bei anderen zu, spricht sie an, nimmt anderen Hefte, Bücher usw. weg. Dieses Verhalten zeigen etwa 6 bis 7 Schüler der Klasse. Es tritt pro Stunde 4 bis 6mal auf.

b) Unsicherheit und Unselbständigkeit im Arbeitsverhalten: Kurz nach der Aufgabenstellung fragen Schüler schon wieder nach. Thomas kommt nach vorn, andere Schüler folgen. Dieses Verhalten zeigen etwa 10 Schüler, 5 von ihnen verhalten sich jedesmal so.

Kommentar: Die Häufigkeiten gehen auf Nachfragen der Beraterin zurück. Sie teilte die implizite Vorentscheidung der Klassenlehrerin, einen Einzelfall (Thomas) zu behandeln, nicht. Derartige Entscheidungen sollten erst nach der Diagnose getroffen werden. Unserer Meinung nach werden zu viele Schüler ohne ausreichende Diagnose als ‚Einzelfall' etikettiert, obgleich sie dasselbe Verhalten wie eine Reihe weiterer Schüler zeigen.

Ziel aus Lehrersicht:

Die Lehrerin wählt als Problembereich aus: Unsicherheit und Unselbständigkeit im Arbeitsverhalten. Sie formuliert das Zielverhalten für die ganze Klasse. Es bezieht sich nur auf die Rechenstunde, besonders auf die Stillarbeit, d. h. die Vertiefung eines neuen Themas an Übungsaufgaben.

Verhaltensziele:
Während der Stillarbeit sollen alle sich zunächst allein mit den Aufgaben auseinandersetzen. Sind sie nicht in der Lage, die Aufgaben zu lösen, dürfen sie sich flüsternd mit dem Nachbarn unterhalten. Wenn sie dennoch nicht endgültig zu lösen sind, können sie sich melden, um den Lehrer zu fragen. Sie sollen zwei Minuten (später mehr) warten, bis sie die Lehrerin ansprechen.
Diese Regelung gilt für die gesamte Klasse! Als Häufigkeit soll angestrebt werden, in einer Woche nicht mehr als fünf Verstöße gegen die Regel zu registrieren. Später soll auch dieser Wert vermindert werden.

3. Problemsicht der Schüler

Die Lehrerin versucht, über einen Fragebogen zu erfahren, wie die Schüler das von ihr ausgewählte Problem sehen. Sie gibt folgenden Fragebogen vor:

1. Wenn du nach der gemeinsamen Arbeit (z.B. an der Tafel) allein weiterarbeiten sollst, kannst du dann gleich anfangen?

   Ja ( ) Nein ( )

2. Verstehst du sofort, wenn ich etwas zu den Aufgaben erkläre?

   Ja ( ) Nein ( )

3. Stört es dich beim Arbeiten, wenn andere Schüler während der Stillarbeit nach vorne kommen?

   Ja ( ) Nein ( )

4. Möchtest du, daß ich dir bei der stillen Arbeit mehr helfe?

   Ja ( ) Nein ( )

5. Stört es dich, wenn andere so häufig dazwischenrufen?

   Ja ( ) Nein ( )

6. Findest du, daß du oft genug im Unterricht drankommst?

   Ja ( ) Nein ( )

Ergebnisse der Schülerbefragung:

- Bei Stillarbeit können fast 50% der Schüler nicht gleich anfangen.
- 25% der Schüler haben Schwierigkeiten bei der Erklärung der Aufgaben durch den Lehrer
- 80% stören die Unruhe bei der Stillarbeit
- 95% stören Zwischenrufe
- 40% kommen nicht oft genug dran.

- 55% möchten mehr Hilfe bei der Stillarbeit
- Wahrscheinlich streben die Schüler eine Aufhebung der genannten Probleme an.

Bei den Schülern stehen als Probleme im Vordergrund:
Zwischenrufe und Unruhe bei Stillarbeit (sowie nicht ausreichende Hilfe bei der Stillarbeit).
Für eine Teilgruppe der Schüler reichen die Erklärungen zu den Aufgaben nicht aus, um gleich anfangen zu können.

4. Bedingungsmodell

Vorausgehende Situation:
Beginn der Stillarbeit nach der Aufgabenstellung, einige Schüler haben diese nicht verstanden.
Verhalten der Schüler:
Schüler kommen nach vorne gelaufen, um zu fragen oder Bestätigung abzuholen; Unruhe in der Klasse durch Unterhaltung über Unklarheiten.
Nachfolgende Konsequenzen:
Die Lehrerin geht kurz oder auch länger auf die Schüler ein und erklärt ihnen die Aufgaben oder gibt ihnen die Bestätigung. Bei Unruhe ermahnt die Lehrerin zur Ruhe oder ignoriert das Schülerverhalten.
Die Schüler bestätigen im wesentlichen die Problemsicht der Lehrerin (80% finden die Unruhe störend). Aber: 25% der Schüler verstehen bereits die Lehrererklärung nicht, 50% der Schüler können nicht gleich anfangen, weil sie die Aufgaben nicht ganz verstanden haben. Aus der Sicht der Schüler ist somit die Unruhe in der Klasse eine Folge unklarer Arbeitsanweisungen und Erklärungen der Lehrerin. Sie wünschen dementsprechend genauere und verständlichere Erklärungen und mehr Hilfe des Lehrers während der Stillarbeit.

Kommentar: Bedingungsmodelle haben zwei Aufgaben. Sie stellen erstens einen Zusammenhang her zwischen den Problemsichten von Lehrer und Schülern. Zu diesem Zweck wird ein typischer Interaktionsverlauf rekonstruiert, der die gegenseitigen Problemsichten

BEDINGUNGSMODELL

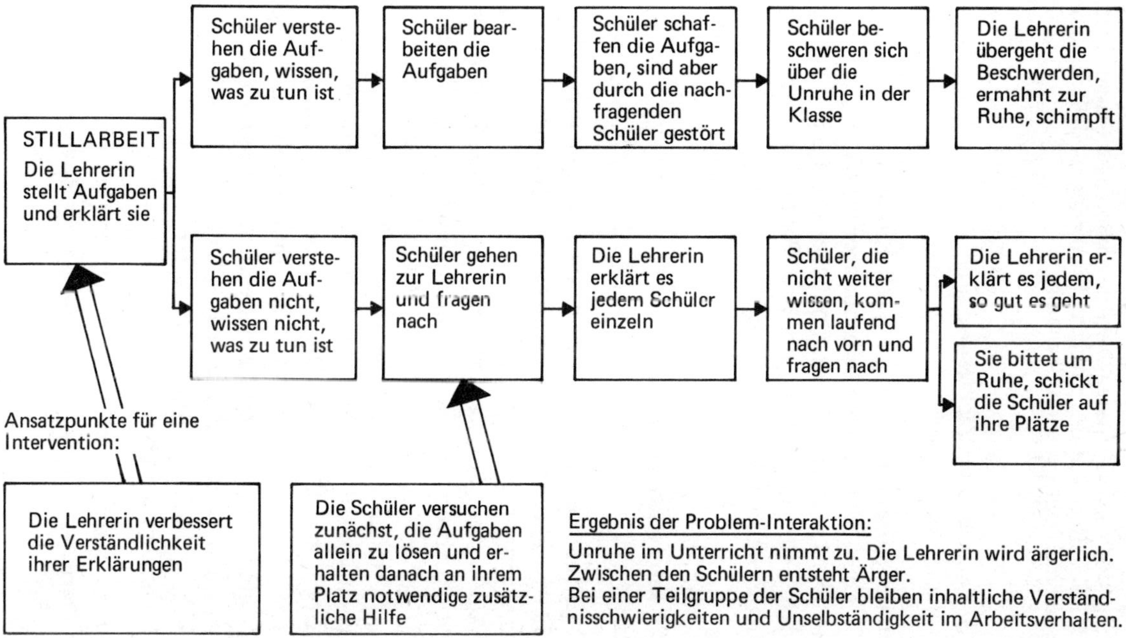

plausibel macht. Zweitens werden am Bedingungsmodell die Ansätze für die Intervention markiert. Bedingungsmodelle erhalten damit eine handlungsleitende Bedeutung.

5. Gemeinsame Zielbestimmung

Übergeordnete Ziele der Intervention sind:
- Die Schüler sollen selbständiger arbeiten.
- Die Lehrerin soll verständlicher erklären.

Die Teilziele werden unter dem Punkt ‚Interventionsplanung' näher ausgeführt.

6. Interventionsplanung

Als Intervention war über einen Zeitraum von 6 Wochen die Durchführung eines Vertrages zwischen der Klasse und der Lehrerin geplant. Den Schülern wurde in einer Stunde die Auswertung der Schülerbefragung und die Zusammenfassung von Lehrer- und Schülerproblemsicht im Bedingungsmodell vorgestellt. Gemeinsam überlegten L. und Schüler Veränderungsmöglichkeiten. Die Schüler beteiligten sich ausgesprochen lebhaft an dieser Erarbeitung und brachten eine Reihe von Vorschlägen ein. Die Lehrerin schlug dann den Schülern vor, einen Vertrag mit ihnen durchzuführen. Sie legte den Schülern einen Vertragsentwurf vor, besprach diesen genau mit ihnen und nahm einige Änderungsvorschläge auf. Jedes Kind erhielt dann in der nächsten Stunde ein Exemplar des folgenden Vertrags:

Vertrag zwischen der Klasse 2 A und der Lehrerin Frau Greaves

Dieser Vertrag soll das Verhalten während der "stillen Arbeit" regeln. Dazu werden Schülerregeln und Lehrerregeln aufgestellt.

Regeln für alle Schüler:

1. Jeder Schüler soll zwei Minuten lang versuchen, die Aufgabe allein zu bearbeiten. Er darf sich dabei flüsternd mit seinem Nachbarn über die Aufgabe unterhalten, er darf aber nicht nach vorne gelaufen kommen oder sich melden, um Frau Greaves zu fragen.

2. Wenn die zwei Minuten um sind, können die Schüler, die noch Fragen haben, sich melden. Sie müssen dabei unbedingt auf dem Platz sitzen bleiben.

Regeln für Frau Greaves:

1. Frau Greaves soll sich bemühen, so zu erklären, daß möglichst alle Schüler verstehen, was sie tun sollen.

2. Sie darf während der zwei Minuten auf keine Fragen eingehen.

3. Wenn die zwei Minuten vorbei sind, soll Frau Greaves zu den Schülern an den Platz gehen, die noch Fragen haben.

Dieser Vertrag gilt vom 12.12.77 bis 27.1.78 täglich für die stille Arbeit in der Mathematikstunde. Es darf in einer Woche nicht mehr als fünfmal vorkommen, daß ein Schüler gegen eine der Regeln verstößt.
Hält die Klasse die Regeln so ein, können folgende Belohnungen eintreten:

- ins Kino gehen
- einen Ausflug machen
- einen Schultag lang basteln.

Hält Frau Greaves den Vertrag ein (höchstens ein Regelverstoß pro Woche), darf sie sich am Ende der Vertragszeit von der Klasse etwas wünschen.
Ich erkläre mich mit dem Vertrag einverstanden.

....	....
Lehrerin	Schüler

Die Schüler erhielten in jeder Interventionsstunde folgenden Selbstbeobachtungsbogen, auf dem sie jeweils selbständig eintragen sollten, ob sie die Regel eingehalten hatten oder nicht.

	Wenn du es geschafft hast zu arbeiten, ohne zur Lehrerin zu gehen, darfst du dir ein Kreuz unter den fröhlichen Wecker machen.	Wenn du aufgestanden bist und deine Lehrerin gefragt hast, bevor die Zeit herum war, mußt du ein Kreuz unter den traurigen Wecker machen.
Tag		

7. Verlauf der Intervention

Während der Intervention wurde deutlich, daß *nicht jede Mathematikstunde* für die Durchführung des Vertrags geeignet ist. Einführungsstunden und Mengelehrenstunden waren nicht geeignet. In diesen Stunden waren keine längeren Übungsphasen möglich, die Schüler mußten von der Sache her häufig nachfragen. Der Vertrag fand dementsprechend nur in Übungs- und Vertiefungsstunden Anwendung.
Die Schüler waren dem Vertrag gegenüber sehr *positiv eingestellt.* Alle waren von sich aus interessiert und jedesmal sehr gespannt, ob sie die Regeln wieder alle schaffen würden. Jeder

Schüler hatte seinen Bogen vor sich. Wenn die Lehrerin die Stundeneinführung beendet, die Schüler Fragen zum Verständnis der Aufgaben gestellt und die Lehrerin diese beantwortet hatte, wurde durch Klingeln signalisiert, daß jetzt die Stillarbeitphase beginnt. Die Schüler durften in der folgenden Zeit nicht nach vorn kommen, um die Lehrerin zu fragen. Sie konnten allerdings leise mit dem Nachbarn sprechen.
Die Intervention war von Anfang an ein *voller Erfolg*. Die Regeln wurden die ganze Zeit voll eingehalten mit nur einem einzigen Regelverstoß während der gesamten Durchführungszeit. Es zeigte sich jedoch bald, daß die Zeit von zwei Minuten, in der die Schüler selbständig arbeiten sollten, zu kurz angesetzt war. Die Schüler waren schnell in der Lage, auch 5 oder 10 Minuten selbständig zu schaffen. Die Lehrerin dehnte die Zeit zunächst aus, ohne die Schüler darüber zu informieren. Später lobte sie die Schüler ausdrücklich dafür, daß sie die Regeln schon 5 oder 10 Minuten eingehalten haben. Damit festigten sich die Ergebnisse noch mehr.
Die Schüler berichteten zu Hause davon, „daß sie es wieder geschafft hätten". Daraufhin fragte auf einem Elternabend ein Vater nach dem Vorgehen. Es wurde den *Eltern* dargestellt. Die Eltern waren von der Idee ganz begeistert.
Thomas, der die Intervention eigentlich ausgelöst hatte, konnte sich gut an die Regeln halten. Die Lehrerin berichtete, daß es manchmal so gewesen sei, daß „er das Buch in der Hand hatte und schon halb nach vorn kam. Dann merkte er, da stimmt was nicht und guckte sich ganz blöde um und ging wieder zurück. Die Situation hat ihn darauf gebracht, sich selbst zu korrigieren".
Die Durchführung über diesen langen Zeitraum hat sich bewährt (15 Std. in sechs Wochen). Die Spannung nahm in der ganzen Zeit nicht ab. Die Schüler erreichten jedesmal den Zielwert und führten dann gemeinsam die verabredete Belohnung durch. Während der Durchführungszeit hatte eine *Übertragung* der Effekte auf den Deutsch- und Sachkundeunterricht stattgefunden, ohne daß die Kontrollbogen eingesetzt wurden.

Die *Lehrerin* mußte bei dieser Intervention in drei Punkten ihr Verhalten verändern.
Erstens war es notwendig, in der *Vorbereitung* genau zu bedenken, wann der Bogen eingesetzt werden sollte. Entscheidende Frage war dabei, ob die nächste Stunde geeignet ist für den Einsatz. Trotz dieser Einschränkung war es möglich, den Unterricht folgerichtig zu planen. Die zunächst ungewohnten Überlegungen gingen mit der Zeit in die übliche Routine bei der Vorbereitung ein, so daß der zunächst aufgetretene zeitliche Mehraufwand allmählich vollkommen verschwand.
Zweitens: „Manchmal mußte ich mich zwingen, daß ich nicht den Kindern half. Das war ja ein Teil des Vertrages. Denn wenn manche wirklich saßen und verzweifelt waren, war es *schwierig, nicht hinzugehen* und es ihnen zu erklären. Ich mußte wenigstens die Zeit abwarten. Es ist mir ein- oder zweimal passiert, daß ich mich nicht daran halten konnte".
Drittens: „Ich sollte auch *besser erklären.* Das habe ich auch versucht bewußt zu machen. Vorher habe ich es jedem einzeln erklärt, jetzt hörten alle es. Wahrscheinlich ist es eine gegenseitige Erziehung gewesen. Die Schüler mußten jetzt ja ganz bewußt aufpassen und sich fragen ‚Weiß ich genau, was ich tun muß?' Die Kinder wurden auf diese Weise dazu gebracht, genauere und sachbezogene Fragen zu stellen, und das haben sie auch ausgenutzt".
Insgesamt war die Durchführung ein großer Erfolg. „Ich würde bei einer ähnlichen Situation noch einmal genauso vorgehen".
„Ich glaube, daß die Klasse als Ganzes gereifter geworden ist. Sie sind nicht mehr so kleinkindhaft von mir abhängig. Ihr Verhalten hat sich in den letzten Wochen gefestigt. Ich bin damit sehr zufrieden. Es hat sich auch ein besseres Arbeitsverhalten eingestellt, was mir immer noch fehlte".

Abschlußdiskussion in der Klasse

Die Äußerungen der Schüler bestätigten die Darstellung der Lehrerin. Sie lassen sich in vier Aussagen zusammenfassen.
„Es war immer viel leiser beim Arbeiten. Wir konnten uns deshalb besser konzentrieren."
„Weil keiner mehr nach vorn gehen durfte, standen auch keine Schüler mehr um das Pult herum. Alle konnten dadurch besser sehen, was an der Tafel stand."
„Die Belohnungen waren ‚toll': Kino, Planetarium, Basteltag vor Weihnachten."
„Allen hat es Spaß gemacht, die Regel einzuhalten. Es war nicht schwer, den Vertrag zu schaffen."
Die folgende Grafik zeigt, in welchen Teilschritten die „Selbständigkeit" der Schüler gewachsen ist. Sie gibt an, wieviele Minuten die Schüler durchschnittlich in der Lage waren selbständig zu arbeiten, d. h. nach der Aufgabenstellung ohne Hilfe der Lehrerin die Aufgaben zu lösen. Erst nach der vereinbarten Zeit konnte die Lehrerin von den Schülern zu Hilfe gerufen werden.

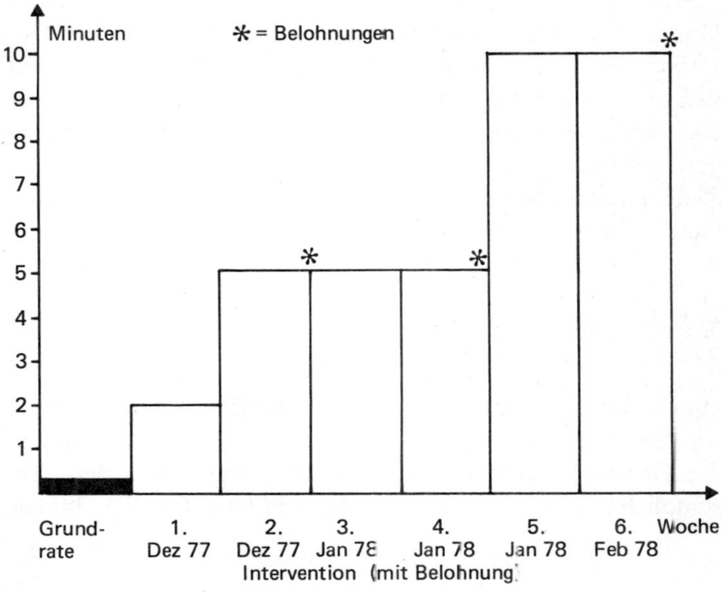

Verbesserung des Gesprächsverhaltens (W. Freimuth)

1. Rahmenbedingungen

4. Grundschulklasse, 17 Mädchen, 17 Jungen. Das Projekt wurde durchgeführt von der Klassenlehrerin: 4 Wochen lang, zwei Stunden pro Tag, vorwiegend im Deutsch- und Sachkundeunterricht. Die Klassenlehrerin hat selbst 19 Wochenstunden Unterricht in ihrer Klasse. Zeitliche Belastung während der Durchführung: ca. 10 Minuten pro Tag.

2. Problemsicht der Lehrerin

Die Lehrerin kennzeichnete das Problem als „unzureichendes Gesprächsverhalten der Schüler im Unterrichtsgespräch: nicht auf den Vorredner eingehen, alle Antworten an den Lehrer zurückgeben, Zurückdrängen stiller Schüler durch auffälliges störendes Melden, Dazwischenrufen und nicht aufeinander hören." Die Folge des Problemverhaltens war, daß die Gespräche zum Teil oberflächlich blieben, im Gesprächsverlauf sich die Unruhe steigerte, gelegentlich das Gespräch abgebrochen wurde und beide Seiten – Lehrerin und Schüler – verärgert waren.
Zielvorstellungen: „Schüler sollen sich leise melden, dem Gesprächspartner zuhören und auf den Vorredner eingehen".

3. Problemsicht der Schüler

Die Lehrerin befragte ihre Schüler hinsichtlich der Selbstwahrnehmung des eigenen Gesprächsverhaltens, hinsichtlich des Dazwischenrufens, bezüglich ihrer Ängste und der Verständlichkeit der Beiträge von Mitschülern. Darüber hinaus befragte sie ihre Schüler zu dem eigenen Lehrerverhalten. Der Fragebogen war verhältnismäßig umfangreich, deshalb sind nur einige Beispielfragen genannt:

Fragebogen zum Gesprächsverhalten im Unterricht

1) Ich möchte im Unterricht zu Wort kommen.

oft	manchmal	selten	nie
( )	( )	( )	( )

2) Die Mitschüler gehen auf meinen Beitrag ein.

oft	manchmal	selten	nie
( )	( )	( )	( )

3) Ich werde durch Zwischenrufe gestört.

oft	manchmal	selten	nie
( )	( )	( )	( )

4) Mitschüler lachen mich aus, wenn ich eine andere Meinung habe.

oft	manchmal	selten	nie
( )	( )	( )	( )

5) Ich kann die Gesprächsbeiträge der anderen gut hören.

oft	manchmal	selten	nie
( )	( )	( )	( )

6) Der Lehrer läßt mich ausreden.

oft	manchmal	selten	nie
( )	( )	( )	( )

Die Schülerantworten zeigen, daß die Schüler generell mit dem Unterricht und dem Lehrerverhalten sowie dem Schülerverhalten ihrer Mitschüler zufrieden sind. *Ihr einziger Kritikpunkt:* die Hälfte bis zwei Drittel der Klasse fühlen sich durch Zwischenrufe und Unterbrechungen gestört.

Kommentar: Zum „heimlichen Lehrplan“ des Unterrichts gehört es für jeden Schüler, zu lernen, wie man genau das äußert, was der Lehrer hören will. In Klassenarbeiten und Unterrichtsgesprächen zeigen Schüler häufig die bemerkenswerte Fähigkeit, die Meinungen, Gedanken und Vorstellungen des Lehrers zu durchschauen und ihre eigenen Aussagen daraufhin abzustimmen. Untersucht man die Beantwortung dieser Befragung unter diesem Gesichtspunkt, so scheinen Schüler zu wissen, daß die Lehrerin störende Zwischenrufe und Unterbrechungen ablehnt.
Differenziertere („heimliche“) Ansprüche der Lehrerin an das Ge-

sprächsverhalten der Schüler scheinen sie jedoch nicht zu durchschauen. Dementsprechend haben sie kein „Problembewußtsein“ in diesem Punkt.
Da die Beziehung zwischen der Klasse und ihrer Lehrerin offensichtlich sehr gut ist, übernehmen die Schüler die für sie wahrnehmbaren Ansprüche und Kritikpunkte des Lehrers und machen sie zu den ihrigen. Die für sie unverständlichen Probleme des Lehrers (die Mitschüler sollen gegenseitig auf ihre Beiträge eingehen) können sie noch nicht übernehmen.

4. Bedingungsmodell

Für ein genaues Bedingungsmodell reichen die vorliegenden Informationen nicht aus. Man kann jedoch davon ausgehen, daß die Schüler das *Problem*verhalten „nur die Lehrerin ansprechen“ deshalb so häufig zeigen, weil die Lehrerin darauf positiv reagiert. Zeigen die Schüler irgendwann einmal das *Ziel*verhalten und sprechen einen ihrer Mitschüler an, so werden die Antworten der Mitschüler häufig wenig Anerkennung und mehr Kritik, Widerspruch, Ablehnung oder Mißverständnisse enthalten. Auch wenn die Schüler anerkennend antworten, wird es wahrscheinlich deshalb kaum als Lob und Anerkennung bei dem Sprecher ankommen, weil die Schüler gewohnt sind, bei Gesprächen mit schulischen Inhalten ausschließlich den *Lehrer* als Beurteiler und Lob-Spender für Leistungen anzusehen. Die Schüler müssen erst langsam lernen, ihre Mitschüler als Beurteiler und Gesprächspartner wahrzunehmen. Um dieses zu erreichen, muß die Lehrerin lernen, sich im Klassengespräch zurückzuhalten und die Schüler auf ihre Mitschüler zurückzuweisen. Die Schüler lernen, miteinander zu diskutieren und Kritik zu ertragen, um Gegenargumente bringen zu können. Gleichzeitig lernen sie, auch selbstverständliche und einfache Beiträge von Mitschülern zu akzeptieren und positiv aufzunehmen. Um diesen Lernprozeß in Gang zu bringen, müssen die Schüler zunächst genau wissen, was sie tun sollen.

5. Zielbestimmung

Erstes Ziel: Die Schüler sollen sich leise melden und nicht dazwischenrufen. *Indikator:* Zahl der Zwischenrufe pro Stunde.

Zweites Ziel: Die Schüler sollen dem Gesprächspartner zuhören. *Indikator:* Im Laufe von zwei Unterrichtsstunden stellt die Lehrerin sechs Kontrollfragen („Notiere den letzten Beitrag von Schüler X"). Die Zahl der richtig wiedergegebenen Äußerungen in der gesamten Klasse gilt als Indikator für dieses Ziel.

Drittes Ziel: Die Schüler sollen auf den Vorredner eingehen. *Indikator:* Die Lehrerin wählte sechs Schüler mit durchschnittlicher mündlicher Mitarbeit aus. Diesen Schülern gibt sie im Laufe des Schultages zweimal die Möglichkeit, auf den Beitrag eines Vorredners einzugehen. Die Zahl ausreichender Antworten gilt als Indikator für dieses Ziel.

Kommentar: Dieses dritte Lernziel war für die Schüler vorerst zu schwierig und wurde während der Intervention gestrichen.

6. Interventions- und Kontrollplanung

Die Lehrerin schließt mit ihren Schülern den folgenden Vertrag ab:

Dieser Vertrag wird abgeschlossen zwischen den Schülern der Klasse 4 b und der Klassenlehrerin.

Lehrerregel 1: Wenn ein Schüler dazwischenruft oder sich nicht leise meldet, beachte ich ihn überhaupt nicht.

Lehrerregel 2: Ich unterbreche keine Schüler, der zur Sache spricht.

Schülerregel 1: Ich zeige meine Mitarbeit an, indem ich mich leise melde, wenn ich etwas weiß.

Schülerregel 2: Ich bin leise, wenn ein Mitschüler oder der Lehrer spricht.

Schülerregel 3: Ich höre dem Mitschüler und dem Lehrer so zu, daß ich ihre Beiträge notieren kann.

Der Vertrag tritt in Kraft am ....

Kontrolle:
Die Schüler und die Lehrerin kontrollieren selbst, ob die Regeln verletzt oder eingehalten werden, indem sie sowohl Pluspunkte (Kontrollbogen) als auch Minuspunkte (Seitentafel) eintragen.

Belohnung:
Bei einer bestimmten Anzahl von Punkten erhält die Klasse eine Belohnung. Die Anzahl der Punkte und die Art der Belohnung werden gemeinsam festgesetzt.

Eine Befragung über Belohnungen ergab: Die Schüler wünschten sich Tanzen, Ausflüge, ein Schwimmbadbesuch und Hausaufgabenbefreiung.
Für das *erste Lernziel* (Abbau der Zwischenrufe) setzten Schüler und Lehrerin den folgenden *Zielwert* fest: In zwei Unterrichtsstunden pro Tag durften die Schüler nicht mehr als sechsmal dazwischenrufen. Schafften sie das, erhielten sie für diesen Tag einen Pluspunkt.
Für das *zweite Lernziel* (Aufbau des Sich-Zuhörens) wurde festgesetzt: Die Schüler mußten auf die sechsmalige Frage „Notiere den letzten Beitrag von X“ 90 richtige Antworten niederschreiben. Für jeden Tag, an dem sie über 90 richtige Antworten hatten, erhielten sie einen Punkt. Der Zielwert sollte später auf 100 richtige Antworten heraufgesetzt werden.
Pro Tag konnten also zwei Punkte erreicht werden. Bei insgesamt 10 Punkten konnten sich die Schüler einen Wunsch aus dem „Belohnungs-Menu“ erfüllen.

Kommentar: In dem beschriebenen Vertrag steckt noch ein weiteres

Lernziel: Die Lehrerin verändert ihre eigenen Verhaltensweisen. Die beiden im Vertrag genannten *Lehrerregeln* zielen auf eine Verhaltensänderung bei ihr ab. Die Einhaltung dieser Regeln wird von den Schülern genauso kontrolliert wie die Einhaltung der Schülerregeln. Dabei zählen die Minuspunkte des Lehrers als Pluspunkte für die Schüler.

Als Kontrollbogen für die Schüler diente folgendes Muster:

```
Punktebogen fürs Zuhören ("Notiere den letzten Beitrag
von X!")

Name: ...................... Datum: ..................

Beitrag 1: .............................................
........................................................
Beitrag 2: .............................................
........................................................
Beitrag 3: .............................................
........................................................
Beitrag 4: .............................................
........................................................
Beitrag 5: .............................................
........................................................
Beitrag 6: .............................................
........................................................
```

Zwischenrufe der Schüler und Regelverletzungen durch den Lehrer wurden von einem bestimmten Schüler und der Lehrerin an der Tafel per Strichliste geführt.

7. Verlauf der Intervention und Ergebnisse

Verlauf und Erfolg des Projektes gehen aus den folgenden beiden Abb. hervor. Im Vergleich zur Wirkung des Vertrages ist das Verhalten der Schüler vor der Intervention als „Grund-

Projektberichte

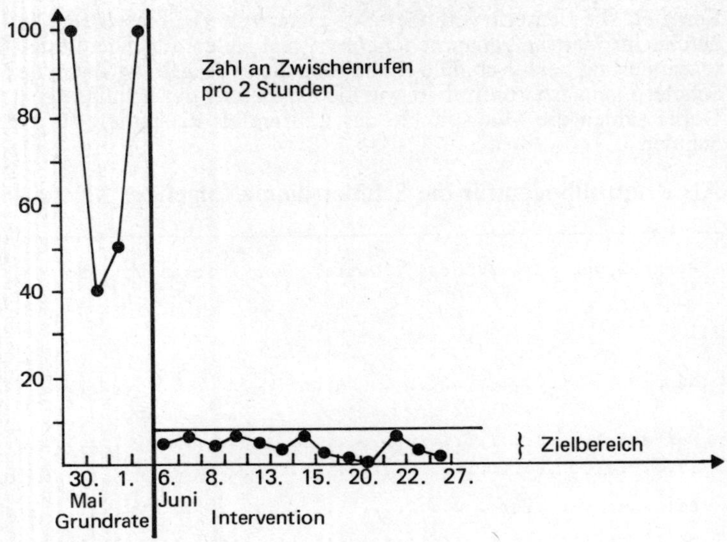

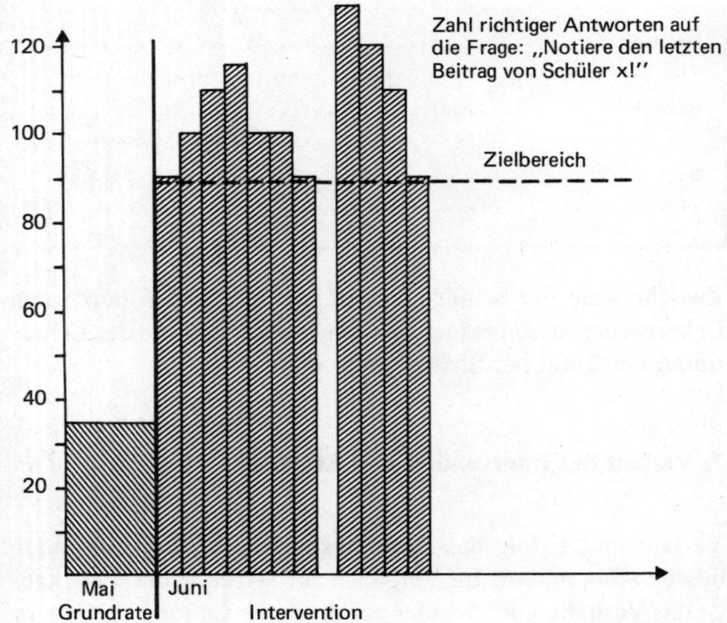

rate“ links eingetragen. Hinsichtlich des zweiten Lernziels (Schüler hören sich gegenseitig zu) stellte sich nach 1½ Wochen heraus, daß die Schüler das angestrebte Niveau sicher erreichen. Aus diesem Grund erhöhte man den Zielwert. Dagegen schien beim ersten Ziel eine Veränderung des Zielniveaus weder nötig noch sinnvoll.

Aufbau pünktlichen Erscheinens im Unterricht (E. Schläfke)

1. Rahmenbedingungen

4. Klasse: 17 Mädchen, 12 Jungen. Die Intervention wurde von der Klassenlehrerin vier Wochen lang (14 Tage) durchgeführt. Die L. gab an vier Tagen in der Woche 18 Wochenstunden Unterricht (Deutsch, Mathematik, Bildnerisches Gestalten, Religion, Musik). Die Intervention bezog sich auf jede ihrer Unterrichtsstunden. Am Programm waren alle 29 Schüler beteiligt, obgleich das Problemverhalten nur von wenigen Schülern gezeigt wurde. Die zeitliche Mehrbelastung schätzt die Lehrerin nachträglich auf insgesamt etwa 10 Stunden ein.

2. Problemsicht des Lehrers

Die Schüler kommen zu spät aus der Pause. Statt in die Klasse zu gehen, halten sie sich im Vorraum auf. Es gibt häufig verbale Streitigkeiten und Schlägereien. Außerdem halten sich viele in den Waschräumen und Toiletten auf oder spielen Ball vor dem Klassenraum. Kommen dann die Schüler zu spät in den Unterricht, werden sie in der Regel vom Lehrer ermahnt. Die neue Pausenordnung besagt, daß die Toiletten während der Pause geschlossen sind.
Die Zielvorstellung der Lehrerin: „Die Schüler sollen aus dem Vorraum, den Wasch- und Toilettenräumen schneller herauskommen, damit sie rechtzeitig zum Beginn des Unterrichts alle im Klassenraum sind.“

3. Problemsicht der Schüler

Die Lehrerin befragte ihre Schüler mit dem folgenden Fragebogen:

	immer	oft	selten	nie
1. Im Waschraum kann man so gut klönen.				
2. In der Toilette ist etwas los. Da möchte ich dabei sein.				
3. Ich mag so gern im Vorraum sein, weil es so schön laut hallt, wenn man da schreit.				
4. Ich halte mich gerne noch ein bißchen in der Toilette und im Waschraum auf, weil dann der Unterricht erst später beginnt.				
5. Das Ballspielen macht mir so viel Spaß, daß ich dafür jede Sekunde ausnutze, auch noch im Vorraum.				
6. Ich finde es nicht gut, wenn man beim Ausziehen im Vorraum angerempelt wird.				
7. Das Anrempeln im Vorraum macht Spaß, weil sich dann jemand aufregt und ärgert.				
8. Ich finde es gut, wenn ich im Vorraum etwas angerempelt werde; da kann ich dann kräftig zurückschubsen. Der Andere hat ja angefangen.				
9. Es ist so eng in den Waschräumen. Da warte ich lieber bis die meisten schon in der Klasse sind, dann kann ich mir in Ruhe die Hände waschen.				

	immer	oft	selten	nie
1o. Wenn zwei sich hauen, gucke ich gern zu, auch im Vorraum oder auf der Toilette.				
11. Ich finde die Pause dauert so lange, bis uns die Lehrerin in die Klasse holt.				
12. Am Ende der Pause habe ich solchen Durst. Da möchte ich noch etwas Wasser trinken.				
13. Ich finde es nicht gut, daß die Toiletten in der Pause nicht betreten werden dürfen.				
14. ...				
15. ...				

Kommentar:
Frage 6 und Frage 13 sind nicht auswertbar, weil ihre Beantwortung eine doppelte Verneinung impliziert. „Ich finde es *nie* nicht gut, wenn man beim Ausziehen im Vorraum angerempelt wird." Die Antwortalternativen sind für diese Fragen schwer auszuwerten: Man weiß nicht, wie man die einzelnen Antworten gewichten sollte. Es ist häufig sinnvoll, nur Ja-Nein-Alternativen anzubieten. Außerdem sollte man darauf achten, daß die angegebenen Antwortalternativen (immer, oft, selten, nie) auch den Fragestellungen entsprechen: beispielsweise könnte man bei Nr. 10 als Antwortkategorien vorgeben: stimmt, stimmt manchmal, stimmt nicht. Schließlich sollte man vermeiden, zwei Sachverhalte in einem zu erfragen: 8. könnte von einigen Schülern falsch verstanden werden, wenn sie die Häufigkeit ankreuzen, mit der sie angerempelt werden. Die Frage zielt aber darauf ab, wie viele der Schüler es gut finden, wenn sie eine Möglichkeit zur Prügelei haben.
Es ist sinnvoll, Fragen zu trennen, die
- sich auf die Sichtweise der Schüler bezüglich des Ist-Zustandes beziehen (wie häufig finden Prügeleien statt usw.)
- sich auf die „Ursachen" des Ist-Zustandes beziehen (z. B. „Ich komme zu spät zum Unterricht, weil ich auf die Toilette muß und während der Pause die Toiletten abgeschlossen sind")
- sich auf andere Probleme der Schüler beziehen („Was stört Dich sonst noch an der Schule").

Trotz dieser Vorbehalte kann man aus den Beantwortungen

herauslesen, daß eine kleinere Gruppe von etwa vier Schülern zu spät kommen, weil sie in der Toilette und im Vorraum Auseinandersetzungen suchen oder den Auseinandersetzungen anderer Schüler zusehen (Fragen 2, 7, 8, 10). Ob die Schüler sich durch die Anrempeleien gestört fühlen, ob sie zu wenig Zeit für ihre Toilettengeschäfte haben, ist anhand des Fragebogens leider nicht feststellbar. Generell kann jedoch gesagt werden, daß das Problem des Lehrers (zu spät kommen) *kein primäres Problem der Schüler* ist.

4. Bedingungsmodell

Aufgrund von Gesprächen und anderer Erfahrungen mit der Klasse kommt die Lehrerin zu folgendem Schluß: „Einige wenige Schüler, wahrscheinlich eine Gruppe von vier bis fünf Jungen, die, obgleich die Befragung anonym war, ihren Namen auf den Fragebogen gesetzt haben, haben nach meinen Beobachtungen besonders starken Bedarf an Anerkennung in der Klasse. Sie versuchen, diese teilweise dadurch zu erreichen, daß sie ihren Mitschülern gerne ihre Kraft, Stärke usw. zu beweisen versuchen. Es ist ihnen im Unterricht durch Leistung in diesem Maße nicht möglich. Für diese Schüler ist die Frist vor Unterrichtsbeginn eine willkommene Gelegenheit, Kontakt auf engem Raum mit einer größeren Anzahl von Kindern zu haben. Auf dem Schulhof zerstreuen sich die Mitschüler stärker. Dadurch kommen Streitereien und Schlägereien in Gang. Beispiel: Wenn sich die Schüler im Vorraum ausziehen, stößt einer vielleicht den anderen auf so engem Raum ‚aus Versehen‘ an. Daraus kann schnell eine Schlägerei werden, die gern von den Mitschülern angesehen wird.“

5. Zielbestimmung

Eine Änderung der Pausenordnung (mögliche Ursache) ist

keine Aufgabe für Verhaltensmodifikation. Konflikte in Toiletten und Vorraum sowie Unpünktlichkeit sollen dagegen abgebaut werden.
Ziel: Die Schüler sollen am Stundenanfang reibungslos und zügig in den Klassenraum kommen.

6. Interventionsplan

Die Grundüberlegung des folgenden Interventionsplans lautet: Wenn die Schüler pünktlich bei Unterrichtsbeginn in der Klasse sitzen, bleibt keine Zeit für Gedränge, Rempeleien und Aggressionen in Toilette und Vorraum. Da die Lehrerin aus Gesprächen mit den Schülern weiß, daß die *Einsicht* („Man soll sich nicht schlagen") bei den Kindern durchaus vorhanden ist, bietet sie mit der Intervention eine *konkrete Verhaltensanleitung* an.
Die Lehrerin macht mit den Schülern folgendes ab: „Ich bleibe nach Stundenschluß jeweils noch fünf Minuten länger im Haus, damit ihr die Toilette benutzen könnt. Bei Stundenbeginn komme ich in die Klasse, ziehe meinen Mantel aus, lege meine Tasche auf das Pult, hole die Stoppuhr raus und drücke drauf. Dann fange ich mit dem Unterricht an. Wenn eine Minute vergangen ist, zeichne ich einen Strich an die Tafel, nach der zweiten Minute den zweiten usw."
Mit den Schülern sollte in einem Gespräch vorläufig abgemacht werden:
„Schülerregel 1: Wenn ich die Toilette benutzen möchte, soll ich die Gelegenheit nach dem Unterricht wahrnehmen.
Schülerregel 2: Ich fülle den Bogen zur Selbstkontrolle regelmäßig aus. Wenn ein Strich an der Tafel verzeichnet ist und ich erst dann in den Klassenraum komme, muß ich einen Strich in die entsprechende Spalte eintragen. Das bedeutet: Ich habe mich um eine Minute verspätet."
Diese vorläufigen Interaktionsregeln sollten vier Tage lang gelten. Dann sollten sie drei Tage lang nicht gelten. Danach

sollte ein Vertrag mit der gesamten Klasse abgeschlossen werden.

<u>Vertrag</u>

Regeln: Für die Schüler und die Lehrerin werden folgende Regeln festgesetzt.

Schülerregel 1: Wenn ich die Toilette benutzen möchte, soll ich die Gelegenheit nach dem Unterricht wahrnehmen.

Lehrerregel 1: Ich bleibe nach dem Stundenschluß jeweils noch fünf Minuten länger im Haus, damit die Schüler die Toilette benutzen können.

Schülerregel 2: Ich fülle den Bogen zur Selbstkontrolle regelmäßig aus.

Lehrerregel 2: Mit Hilfe einer Stoppuhr helfe ich den Schülern, ihren Kontrollbogen auszufüllen.

Kontrolle: Die Schüler machen ihre Eintragungen in das Kontrollschema. Am Ende der Stunde wird für die Klasse eine Gesamtpunktzahl ermittelt: für pünktliches Erscheinen gibt es pro Schüler einen Pluspunkt. Für jede verspätete Minute wird ein Minuspunkt berechnet.

Belohnung: Bei 829 Pluspunkten erhält die Klasse einen Kinobesuch als Belohnung. Das bedeutet, daß in den 29 Stunden der nächsten sieben Tage nur 12 Minuten Verspätungen zusammenkommen dürfen.
Dieser Vertrag gilt von .... bis ....

Hamburg, den ....

Schüler: .... Lehrerin: ....

Kontrollbogen:

Name:	Stunde 1.	2.	3.	4.	5.	6.	Summe
Do (28.4.)						%	
Mo (2.5.)	%	%					
Mi (4.5.)				%	%	%	
usw.							

% = Freistunde

Kommentar: Die Interaktionsregeln legen das Verhalten von Schüler und Lehrer genau fest. Die Belohnung wurde durch ein Gespräch und eine Befragung der Schüler ermittelt. Belohnungsbedingung und Kontrolle der Regeleinhaltung werden auch ganz genau festgesetzt. Jeder Schüler weiß also genau, was er tun muß, um zur Belohnung beizutragen. Keiner wird überfordert. Wichtig dabei ist, daß die Lehrerin selbst Anstrengungen auf sich nimmt (sie bleibt nach der Stunde fünf Minuten länger im Haus). Nur wenn Lernprozesse und Belastungen sowohl den Lehrer als auch die Schüler betreffen, ist *gemeinsames* Lernen möglich. Wenn die Schüler beispielsweise das Gefühl haben, es geht hier nur um die Verwirklichung der Interessen des Lehrers und dieser tut nichts dafür, werden ihnen ihre eigenen Bedürfnisse und Probleme gar nicht klar. Wenn sie selbst die Interaktionsregeln entscheiden und an der Planung beteiligt werden, können sie dem Lehrer deutlich machen, inwieweit sie auch den Zielen zustimmen. Bei diesem Projekt wird deutlich, daß sich alle verändern müssen, um das Problem zu lösen.
Zusätzlich bedarf es einer äußeren Verstärkung. Ein Kinobesuch zusammen mit den Schülern bedeutet für die Lehrerin konkret Verlust von Freizeit. Das wissen auch die Schüler. Indem sich die Lehrerin für die Schüler anstrengt, wird deutlich, wie wichtig ihr dieses Problem ist.

7. Verlauf

Den Verlauf der Intervention beschreibt die folgende Grafik. Gegenüber den Interventionsphasen mit vorläufigen und ohne Interaktionsregeln zeigte die Interventionsphase „Vertragsabschluß mit Regeln und Belohnung“ eine erhebliche Zunahme des Zielverhaltens. Die Belohnung wurde erreicht. Statt „erlaubter“ 12 Minuten Verspätungen in 29 Stunden schaffte die Klasse 6 Minuten. Die ersten beiden Interventionsphasen kann man nicht als reine „Grundraten-Phase“ ansehen. Denn in dieser Zeit wurde die Aufmerksamkeit der Schüler ja schon auf die Interaktionsregeln gelenkt. Man kann also davon ausgehen, daß der Unterschied zwischen der Interventionsphase und der Zeit vor der Intervention erheblich größer ist. Dieser Erfolg bezieht sich sowohl auf die Verminderung der Anzahl von Verspätungen überhaupt – unabhängig von der Länge der Verspätungen, auf die durchschnittliche Minutenzahl an Verspätungen und auf den Prozentsatz unpünktlicher Schüler. Das Ergebnis wurde also dadurch erzielt, daß alle Schüler die Anzahl und Dauer an Verspätungen verringerten. Die Lehrerin hatte ihre Kollegen und den Schulleiter über ihr Vorgehen unterrichtet. Deren Reaktionen waren überwiegend positiv. Das Teilziel Pünktlichkeit schätzte die Lehrerin als „vollständig erreicht“ ein. Es fand eine sehr deutliche Generalisierung des Zielverhaltens auch auf Unterrichtsstunden anderer Fachlehrer statt. Den Erfolg führt die Lehrerin auf das Projekt zurück; u. a. darauf, daß die Problem-Kinder, die vorher Beachtung bei Zuspätkommen erhielten, jetzt positive Beachtung durch die anderen Kinder erfuhren, wenn sie sich an die Regeln hielten. Denn gerade diese Kinder waren es, die nach dem Projekt weitermachen wollten. In einer Nachbefragung kam heraus, daß die Schüler generell den Vertrag positiv fanden, mehr auf Pünktlichkeit geachtet haben, sich wohlgefühlt haben und daß ihnen aufgefallen ist, daß in der Garderobe nicht mehr geschubst wurde. Damit wurden auch die Pausenkonflikte reduziert.

Der Effekt hielt auch über die unmittelbare Interventionsphase hinaus an.

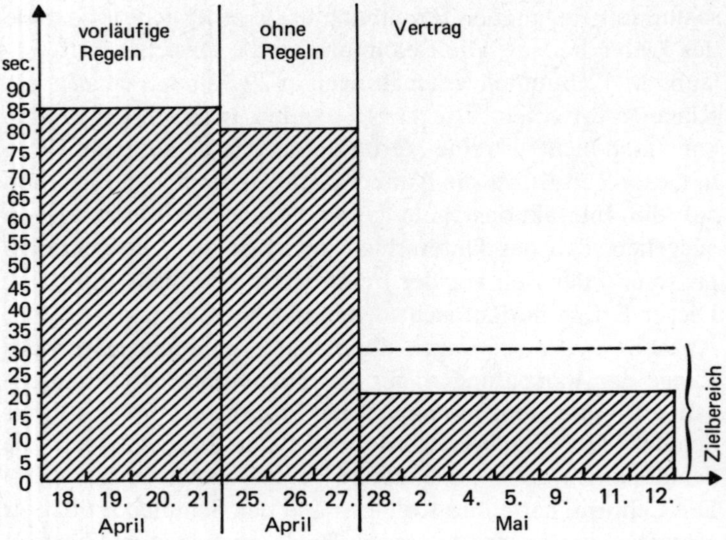

Verspätete Sekunden pro Unterrichtsstunde in den einzelnen Phasen der Intervention. Während der Phase ‚vorläufige Regeln' dauerte es ca. 1½ Minuten bis alle Schüler auf den Plätzen saßen. Dies blieb in der darauffolgenden Phase ‚ohne Regeln' annähernd gleich. Erst die erneute Einführung der Regeln im Rahmen des Vertrages senkte die Verspätungen auf durchschnittlich 20 Sekunden, wodurch die Klasse das gesetzte Ziel erreichte.

Fehlende Hausaufgaben (S. Maier, H. Schacht)

1. Rahmenbedingungen

6. Klasse: 14 Mädchen, 18 Jungen. Der Klassenlehrer unterrichtete in dieser Klasse 17 Stunden pro Woche. Interventionsdauer: 9 Wochen (insg. 36 Stunden). Die Maßnahmen brachten keine zeitliche Mehrbelastung. Es trat eine Entspannung in der Beziehung zwischen Lehrer und Schülern ein, da die negative Situation der Hausaufgabenkontrolle zu Beginn jeder Stunde wegfiel.

2. Problemsicht des Lehrers

Der Lehrer wählte von vornherein einen Problembereich aus, zu dem er sich schon seit langem Gedanken gemacht und Lösungen ausprobiert hatte: Mangelhaftes Anfertigen von Hausaufgaben.
Die Schüler vergessen zu Hause, ihre Aufgaben zu machen. In der Stunde melden sie sich: „Ich hab' sie vergessen!“ Damit halten sie den Unterricht auf. Einige Schüler haben ihre Aufgaben nicht vollständig gemacht.
Das Problem betrifft etwa 5 bis 7 Schüler an jedem Tag.

3. Problemsicht der Schüler

Die bisherigen Lösungsversuche des Klassenlehrers waren allein auf *seine* Überlegungen gegründet. Wie die Schüler das Problem sahen, war ihm eher unklar. Deshalb wurde zunächst ein Fragebogen für die Schüler ausgearbeitet. Den Schülern wurde erklärt, daß es darum ginge, ein besseres Bild über den Bereich ‚Hausaufgaben‘ zu gewinnen.

Fragebogen zum Bereich "Hausaufgaben"

1. Wieviel Zeit brauchst du für deine Hausaufgaben? ......
2. In welchem Fach fallen dir Hausaufgaben am leichtesten oder machst du sie am liebsten?
   ( ) in Deutsch ( ) in Erdkunde
   ( ) in Mathe ( ) in Geschichte
   ( ) in Bio
   Bilde eine Reihenfolge von 1 - 5 (am liebsten = 1; am wenigsten gern = 5)
3. Welche Art von Hausaufgaben machst du am liebsten?
   ( ) Übungsaufgaben/Übungen
   ( ) Text durchlesen
   ( ) Fragen schriftlich beantworten
   ( ) für eine Arbeit üben
   ( ) ein Thema mündlich wiedergeben können
   ( ) selbständig zu einem Thema etwas überlegen.
   Bilde eine Reihenfolge von 1 - 6
4. Würdest du die Hausaufgaben regelmäßiger anfertigen, wenn es weniger wären als bisher?
   ....
5. Würdest du die Hausaufgaben regelmäßiger anfertigen, wenn sie leichter wären?
   ....
6. Fällt es dir schwer, deine Hausaufgaben immer sauber und ordentlich zu machen?
   ....
7. Was ist für dich noch wichtig im Zusammenhang mit Hausaufgaben?
   ....
8. Bis du mit den Hausaufgaben - so wie dein Lehrer sie dir gibt - zufrieden?
   ja ( ) nein ( )
9. Was sollte sich ändern, damit du Hausaufgaben lieber erledigst?
   ....
1o. Wie sollten die Hausaufgaben sein, damit du sie regelmäßig anfertigen kannst?
   ....

Auswertung des Fragebogens:

Die Schüler brauchen im allgemeinen bis zu einer Stunde für die Hausaufgaben.
Am leichtesten fallen ihnen die Hausaufgaben in Mathematik.
Weniger gern fertigen sie die Hausaufgaben in Deutsch an.
Von der Art der Hausaufgaben ist ihnen Textlesen, Fragen schriftlich beantworten und selbständige Überlegungen zu einem Thema anstellen am liebsten.
Die Schüler würden die Hausaufgaben regelmäßiger anfertigen, wenn sie weniger und leichter wären.
Den meisten Schülern fällt es nicht schwer, die Hausaufgaben sauber und ordentlich zu machen. Allerdings gibt es eine starke Minderheit in der Klasse von 12 Schülern, die diese Frage bejahen. Unzufrieden mit den Hausaufgaben sind insgesamt 7 Schüler.
Insgesamt wird von den Schülern bei den Vorschlägen noch einmal betont, daß die Hausaufgaben weniger und leichter werden sollten.

Kommentar: Diese Art der Befragung ist wenig informativ. Die Ergebnisse geben dem Lehrer kaum Informationen darüber, *warum* eine bestimmte Gruppe von Schülern mehr oder weniger häufig die Hausaufgaben nicht anfertigt. Er erfährt nur, *daß* eine Teilgruppe der Schüler unzufrieden ist mit der Art der Aufgaben.

Diesen Eindruck haben ganz offensichtlich Lehrer und Beratungslehrer auch gewonnen. Sie entwickelten einen zweiten problemorientierten Fragebogen, um die Problemsicht der Schüler genauer erfassen zu können.

Fragebogen 2 zum Bereich "Hausaufgaben"

1. Es stört mich, wenn andere ihre Hausaufgaben vergessen haben. ja ( ) nein ( )

   - weil es den Unterricht aufhält ( )
   - weil dadurch nicht alle mitarbeiten können ( )
   - weil mein Lehrer dann ärgerlich ist ( )
   - ....

2. Wenn ich die Hausaufgaben nicht gemacht habe, liegt das daran, daß

- es zu laut war, als die Hausaufgaben erklärt wurden ( )
- ich die Erklärungen meines Lehrers gar nicht verstanden habe ( )
- ich mich nicht getraut habe, noch einmal nachzufragen ( )
- ich mit meinen Hausaufgaben zu Hause allein nicht zurechtkomme ( )
- ich zu Hause nicht genug Zeit und Ruhe habe ( )
- niemanden habe, der mir helfen kann ( )
- ....

. Ich mag vor der Klasse nicht gern sagen, daß ich die Hausaufgaben nicht gemacht habe. ja ( )
nein ( )

4. Ich möchte die Hausaufgaben gern regelmäßiger machen.
ja ( )
nein ( )

5. Ich mache die Hausaufgaben regelmäßig. ja ( )
nein ( )

6. Was ist für dich eine leichte Hausaufgabe? Schreib ein Beispiel auf!
....

7. Erinnerst du dich an eine für dich schwere Hausaufgabe? Nenne ein Beispiel?
....

Auswertung der Schülerbefragung:

Die Schüler *stört,* wenn *andere* ihre Hausaufgaben vergessen haben (28 Ss), weil
- es den Unterricht aufhält (13 Ss),
- mein Lehrer dann ärgerlich ist (10 Ss),
- dadurch nicht alle mitarbeiten können (8 Ss).

Als Gründe für nicht angefertigte Hausaufgaben stehen im Vordergrund, daß

- es zu laut war, als sie erklärt wurden (7 Ss),
- die Erklärungen des Lehrers nicht verstanden wurden (6 Ss),
- die Schüler sich nicht getraut haben, noch einmal nachzufragen (6 Ss).

Eine größere Gruppe von Schülern möchte die Hausaufgaben gern regelmäßiger machen (10 Ss). Den meisten von ihnen ist es unangenehm, vor der Klasse zu sagen, daß sie die Hausaufgaben nicht gemacht haben (7 Ss).
In dieser Teilgruppe gaben auch viele an, mit den Hausaufgaben zu Hause allein nicht zurechtzukommen bzw. niemanden zu haben, der ihnen helfen kann (6 Ss).

Hausaufgaben, das macht diese Befragung deutlich, sind ein Problem der Teilgruppe leistungsschwacher Schüler. Sie haben Schwierigkeiten, die Hausaufgaben inhaltlich zu verstehen, weil sie vermutlich den zugrundeliegenden Stoff nicht verstanden haben und zu Hause keine Hilfe bei den Aufgaben haben. Es kann damit nicht nur darum gehen, das Problem des Lehrers und der Mehrheit der Schüler zu lösen, die zeitaufwendige und lästige Hausaufgabenkontrolle zu verändern, sondern es muß eine grundlegendere Lösung erarbeitet werden.

4. Bedingungsmodell – Gegenüberstellung der Problemsichten

Lehrersicht	Schülersicht
Der Lehrer sieht bei den Schülern in allen Fächern (Deutsch, Mathematik, Biologie, Erdkunde, Geschichte als Problem:	Die Schüler sehen beim Lehrer in allen Fächern das Problem:
↓	↓
Zu viele Schüler machen ihre Hausaufgaben nicht oder unvollständig. Sie ‚vergessen' sie.	Hausaufgaben werden nicht verständlich aufgegeben und zu wenig erklärt, die Kontrolle der Hausaufgaben ist unangenehm.
↓	↓
Er reagiert darauf so: Nachfragen, ob Grund vorhanden, Eintragen in ein Buch und „nachmachen", bei mehrmaligem Vergessen Mitteilung an die Eltern, Nacharbeiten in der Schule	Sie reagieren darauf so: Zu Hause können sie die Aufgaben nicht lösen, sie haben niemanden, der hilft und es bleibt ihnen nicht anderes übrig, als sie zu „vergessen".

Das Problem „Hausaufgaben vergessen" wurde vom Lehrer bisher vorrangig als Problem der regelmäßigen Hausaufgabenkontrolle gesehen. Die Teilgruppe der Schüler, die unregelmäßig Hausaufgaben anfertigt, betont, daß es für sie ein Problem unklarer Aufgabenstellung und mangelnder Hilfe zu Hause ist.
Ein Bedingungsmodell, das die verschiedenen Problemsichten integriert, sollte dementsprechend drei Situationen unterscheiden, in die sich das Problem aufgliedern läßt.

(1) Aufgeben der Hausaufgaben kurz vor Stundenende:	Es ist laut in der Klasse. Die Schüler verstehen akustisch und/oder inhaltlich nicht, welche Aufgaben gemacht werden sollen und wie sie gemacht werden sollen. Die Schüler fragen nicht nach und vermeiden damit, vor der Klasse bloßgestellt zu werden als jemand, der nicht aufgepaßt hat.
(2) Anfertigen der Hausaufgaben zu Hause:	Die Teilgruppe der leistungsschwachen und mit den Aufgaben überforderten Schüler wissen nicht, was sie tun sollen, bzw. können die Aufgaben nicht. Sie haben ein unangenehmes Gefühl, die Aufgaben am nächsten Tag nicht vorzeigen zu können. Aber sie haben niemanden, der ihnen helfen kann.
(3) Kontrolle der Hausaufgaben zu Stundenbeginn:	Einige Schüler stehen ohne Aufgaben da, haben Angst vor der Kontrolle, suchen zum Schein in der Tasche und sagen dann als Ausrede: „Ich habe es vergessen". Der Lehrer trägt sie ins Buch ein, fordert sie auf, die Aufgaben nachzumachen. Die anderen Schüler langweilen sich und werden unruhig.

Die Situation der Hausaufgabenkontrolle, ist für die Schüler ohne Aufgaben sehr unangenehm. Sie können ihr jedoch nicht ausweichen, da sie die Aufgaben oft nicht können, aus vielen Mißerfolgen heraus kein Motiv haben, es trotzdem zu versuchen und sich nicht trauen, nach genauerer Erklärung zu fragen.
Die Kontrollsituation erzeugt Spannungen zwischen Lehrer und leistungsschwachen Schülern, die dazu führen, daß die Schüler bei neuen Aufgaben wieder nicht nachfragen mögen. Um die ‚vergessenen' Aufgaben vorzeigen zu können, werden häufig Hausaufgaben einfach abgeschrieben.

Kommentar: Lehrer und Schüler sprechen von ‚Hausaufgaben vergessen‘. Diese Bezeichnung läßt die Gründe für das Nichtanfertigen der Aufgaben im Unklaren.
Der Schüler kann damit den Anschein aufrechterhalten, daß er die Aufgaben kann. Er hat sie nur nicht aufgeschrieben oder sie aus einem anderen Grund vergessen. Das Etikett ‚Vergeßlichkeit‘ kann von den Schülern ganz offensichtlich eher als Schwäche akzeptiert werden als das Etikett ‚Dummheit‘.
Der Lehrer nimmt die Erklärung ‚vergessen‘ an. Auf diese Weise kann die bisherige Art der Aufgabenstellung beibehalten werden, zumal sie der Mehrheit der Schüler zu entsprechen scheint. Er braucht den Schüler nur aufzufordern, die Aufgaben nachzumachen. Die Erkenntnis dagegen, daß der Schüler die Aufgaben gar nicht lösen kann, müßte dazu führen, ihm geeignetere Aufgaben zu stellen, sie genauer zu erklären und mit dem Schüler besonders zu üben.

5. Gemeinsame Zielbestimmung

Aus dem Bedingungsmodell, das den Zusammenhang der Problemsichten von Lehrer und Schülern darstellt, werden gemeinsame Ziele abgeleitet, auf die hin eine Veränderung angestrebt wird.
Ziel: Regelmäßige Anfertigung verständlich erklärter Hausaufgaben
Teilziele:
(1) – Der *Lehrer* erklärt die Hausaufgaben deutlich und verständlich.
– Die *Schüler* fragen nach, wenn sie etwas nicht verstehen.
(2) – Der *Lehrer* gibt Hilfestellung oder eine differenzierte Aufgabenstellung für leistungsschwache Schüler.
– Alle *Schüler* bearbeiten zu Hause ihre Aufgaben.
(3) – Der *Lehrer* kontrolliert nicht mehr vor der Klasse, wer die Hausaufgaben gemacht hat oder nicht.
– Die *Schüler* sagen selbst, wenn sie die Aufgabe nicht gekonnt haben oder vergessen haben.

Vertrag mit Kl. 6

Vertragsbedingungen:

Die Hausaufgaben werden von allen Schülern regelmäßig und vollständig angefertigt.
Die letzten 1o Minuten jeder Deutschstunde stehen zur Verfügung zum Erklären und Erklärenlassen der Hausaufgaben. Jeder darf so lange nachfragen, bis er alles verstanden hat, ohne daß Herr Schacht die Geduld verliert.
Wer die Hausaufgaben verstanden hat, kann damit beginnen.
Solange dieser Vertrag gilt, brauchen die Schüler die Hausaufgaben, die sie vergessen haben, nicht nachzuholen.
Sie werden nicht ermahnt oder bestraft und Herr Schacht trägt nichts in sein Buch ein.

Belohnung:

Die ganze Klasse macht einen Ausflug oder ein Klassenfest nach Wahl, wenn in drei Wochen nicht mehr als 15mal Kinder ihre Hausaufgaben ganz oder teilweise nicht angefertigt haben.

Ich bin mit diesem Vertrag einverstanden:

....
(Schüler) (Lehrer)

6. Interventionsplan

Die Schüler haben oft nicht verstanden, was sie zu Hause überhaupt tun sollen. Es muß ihnen also mehr Gelegenheit gegeben werden, nachfragen zu können. Dazu ist es notwendig, am Ende der Stunde mehr Zeit zu haben, in der die Hausaufgaben erklärt und eventuell bereits begonnen werden. Die letzten 10 Minuten der Stunde werden zum Erklären und Beginnen der Hausaufgaben angesetzt.
Gleichzeitig wird damit die Motivation geschaffen, die Haus-

aufgaben zu Hause zu beenden („ich kann es, ich weiß ja wie das geht, ich habe schon angefangen, ich brauche sie nur noch fertig zu machen“).
Als zusätzliche Motivationshilfe für die Schüler sollten die angefertigten Hausaufgaben am nächsten Tag gezählt werden.
Für eine solche umfassende Zielsetzung und Vorgehensweise bietet sich ein schriftlicher Vertrag an. In der folgenden Form wurde er von der Beratungslehrerin und dem Lehrer gemeinsam erarbeitet und von den Schülern akzeptiert.
Die Intervention bezieht sich nur auf die Hausaufgaben im Deutschunterricht. Die Wahl des Deutschunterrichts für die Durchführung der Intervention geht auf die erste Schülerbefragung zurück, in der die Schüler die Hausaufgaben in Deutsch als weniger beliebt eingeschätzt haben.
Solange der Vertrag gilt, brauchen die Schüler ihre Hausaufgaben nicht nachzuholen, die sie vergessen haben. Sie werden weder ermahnt, bestraft noch aufgeschrieben.
Die *Erfolgskontrolle* besteht darin, daß der Lehrer nachfragt, wieviele Schüler die Hausaufgaben gemacht haben (die Zahl wird aufgeschrieben). Zusätzlich gibt es für jeden Schüler einen Selbstbeobachtungsbogen, in den er für angefertigte Aufgaben täglich ein Kreuz macht. Die Gesamtzahl der Hausaufgaben wird in ein Schaubild eingetragen.
Der erste Vertrag soll *drei Wochen lang* gelten. Danach kann der Vertrag auf gemeinsamen Beschluß von Lehrer und Schülern verlängert werden.
Als *Zielwert* wird festgelegt, daß die Schüler in den drei Wochen nicht mehr als 15mal ihre Hausaufgaben vergessen dürfen.

7. Verlauf und Ergebnisse der Intervention

Die Intervention spielte sich in ihrem Ablauf sehr schnell ein. Wer Hausaufgaben gemacht hatte, meldete sich. Der Lehrer zählte schnell aus. Gleichzeitig machte jeder Schüler sein Kreuz als Selbstkontrolle bzw. Selbstbestätigung angefertigter

Hausaufgaben. Bei nicht gemachten Hausaufgaben wurde kein Kreuz gemacht. Die Summe der gemachten Hausaufgaben wurde in Form einer grünen Säule auf eine vorbereitete Pappe geklebt. Daneben wurde eine rote Säule geklebt, die sich aus den nicht gemachten Hausaufgaben errechnete. Das Zuschneiden und Aufkleben der grünen und roten Säule wurde von Schülern gemacht.

Die Durchführung der Selbstkontrolle und die Auswertung dauerten nur ein bis zwei Minuten und war damit erheblich kürzer als die frühere Hausaufgabenkontrolle durch den Lehrer. An dieser Stelle wurden demnach einige Minuten gewonnen.

Zur Belohnung für die erfolgreiche Vertragsdurchführung feierte die Klasse vor Weihnachten ein großes Fest mit Kaffee und Kuchen. Lehrer und Schüler entschieden sich für eine weitere Vertragsdurchführung im Januar. Gleichzeitig beschlossen sie folgende Vertragsänderung:

1. Ist eine Hausaufgabe nicht vollständig gemacht, gibt es einen halben Punkt Abzug.
2. Haben *alle* Schüler die Hausaufgaben vollständig gemacht, gibt es einen zusätzlichen Pluspunkt.
3. Holt ein Schüler eine vergessene Hausaufgabe unaufgefordert nach, wird dies als Pluspunkt gewertet und von den vergessenen Hausaufgaben des entsprechenden Tages abgezogen.

In dieser Form lief später eine dritte Intervention.

Als neue Erfahrung durch die Intervention nannte der Lehrer: „Ich war überrascht, daß das Absetzen meiner Kontrollmaßnahmen nicht dazu führte, daß mehr Schüler die Hausaufgaben nicht machten. Im Gegenteil entwickelten jetzt mehr Schüler das Motiv, die Aufgaben von sich aus zu schaffen.“ Er hält das Teilziel, regelmäßige Hausaufgaben anzufertigen, für weitgehend erreicht und führt den Erfolg der Intervention darauf zurück, daß ein Anreiz für die Schüler gegeben sei, diese sich untereinander angespornt hätten und die 10 Minuten Hausaufgabenzeit während des Unterrichts für schwächere Schüler eine wirkliche Unterstützung gebracht hätte. Er

selbst habe Zeit gefunden, ihnen verstärkt zu helfen und die Aufgaben besser zu erklären. Die Zielwerte würde er im nachhinein als sehr hoch angesetzt betrachten und betonen, wie wichtig es gewesen sei, den Schülern die Möglichkeit zu geben, *von selbst* Hausaufgaben nachzuholen.
Die Haltung der Schüler in bezug auf Hausaufgaben hat sich nach Einschätzung des Lehrers geändert. Außerdem hatte er den Eindruck gewonnen, als wirke sich diese Haltung jetzt auch auf andere Fächer aus, in denen der Vertrag nicht lief.

Kommentar: Die Intervention machte die Hausaufgaben zu einem wichtigen Teil des Unterrichts. Sie stellten mehr eine Übungsphase vorher gelernter Inhalte dar. Der Lehrer gewann Zeit für zusätzliche Erklärungen und konnte so eine gezielte Förderung für leistungsschwache Schüler betreiben. Das Aufgeben des Prinzips der Fremdkontrolle bewirkte eine Entspannung in der Beziehung Lehrer/Schüler und schuf die Voraussetzung dafür, daß die Schüler eine positive Einstellung zu den Hausaufgaben selbst gewinnen konnten.

Das Schaubild unten zeigt den Verlauf der Daten. Es ist deutlich zu erkennen, wie stabil die Effekte über die Zeit sind.

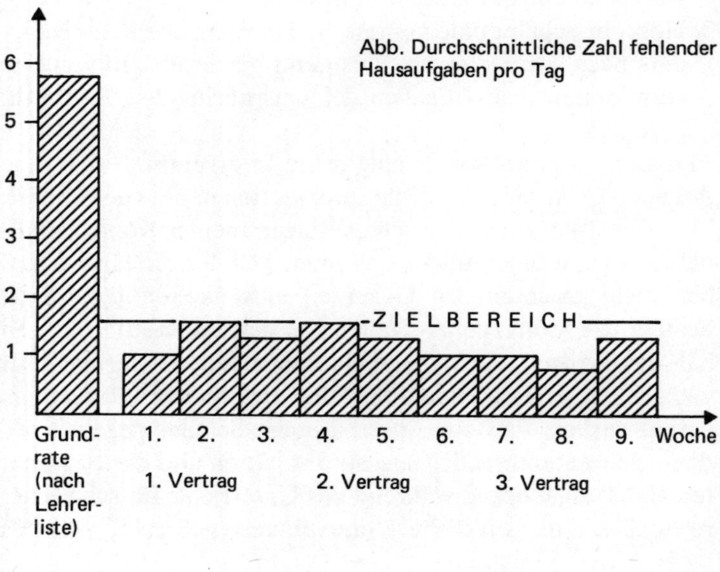

Abb. Durchschnittliche Zahl fehlender Hausaufgaben pro Tag

Leistungsverbesserung schwacher Schüler (S. Burghard)

1. Rahmenbedingungen

6. Klasse: 18 Mädchen, 14 Jungen (Beobachtungsstufe an Haupt- und Realschule). Die Intervention wurde von der Klassenlehrerin geplant und durchgeführt, die selbst 13 Wochenstunden Deutsch, Geschichte, Erdkunde, Englisch und Religion in der Klasse unterrichtet.
Die Klassenlehrerin und die Schüler kannten Methoden der Kooperativen Verhaltensmodifikation von einem Projekt zur Reduzierung von Unruhe, Unterrichtsstörungen, Zwischenrufen auf Seiten der Schüler und dauerndem Ermahnen, Schimpfen und Schreien auf Seiten der Lehrerin. Diese Intervention war ein Jahr lang durchgeführt und sorgfältig ausgeblendet worden. Lebhafte Unterrichtsbeteiligung ohne allzu große Lautstärke hatte sich stabilisiert. Jeder konnte jeden verstehen. Die Beziehung zwischen der Lehrerin und der Klasse hatte sich verbessert, und die Lehrerin hatte mehr Raum für weitere Unterrichtsverbesserungen gewonnen.

2. Problemsicht der Lehrerin

Im ersten Halbjahr der 6. Klasse haben 9 Schüler in allen drei Tests in Geschichte/Erdkunde mangelhaft oder ungenügend abgeschnitten. Besonders im dritten Test wurden die schlechten Leistungen deutlich, da die Lehrerin den Schülern vorher alle Testfragen inklusive der richtigen Antworten zum Üben nach Hause mitgegeben hatte. Trotzdem waren die Leistungen dieser 9 Schüler genauso schlecht wie vorher. Die gesamte Klasse hatte kein besseres Ergebnis als die Parallelklasse, in der die gleiche Unterrichtseinheit mit demselben Test durchgeführt worden war – allerdings ohne den Schülern die Mög-

lichkeit zu geben, sich anhand der richtigen Antworten vorzubereiten.
Die mündlichen Leistungen dieser 9 Schüler sind im allgemeinen besser: sie beteiligen sich ausreichend und geben oft richtige Antworten. Die Lehrerin möchte gerne, daß sich die schriftlichen Leistungen den mündlichen angleichen.

3. Problemsicht der Schüler

Die Lehrerin führte ein Gespräch mit den Schülern über die Frage, woran es liegen könnte, daß sie sich so wenig auf die Tests vorbereiten und so schlecht abschneiden.
Die Schüler machten in diesem Gespräch deutlich, daß sie gar keine besseren Leistungen von sich selbst erwarten. Es fielen Äußerungen wie: „Ich kann das ja doch nicht", „Eine 4 schaffe ich nie". Außerdem meinten sie, daß sie häufig vergessen, vorher zu üben, wenn ihnen was dazwischenkommt. Für eine Arbeit müsse man immer so viel vorbereiten. Darüber hinaus wußte die Lehrerin, daß diese Schüler von ihren Eltern keine Unterstützung oder Anleitung bei Schularbeiten erwarten konnten.

4. Vorläufiges Bedingungsmodell

Normalerweise werden drei Tests in 20 Unterrichtswochen geschrieben – also ca. alle 6 Wochen. Der jeweils vorher vermittelte Stoff wird dabei im Ganzen getestet.
Da die Schüler über so lange Zeit den gesamten Stoff kaum überschauen und behalten können, müssen sie unmittelbar vor dem Test länger üben, um ihre Erinnerung aufzufrischen. Das bedeutet, daß sie sich durch den gesamten Stoff *allein* durcharbeiten müssen, also eine ziemliche Anstrengung. Diese Anstrengung ist unangenehm: die Schüler müssen sich mit uninteressantem, schon länger zurückliegendem Stoff intensiv beschäftigen und schränken dafür ihre Freizeit ein.

Aus den Alltagserfahrungen wissen wir jedoch, daß wir Anstrengungen nur auf uns nehmen, wenn die Folgen einen möglichst hohen Anreiz besitzen und mit großer Wahrscheinlichkeit nur durch diese Anstrengungen zu erreichen sind.
Schüler, die ein stabiles Bild ‚guter Schüler' von sich selbst haben, können mit hoher Wahrscheinlichkeit damit rechnen, daß sie eine gute Zensur (starken Anreiz) erreichen. Deshalb nehmen sie diese Anstrengungen mit ihren negativen Begleiterscheinungen in Kauf. Hinzukommt, daß ihnen die Vorbereitung auf den Test durch ihre Eltern erleichtert wird, und sie selbst wegen des guten Verständnisses vom Stoff einiges Interesse an ihm haben.
Anders bei den schwachen Schülern: aus ihren bisherigen Erfahrungen wissen sie nicht so sicher wie gute Schüler, daß ihre Anstrengungen in einem direkten Zusammenhang mit guten Zensuren stehen. Ihnen scheint wahrscheinlicher, daß sie „es ja doch nicht schaffen". Sie haben nicht das Gefühl, daß sie selbst das Ergebnis bewirken können. Für sie ist dagegen die Zensur entweder Glücksache, wenn sie mal gute, mal schlechte Zensuren schreiben, oder sie halten sich selbst für zu dumm für gute Zensuren wenn sie regelmäßig schlecht abschneiden.
Darüber hinaus sinkt auch der Anreiz guter Zensuren („ich will ja gar keinen guten Test schreiben"). In dem Maße, in dem nun die subjektive Wahrscheinlichkeit einer guten Zensur und der subjektive Anreiz für die Schwachen sinkt, verringert sich auch die Anstrengungsbereitschaft, sich auf einen Test vorzubereiten.
Hinzukommt bei diesen Schülern die Tatsache, daß ihre Eltern ihnen nicht ausreichend helfen können. Außerdem sind ihre Interessen wegen des dauernden Mißerfolges in der Schule auf andere, außerschulische Bereiche gerichtet.

Beispiel: Dietmar, ein stiller Schüler, schrieb in zwei Arbeiten des ersten Halbjahres je eine 6. Auch in der dritten, auf die er sich anhand der Testfragen und vorgegebenen Antworten hätte vorbereiten können, erreichte er keine bessere Zensur. Seine Begründung: „Das schaffe ich ja doch nicht!"

Kommentar: Die ‚Ursachen' für das Problem sind hier im Bereich der Schüler gesucht worden. Natürlich gibt es weitere Faktoren, die das Problem bewirken: z. B. die familiäre Situation für den einzelnen Schüler.
Im Modell der Kooperativen Verhaltensmodifikation legen wir jedoch die ‚Lupe' auf diejenigen Bedingungen, die wir verändern können. Bei diesem Problem liegen die nächsten Möglichkeiten im Handlungsbereich der Schüler und der Lehrerin. Darüber hinaus soll möglichst bei jeder Intervention die Selbststeuerungsfähigkeit der Schüler gefördert werden.
Aus diesen Gründen sind Diagnose und Intervention im Handlungsspielraum von Schülern und Lehrerin angesiedelt.

5. Gemeinsame vorläufige Zielsetzung

Die schwachen Schüler und die Lehrerin einigen sich darauf, die Leistungen (Zensuren) zu verbessern.
Aus dem Bedingungsmodell des Problems und der gemeinsamen Zielsetzung ergeben sich drei Teilziele:
- die Schüler lernen, ihre Chancen bei einem Test realistisch einzuschätzen
- die Schüler strukturieren ihr negatives Selbstbild („kann ich nicht!") um: „eine 4 kann ich schaffen!"
- der Anreiz einer ausreichenden Zensur in Tests soll bei diesen Schülern größer werden.

6. Interventionsplanung

Zielsetzung und Bedingungsmodell führen zu mehreren Ansatzpunkten:
- die Anstrengung bei der Vorbereitung von Tests muß für einige Zeit kleiner werden. Der Test wird deshalb zerlegt in Teiltests, die in kürzeren Abständen durchgeführt werden.
- Der Zusammenhang zwischen Anstrengung und Ergebnis muß den Schülern möglichst klar sein. Dazu muß die Wirkung von Faktoren wie beispielsweise die Mithilfe von Eltern oder unklare Benotungskriterien der Lehrerin so-

weit wie möglich verringert werden: durch die Kürze der Tests wird es den Schülern eher möglich, sich zu Hause allein vorzubereiten. Die Anstrengung erscheint nicht mehr so groß, weil sie ja geteilt wird. Die Tests werden von der Klassenlehrerin vor der Durchführung der Unterrichtseinheit entworfen und die Unterrichtseinheit selbst wird stärker lernzielorientiert vorbereitet.

– Die Schüler müssen systematisch trainieren, die eigenen Leistungen realistisch einzuschätzen, indem sie bei jedem Teiltest angeben, wieviel Punkte sie erreichen werden.

Lehrerin und Schüler treffen folgendes Abkommen:

<u>Abkommen</u>

Wir schreiben den nächsten Test in vier Teilen – also alle 1o Tage einen Teiltest. Die Lehrerin gibt genau an, wieviel Punkte man bei jeder Frage erreichen kann. Jeder der Schüler schätzt vor der Abgabe seines Teiltests ein, wieviel Punkte er wahrscheinlich erreicht. Die Lehrerin wertet den Teiltest möglichst schnell aus und gibt ihn rechtzeitig vor dem nächsten zurück, damit die Schüler wissen, was sie erreicht haben und was sie beim nächsten Mal schaffen müssen.
Die Teiltests sind nicht leichter als sonst und sie werden auch genauso gewertet. Außerdem wird jeder Teiltest nicht unmittelbar nach dem jeweiligen Unterrichtsteil geschrieben, sondern etwa 5-6 Tage später, wenn schon der Stoff für den nächsten Teiltest im Unterricht durchgenommen wird, damit es genauso schwer ist wie vorher.
Die Schüler bemühen sich, die Teiltests zuhause gut vorzubereiten. Weil es weniger ist, wird die Vorbereitung einfacher.

Kommentar: Diese Vorgehensweise macht es schwächeren Schülern leichter, weil sie nicht mehr einen Berg von Aufgaben bewältigen müssen. Vorbereitung, Stoff und Teiltest sind überschaubar. Die Schüler können eher das Gefühl entwickeln, daß das Ergebnis von ihnen *selbst* abhängt und nicht von *äußeren* Umständen.
Der Faktor ‚Kurzzeitgedächtnis‘ wird dadurch ausgeschaltet, daß der Teiltest erst eine Woche später geschrieben wird.

Das Training der realistischen Selbsteinschätzung besteht darin, daß jeder Schüler seine Leistung daraufhin beurteilen muß, wieviel Punkte sie erbringen wird. Die kurzfristige Rückmeldung über die tatsächlich erreichte Punktzahl informiert ihn darüber, inwieweit er sich über- oder unterschätzt.
Erwartet wird insgesamt, daß die Schüler feststellen, daß sie *besser* sein können als sie denken (Änderung des Selbstbildes) und gleichzeitig ihre Selbsteinschätzung zunehmend realistischer, d. h. genauer wird.

Die folgende Abbildung zeigt einen Teiltest aus dem Erdkundeunterricht:

Name: .... geschätzte Punktzahl: ....
erreichte Punktzahl : ....

1. Trage die Alpenländer in die Skizze ein! (2 Punkte)

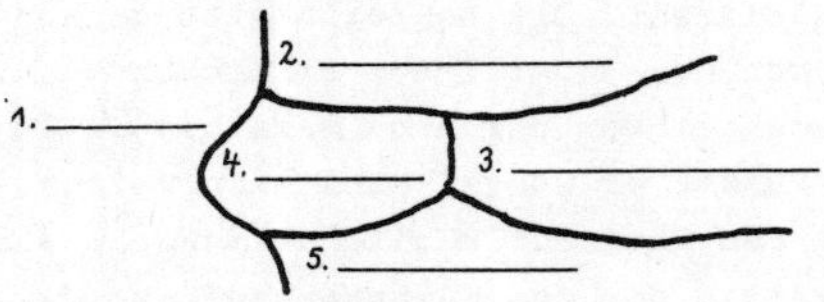

2. Nenne zwei Merkmale des Hochgebirges! (2 Punkte)
....
....

3. Nenne drei verschiedene Schutzmaßnahmen gegen Lawinen! (3 Punkte)
....
....
....

Abb. 1. Teiltest aus der Unterrichtseinheit ‚Hochgebirge'. Der Schüler trägt seinen Namen ein und beantwortet die Testaufgaben. Danach schätzt er ein, welche Punktzahl er bei diesem Teiltest erreichen wird. Die Lehrerin trägt bei der Korrektur des Tests die tatsächlich erreichte Punktzahl darunter ein. Die Differenz gibt jedem Schüler an, wieweit er sich unter- oder überschätzt.
Außerdem gibt das ‚Zwischenergebnis' jedem Schüler wichtige Informationen darüber, ob er sich beim nächsten Mal noch mehr anstrengen muß, um ein ausreichendes Gesamtergebnis zu erzielen, oder ob sein Teilergebnis schon gut genug ist.

7. Verlauf und Ergebnis

Den Schülern gefiel das Vorgehen, nachdem sie gemerkt hatten, daß sie tatsächlich besser mit dem Stoff zurechtkamen. Von ihnen kam selbständig der Vorschlag, Teiltests auch im Englischunterricht einzuführen.
Auch die Lehrerin war nach anfänglicher Skepsis von der Methode überzeugt und führte sie in anderen Fächern ein.

„Ich finde die Methode sehr gut, weil die Schüler in kleinen Schritten lernen können. Durch die rasche Rückmeldung wissen sie, daß es sich lohnt, sich anzustrengen. Ich habe auch insgesamt das Gefühl, daß Detailinformationen recht gut behalten wurden und daß die Schüler in dieser Unterrichtseinheit viel gelernt haben."

Die Sichtweise der Schüler wurde deutlich, als während der Unterrichtseinheit ein Schüler einem „Neuen" den Grund für das Vorgehen erklärte: „Manche Schüler glauben immer, sie seien blöde und dabei sind sie das gar nicht. Beim Einschätzen merkt man dann auf einmal, daß man gar nicht so doof ist, wie man glaubt, sondern viel mehr weiß".
Die folgende Abb. 2 zeigt das Ergebnis der Methode anhand der Leistungsverbesserungen der Gruppe schwächerer Schüler im Fach Erdkunde/Geschichte.
Während die schwächeren Schüler der Klasse im ersten Halbjahr weniger als 40% der Punkte erreichten und damit „5 oder 6" standen, lagen alle anderen über 70%. Während der Intervention wurden die besseren nicht besser, sondern nur die neun schwächeren Schüler steigerten ihre Ergebnisse erheblich. Sie sind zwar immer noch schlechter als die anderen, aber der Unterschied ist sehr gering geworden. Und was für die Entwicklung eines positiven Selbstbildes am wichtigsten ist: Kaum einer steht noch auf „Fünf".
Die Selbsteinschätzungen der Schüler wurden im Laufe der Intervention ‚schlechter': sie begannen sich nach den ersten Erfahrungen systematisch zu unterschätzen. Wenn z. B. 7 Punkte erreichbar waren und ein Schüler glaubte, daß er vier tatsächlich erreicht hatte, so trug er ‚sicherheitshalber' eine 2 oder 3 ein. Die Selbsteinschätzungen wirkten somit wie

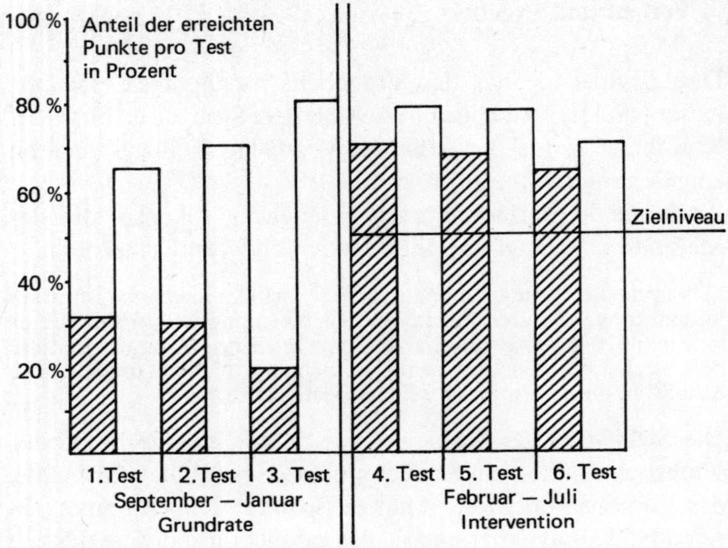

Abb. 2. Die Säulen stellen den Anteil erreichter Punkte an der möglichen Punktzahl pro Test dar. Wenn z. B. in einem Test 20 Punkte erreichbar waren, so hätte ein Schüler mit 10 Punkten 50% erreicht. Die schraffierten Säulen geben die Ergebnisse der neun schwächsten Schüler wieder, die weißen Säulen die der anderen.

ein Training in der Setzung von Ansprüchen. Diese Tendenz spiegelt sich in der Verringerung von Überschätzungen wider. Während sich in den ersten drei Teiltests noch durchschnittlich 7 Schüler überschätzten, waren es in allen weiteren Teiltest nur noch 2-3 Schüler.

Diese Schüler werden in Zukunft noch mehr trainiert, sich selbst realistisch einzuschätzen.

Abbau der Spannungen zwischen der Lehrerin und den Jungen sowie den Mädchen und Jungen in einer 6. Klasse eines Gymnasiums (A. Freese / H. Freiburg)

1. Rahmenbedingungen

Die Lehrerin unterrichtete die 12 Jungen und 22 Mädchen in ihrer Klasse an 10 Stunden in der Woche. Die Intervention lief über 5 Wochen jeweils in zwei Stunden.
Als Mehrbelastung ergab sich nach jeder Interventionsstunde eine Pause für die Auswertung. Eine Einschränkung bedeutete die Intervention für die Lehrerin hinsichtlich der Notwendigkeit, für jede Interventionsstunde eine Gruppenarbeitsphase einzuplanen. Das kam ihr manchmal aufgesetzt vor. Die Regeleinhaltung gegenüber den Schülern empfand sie dagegen als große Hilfe.

2. Problemsicht der Schüler

Die Intervention ging auf eine Initiative der Schüler zurück. In einer Stunde bei einem Fachlehrer, der gleichzeitig stellvertretender Klassenlehrer war, beschwerten sie sich massiv über die Situation in der Klasse.
Vor allem die Jungen fühlten sich von der Lehrerin nicht akzeptiert: „Sie will, daß ihre Klasse die beste ist", „Sie will die Klasse immer besser haben als sie ist", „Wenn sie uns drannimmt, läßt sie uns zappeln".
Andere Vorwürfe gingen in die Richtung, sie behandele die Schüler wie eine erste Klasse und sie machten lauter „Baby-Kram".
Sie kritisierten außerdem ungeduldige Reaktionen ihrer Lehrerin im Unterricht wie Schreien, wenn sich nur 4 Schüler

melden oder „ich werfe den Kram hin, wenn jetzt nicht alle Schüler spielen".
Schließlich fühlten sich die Jungen auf der gerade abgeschlossenen Klassenfahrt vernachlässigt. Die Lehrerin sei nicht einmal in das Haus der Jungen gegangen, hätte ihnen nicht gute Nacht gesagt und hätte sich beim Essen nur selten zu ihnen gesetzt. Diese Bevorzugung der Mädchen zeigte sie auch im Unterricht, so ermahnte sie Jungen viel häufiger als Mädchen und wäre zu den Mädchen generell freundlicher.

Kommentar: Abweichend von der generell praktizierten Handlungsstrategie wurde hier die Problemanalyse durch die Schüler ausgelöst. Sie äußerten ihre Sicht des Problems und brachten auf diese Weise die Lehrerin dazu, sich dem Problem zu stellen und ihre Sichtweise zu formulieren.

3. Problemsicht der Lehrerin

Die Lehrerin war zunächst sehr betroffen über die Heftigkeit der Vorwürfe. Sie reflektierte die Situation gemeinsam mit der Beratungslehrerin, fragte sich, was an den Vorwürfen der Schüler berechtigt sei und unterschied am Ende des Gesprächs zwei hauptsächliche Problembereiche, die eng miteinander verbunden waren.

(1) Spannungen zwischen Lehrerin und Jungen	Die Lehrerin fühlte sich auf der Klassenreise bei den Jungen nicht wohl, Jungen lehnen Vorschläge für Arbeitsaufgaben und Spiele durch die Lehrerin ab, Lehrerin ermahnt Jungen häufiger als Mädchen.
(2) Spannungen zwischen Jungen und Mädchen	Jungen zeigen ablehnende Reaktionen gegenüber Mädchen, Jungen streichen sich aus Listen aus, auf denen sich Mädchen eingetragen haben, Jungen greifen Mädchen wegen ihrer Interessen für Puppen und Tanzen an („alle Mädchen sind total bescheuert").

Zielverhalten aus der Sicht der Lehrerin:
Jungen und Mädchen arbeiten gut zusammen, lehnen Zusammenarbeit nicht ab.
Die Lehrerin und die Jungen akzeptieren sich gegenseitig und lehnen sich nicht mehr ab.
Die Lehrerin ist sicherer im Umgang mit den Jungen.

4. Konkretisierung der Problemsicht der Schüler

Um herauszubekommen, ob die genannten Vorwürfe gegen die Lehrerin die Meinung nur einer Minderheit der Jungen darstellte, oder ob sie eine breitere Grundlage in der ganzen Klasse hatten, wurden die einzelnen Kritikpunkte als Aussagen in einem Fragebogen formuliert, denen die Schüler jeweils zustimmen oder sie ablehnen konnten. Auf diese Weise sollten Verzerrungen in der Wahrnehmung der Problemsicht der Schüler durch besondere Gewichtung der Aussagen von Wortführern möglichst ausgeglichen werden. Die Schüler brauchten auf den Fragebogen keine Namen zu notieren.

Fragebogen: Junge ( ) Mädchen ( )

1. Unsere Klassengemeinschaft ist so, wie ich es mir in einer guten Klasse vorstelle.

   ja ( ) nein ( )

2. Ich möchte gern neben einem Jungen/Mädchen sitzen.

   ja ( ) nein ( )

3. Es macht mir nichts aus, neben einem Jungen/Mädchen zu sitzen.

   ja ( ) nein ( )

4. Ich arbeite nicht gern in einer Gruppe, in der auch Jungen/Mädchen mitarbeiten.

   ja ( ) nein ( )

5. Der Zusammenhalt zwischen Jungen und Mädchen in unserer Klasse ist gut.

   ja ( ) nein ( )

6. Ich finde es gut, wenn Jungen und Mädchen auf Klassenfesten zusammen tanzen.

ja ( ) nein ( )

7. Unsere Klassenlehrerin versucht alles, um das Verhältnis zwischen Jungen und Mädchen (noch) besser zu machen.

ja nein ( )

8. Unsere Klassenlehrerin zieht die Mädchen vor.

ja nein ( )

9. Unsere Klassenlehrerin zieht die Jungen vor.

ja nein ( )

1o. Unsere Klassenlehrerin müßte sich mehr um die Jungen kümmern.

ja ( ) nein ( )

11. Unsere Klassenlehrerin möchte, daß unsere Klasse immer die beste ist.

ja ( ) nein ( )

12. Unsere Klassenlehrerin wird leicht ungeduldig und schreit die Klasse dann an.

ja ( ) nein ( )

13. Wenn unsere Klassenlehrerin jemanden anschreit, sind es meistens

die Jungen ( ) die Mädchen ( )

die ganze Klasse ( )

14. Unsere Klassenlehrerin behandelt uns wie kleine Kinder.

ja ( ) nein ( )

15. Ich finde unsere Klassenlehrerin dufte.

ja ( ) nein ( )

Ergebnisse der Schülerbefragung:

- Die Beziehung zwischen Jungen und Mädchen wird von den Schülern als schlecht eingeschätzt.
- Die Lehrerin zieht die Mädchen vor und müßte sich mehr um die Jungen kümmern.
- Die Lehrerin wird leicht ungeduldig und schreit die Klasse, besonders die Jungen, dann an.

– Die Mädchen finden die Lehrerin dufte, die Jungen dagegen lehnen sie ab.

5. Bedingungsmodell – Gegenüberstellung der Problemsichten

Problemsicht der Lehrerin:	Jungen und Mädchen arbeiten nicht zusammen, Jungen lehnen Mädchen ab, Jungen lehnen Vorschläge und Verhalten der Lehrerin ab.	L. reagiert darauf verunsichert, bittet um Zusammenarbeit, versucht zu begründen und zu überzeugen; zeigt Enttäuschung, schimpft.
Problemsicht der Jungen:	L. zieht Mädchen vor, müßte sich mehr um Jungen kümmern, L. wird leicht ungeduldig und schreit Jungen an, Mädchen spielen keine richtigen Spiele, sind „blöde“.	Darauf reagieren die Jungen mit Ablehnung der Lehrerin und der Mädchen.
Problemsicht der Mädchen:	Die Verständigung mit den Jungen ist schlecht, z. B. tanzen sie trotz Aufforderung nicht mit, L. wird den Jungen gegenüber zu leicht ungeduldig.	Sie ziehen sich von den Jungen zurück, finden die Lehrerin „dufte“.

Alle drei Gruppen (Jungen, Mädchen, Lehrerin) sahen die Probleme ähnlich und wollten diesen Zustand ändern. Da über die Probleme in der Klasse nicht gesprochen wurde, hatte jeder Beteiligte nur die problematischen Verhaltensweisen der anderen Seite im Auge.
Die Zusammenstellung der Sichtweisen ergab, daß die gleichen Wahrnehmungen jeweils ganz unterschiedlich akzentuiert wurden.

6. Gemeinsame Zielbestimmung

Aus dem Bedingungsmodell ergab sich als Gesamtziel:
Abbau der Spannungen zwischen Jungen-Mädchen, Jungen-Lehrerin und Aufbau positiver Beziehungen.
Teilziele:
(1) Die Zusammenarbeit zwischen Jungen und Mädchen soll verbessert werden.
(2) Jungen und Mädchen sollen sich gegenseitig akzeptieren, d. h. einander achten und dieses durch freundliches Ansprechen zum Ausdruck bringen.
(3) Die Lehrerin möchte die Leistungen und Verhaltensweisen der Jungen besser wahrnehmen und anerkennen.
(4) Die Lehrerin möchte im Umgang mit den Jungen mehr Sicherheit gewinnen.

Für diese Teilziele konnten keine Zielwerte aufgestellt werden. Dies lag möglicherweise daran, daß es nicht gelungen war, konkretere Indikatoren für die Verbesserung der Beziehungen der Interaktionspartner untereinander zu definieren. Für die Planung konkreter Maßnahmen mußten die Ziele weiter konkretisiert werden, damit sie für die Schüler in Form von Regeln handlungsleitend werden konnten.
Regel 1:
Wenn Partner- oder Gruppenarbeit angesagt ist, sollen Jungen und Mädchen sich gegenseitig um Zusammenarbeit bitten (Beispiele: Hast du Lust, mit mir zusammenzuarbeiten? Wollen wir es vielleicht zusammen machen?)

Regelverstoß:
Wenn ein Junge einen Jungen und ein Mädchen ein Mädchen um Zusammenarbeit bittet.
Regel 2:
Ein Junge/Mädchen soll die Bitte eines Mädchens/Jungen um Zusammenarbeit annehmen (Beispiel: Ja, gut, laß es uns zusammen machen).
Regelverstoß:
Ein Junge (Mädchen) lehnt die Bitte eines Mädchens (Jungen) um Zusammenarbeit ab. Mitschüler lachen oder machen sich lustig darüber, daß ein Junge ein Mädchen oder ein Mädchen einen Jungen um Zusammenarbeit bittet.
Regel 3:
In der Gruppenarbeit sollen sich Jungen und Mädchen gegenseitig ansprechen.
Regelverstoß:
Während der Gruppenarbeit sprechen Mädchen Mädchen und Jungen Jungen an.
Regel 4:
Die Zusammenarbeit in den Gruppen zwischen Jungen und Mädchen soll besser werden, sie sollen gemeinsam Lösungen überlegen, gegenseitig Beiträge akzeptieren, sich gemeinsam an der Arbeit beteiligen.
Regelverstoß:
Jungen und Mädchen motzen sich in der Gruppenarbeit gegenseitig an, arbeiten nicht zusammen.

Kommentar: Diese Regeln wirken schematisch und einengend. Das spontane Bedürfnis, gleichgeschlechtliche Mitschüler anzusprechen, wird unterbunden.
Dieses Vorgehen läßt sich so begründen: Die Jungen und Mädchen in dieser Klasse haben keine Übung in Kontaktaufnahme und Zusammenarbeit miteinander. Die Intervention hilft ihnen, dieses zu lernen und damit die gegebenen Verhaltensmöglichkeiten zu erweitern.
Wenn Kontakte zwischen Mädchen und Jungen genauso häufig sind als untereinander, sind die Regeln überflüssig.

Lehrerregel:
Die Lehrerin äußert Anerkennung für Beiträge der Jungen und Mädchen. Sie reagiert freundlich auf Schüler.

Regelverstoß:
Die Lehrerin ermahnt, kritisiert und schimpft mit Jungen oder Mädchen.
Die Schüler sollten ihr Verhalten selbst beobachten. Dazu sollte jeder einen Bogen erhalten, in den er Regeleinhaltung und Regelverstoß selbst eintragen sollte. Die Intervention sollte jeden Tag in einer Stunde durchgeführt werden.
Das Verhalten der Lehrerin sollte durch Fremdbeobachtung der Schüler registriert werden, um zu sehen, wie gut sie ihr Verhalten verändert. In jeder Interventionsstunde sollte ein anderer Schüler sie beobachten und ihr Verhalten in einen Kontrollbogen eintragen.
Die Intervention sollte die Form eines mündlichen Abkommens haben, das seine Verbindlichkeit durch die Selbstbeobachtungs- und Fremdbeobachtungsbogen erhielt. Damit zu erkennen ist, ob sich das Verhalten der Jungen, Mädchen und der Lehrerin ändert, sollten die Ergebnisse in ein Schaubild eingetragen werden.

7. Verlauf der Intervention und Ergebnisse

Die Interventionsstunden liefen so ab: Die Lehrerin gab zu Beginn jedem Schüler einen Selbstbeobachtungsbogen mit den Schülerregeln. Ein Schüler erhielt den Beobachtungsbogen zum Lehrerverhalten mit den Kategorien „Verstärkung“ und „Ermahnung“. Die Beobachtungsbogen wurden nach der Stunde von der Lehrerin eingesammelt, in der Pause ausgewertet und zu Beginn der nächsten Stunde als Eintragung im Schaubild in der Klasse zurückgemeldet.
Es traten zwei Schwierigkeiten auf. Die Schüler, die das Verhalten der Lehrerin beobachteten, brauchten ein Training im Zuordnen ihrer Reaktionen zu den beiden Kategorien. Während sie zunächst nur herausragendes Lob („Ganz toll!“) und herabsetzendes Schimpfen („Setz dich gefälligst hin!“) zuordnen konnten, lernten sie auch schwächere Äußerungen von Anerkennung und Ermahnung zu registrieren. Um diesen

Lerneffekt nicht bei jedem beobachtenden Schüler neu zu haben, nahmen zwei Schüler abwechselnd die Rolle des Beobachters ein.
Als zweite Schwierigkeit stellte sich die geringe Zahl der Jungen in der Klasse heraus. Die Möglichkeiten der Bitte um Zusammenarbeit und ihre Annahme war dadurch begrenzt. Es konnten sich immer nur soviele Partnerschaften bilden, wie Jungen in der Klasse waren. Die Hälfte der Mädchen arbeitete dann gezwungenermaßen unter sich.
Die Intervention ging über einen Zeitraum von fünf Wochen und wurde wöchentlich zweimal eingesetzt. Die Lehrerin hielt in einer Nachbefragung das Teilziel Verbesserung der Beziehung zu den Jungen für weitgehend erreicht, während die Zusammenarbeit von Jungen und Mädchen erst zum Teil erfolgreich war. Sie machte diese Einschätzung an der noch nicht ausreichenden Übertragung der Ergebnisse auf andere Stunden fest.
Einzelne Beobachtungen stützten jedoch die Erwartung, daß die Intervention übergreifende Veränderungen in der Beziehung zwischen Jungen und Mädchen ausgelöst hat: Die Sitzordnung wurde auf Wunsch der Schüler so geändert, daß gemischte Tischgruppen entstanden. Im Werkunterricht arbeiteten vereinzelt Jungen und Mädchen zusammen. Jungen und Mädchen unternahmen gemeinsam etwas in der Freizeit, verabredeten sich zu einer Radtour, spielten Fußball zusammen, boten sich gegenseitig Hilfe an beim Üben für Klassenarbeiten.
Im Abschlußgespräch betont die Lehrerin noch einmal, wie schwer es ihr gefallen sei, die massive Kritik der Jungen zu akzeptieren, wie erschrocken sie dann gewesen sei, als die ersten Beobachtungen ihres Verhaltens bestätigten, daß sie die Jungen viel häufiger ermahnte als die Mädchen, und wie außerordentlich hilfreich sie die Verhaltensregeln für sich empfand. Sie habe gelernt, auf Ermahnungen weitgehend zu verzichten.
Den Schülern wurde nach Abschluß der Intervention noch einmal der Fragebogen zum Einschätzen der Probleme in der

Klasse gegeben. Im Vergleich der ersten zur zweiten Auswertung sollten sich die Effekte des Vorgehens niederschlagen. Die Beratungslehrerin faßte die Ergebnisse zusammen: „In den Augen der Schüler hat das Projekt in der Klasse leichte Erfolge im Hinblick auf die Verbesserung des Verhältnisses zwischen Jungen und Mädchen gebracht. Es gibt keine Ablehnung mehr, neben einem andersgeschlechtlichen Partner zu sitzen. Die Schüler sehen Verbesserungen im Zusammenhalt der Klasse, sind damit aber noch nicht zufrieden.
Deutlich verbessert hat sich das Verhältnis der Lehrerin zu den Jungen, wie sie auch selbst angibt. Sie hat ihr Verhalten stärker gesteuert‘ (‚Geduld‘), kümmert sich mehr um die Jungen, zieht Mädchen weniger vor (nach Einschätzung der Jungen). Die Kritik am Verhalten der Lehrerin gegenüber der Klasse ist zurückgegangen: alle finden, daß sie sich sehr um die Verbesserung der Beziehungen zwischen Jungen und Mädchen bemüht und einige Jungen finden sie jetzt sogar ‚dufte‘."
Vier Wochen nach Abschluß des Projekts hatten sich die Ergebnisse nicht nur stabilisiert, es waren weitere Fortschritte festzustellen.

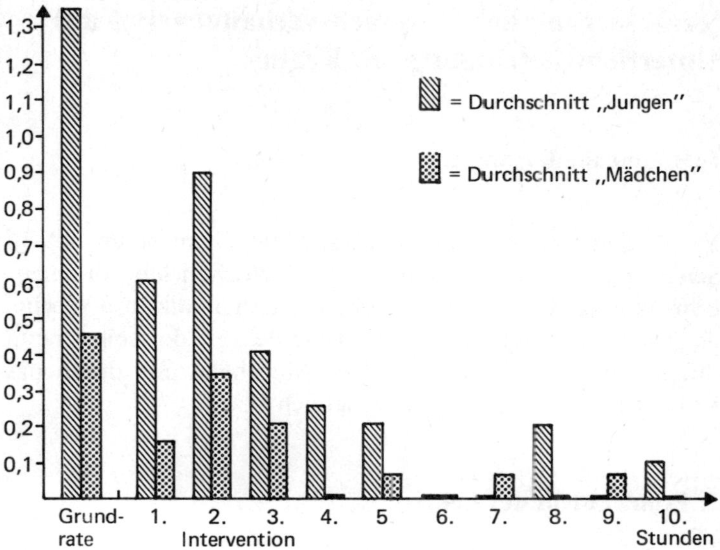

Abb. 1. Vergleich der durchschnittlichen Häufigkeiten von Ermahnungen der Lehrerin gegenüber Jungen und Mädchen pro Unterrichtsstunde.

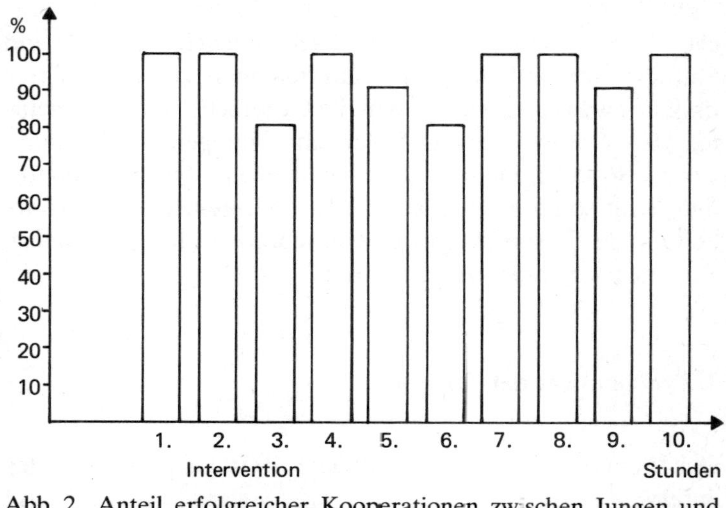

Abb. 2. Anteil erfolgreicher Kooperationen zwischen Jungen und Mädchen an der Gesamtzahl möglicher Kooperationen.

Verbesserung des Gesprächsverhaltens und der Unterrichtsbeteiligung (E. Krohn)

1. Rahmenbedingungen

Es handelt sich um eine 6. Klasse am Gymnasium mit 36 Schülern. Die Intervention wurde 6 Wochen lang durchgeführt in jeweils 2 Stunden (Englisch, Mathematik) pro Woche. Sie wurde durchgeführt vom Klassenlehrer, der selbst neun Stunden in der Klasse gibt. Die Mehrbelastung durch das Projekt fand der Lehrer „unerheblich“.

2. Problemsicht des Lehrers

Den Lehrer stört es, daß die Gespräche nur von einer Minderheit getragen werden: „Wenn sich die Gesprächspartner an einem Thema festbeißen, nimmt die Aufmerksamkeit der anderen ab, sie schauen auf die Uhr und führen Seitengespräche“. Dies trifft insbesondere im Fachunterricht (Englisch und Mathematik) und bei Klassendiskussionen zu. Der Lehrer findet es wünschenswert, wenn die Gesprächs-Interaktion unter den Schülern etwas freier und anregender verlaufen würde. So sollen mehr Schüler beteiligt sein. Im Mathematikunterricht sollte es möglich sein, bei der gemeinsamen Erarbeitung des Lösungsweges eine größere Anzahl von Schülern unterrichtsorientiert zu aktivieren.

3. Problemsicht der Schüler

Der Lehrer führt eine schriftliche Befragung der Schüler durch.

<u>Beispielfragen:</u>

Ich finde die Antworten und Beiträge der Mitschüler interessant.

Ja ( ) teils/teils ( ) nein ( )

Ich beteilige mich gern aktiv.

Ja ( ) teils/teils ( ) nein ( )

Der Lehrer redet zu oft dazwischen.

Ja ( ) teils/teils ( ) nein ( )

Aus der Beantwortung geht deutlich hervor:

- Die meisten Schüler glauben, daß sie etwas zum Unterrichtsgespräch beitragen können; sie finden die behandelten Themen und die Beiträge ihrer Mitschüler interessant und wollen sich gern aktiv beteiligen.
- Ein Drittel gibt an, nicht ausreichend formulieren zu können und Angst vor Blamagen zu haben.
- Das Lehrerverhalten finden die Schüler in Ordnung.
- Ein Viertel findet, daß die Themen zu sehr zerredet werden.

4. Bedingungsmodell

Der Lehrer schätzt, daß sich nur ¹/₃ der Schüler aktiv beteiligen. Dagegen wollen aber ²/₃ der Schüler gerne aktiv beteiligt sein. Es fällt auf, daß genau ¹/₃ der Schüler sich selbst Formulierungsschwierigkeiten zuschreiben und Angst vor Blamagen haben. Der Lehrer geht davon aus, daß die mangelhafte Beteiligung und das geringe Ausmaß, auf Beiträge der Mitschüler einzugehen, im wesentlichen durch die Formulierungsschwierigkeiten und die daraus resultierende Angst bedingt ist. Nur rezeptiv-beteiligte Schüler haben es schwerer, über längere Zeit dem Unterricht zu folgen, als aktiv beteiligte. Wenn sich aktive Gesprächspartner an einem Thema ‚festbeißen', wird das Thema in den Augen einiger anderer zerredet. Ihre Aufmerksamkeit nimmt ab, sie schauen auf die Uhr und führen Seitengespräche.

5. Gemeinsame Zielsetzung

Insgesamt soll der Prozentsatz der Schüler, die sich aktiv beteiligen, erhöht werden. ‚Beteiligung' bedeutet hier, daß Schüler – besonders im Klassengespräch – direkt auf die Beiträge ihrer Mitschüler eingehen.
Der *Lehrer* soll sich in Zukunft zurückhalten, mehr Geduld zeigen, nur Impulse eingeben und die im Gespräch notwendigen Korrekturen durch Mitschülerbeiträge ermöglichen.
Die *Schüler* sollen grundlegende Gesprächsregeln beachten, ihre Ausdauer erhöhen und die ‚Gehemmten' sollen mehr Selbstvertrauen zeigen.
Der Lehrer zerlegt dieses Gesamtziel in drei Teilziele:

- ▶ Geordnetes Unterrichtsgespräch durch Vereinbarung von Regeln, denen auch Lehrer und „Vielredner" unterworfen sind (Teilziel 1).
- ▶ Mehr Beteiligung bei mehr Schülern (Teilziel 2).
- ▶ Mehr Selbstvertrauen der weniger redegewandten Schüler durch Partnerarbeit mit anschließendem Vortrag der Ergebnisse (Teilziel 3).

6. Interventionsplan

Im Unterrichtsgespräch sollen Schüler mit Hilfe des Lehrers Kommunikationsregeln aufstellen. Diese Regeln sollen an eine Wandtafel geschrieben werden und in bestimmten Stunden gelten.
Die endgültige Fassung der Regeln soll von der gesamten Klasse einstimmig beschlossen werden.
Die Regeln beinhalten,

- daß alle Schüler zu Wort kommen,
- daß sie auf ihre Beiträge gegenseitig eingehen,
- daß nur zum Thema geredet wird,
- und daß jeder genug Zeit hat, um in Ruhe auszureden.

Als Interventionsmethode soll die Selbstbeobachtung der einzelnen Schüler hinsichtlich der Regeleinhaltung eingesetzt werden. Die folgenden beiden Beispiele zeigen Selbstbeobachtungsbögen eines ‚gehemmten' und eines ‚aktiven' Schülers.

	Name: Ulrich	Gesprächspartner	
Datum	Antwort,Frage,Beitrag	Lehrer	Schüler
13.7.77 Englisch	+ - + +	//	//
Mathe	+	/	
14.7.77 Englisch	+	/	
Mathe	+ +	//	

	Name: Franz	Gesprächspartner	
Datum	Antwort,Frage,Beitrag	Lehrer	Schüler
13.7.77 Englisch	+ + + + + + + + +	///	~~////~~ /
Mathe	+ + + - - + + + +	////	~~////~~
14.7.77 Englisch	+ + +	/	//
Mathe	+ + + + + + + +	////	////

Kommentar:
In dieser Klasse lag kein schwerwiegendes Problem vor. Diese Intervention ist eher aufzufassen als eine *Anleitung zum sozialen Lernen* im Bereich des Gesprächsverhaltens der Schüler untereinander.

Diese Struktur wird dadurch besonders betont, daß ausschließlich positive Ziele, d. h. *auf*zubauendes Verhalten im Vordergrund steht. Bei ‚größeren' Problemen steht meistens der *Ab*bau eines bestimmten Verhaltens im Vordergrund. Es geht also um das Erlernen bestimmter Kommunikationsformen. Eine Belohnung ist hier nicht notwendig. Die Beziehung zwischen Lehrer und Klasse ist hinreichend stabil. Die Schüler haben ausreichendes Interesse am Thema und den Beiträgen der Mitschüler. Wenn sie dieses Interesse nicht realisieren, dann liegt es daran, daß im Gesamtklassenverband bestimmte Regeln noch nicht gelernt worden sind. Diese Regeln stehen im Vordergrund.
Der Schüler notiert zunächst seinen Beitrag (Frage, Antwort) in der 1. Spalte. Dabei kennzeichnet er korrekte Antworten mit einem „+", falsche mit einem „−". Dann gibt er in der 2. oder 3. Spalte an, ob dieser Beitrag an den Lehrer oder an Schüler gerichtet ist. Die Daten aus den Selbstbeobachtungen werden über alle Schüler addiert und dienen somit auch als Erfolgskontrolle für die ganze Klasse (Abb. 1).

Zusätzlich wurde zu Beginn der Intervention durch jeweils 2 Schüler anhand des folgenden Beobachtungsbogens erhoben, wieviele Schüler wieviele Beiträge leisten und welcher Art diese Beiträge sind:

Name	Beitrag		Beitrag	
	kurzer	langer	spontan-aktiver	auf Aufforderung
Karl				
Georg				
Hans				
usw.				

Jeder Beitrag wird zweimal notiert: zum ersten in Spalte 1 oder 2 (kurzer oder langer Beitrag), zum zweiten in der 3. oder 4. Spalte (spontan-aktiver oder reaktiver Beitrag). Die Ergebnisse dieser Fremdbeobachtung gehen in die Darstellung der nächsten Abbildung ein.

7. Verlauf und Ergebnisse

Die folgende Abbildung zeigt die Zahl der Schüler für einzelne Unterrichtsstunden, die sich *nicht* beteiligt haben (keinen Beitrag oder Meldung). Die Grundrate wurde vom Lehrer geschätzt. Am 8. Juni schätzte der Lehrer die Beteiligung bei dem Gespräch über die Intervention auf 60%, d. h. nur 40% lieferten keinen Beitrag.
Am 9., 10. und 13. Juni beobachteten 2 Schüler ihre Mitschüler und zeichneten auf (s. S. 3), wer sich in welcher Weise beteiligte. Hier galten schon die Regeln (Vorversuch). Danach folgte eine einmonatige Trainingsphase, aus der keine Daten vorliegen. Die Daten vom 13. bis 21. Juli stammen aus der Abschlußphase der Intervention (Selbstbeobachtung).

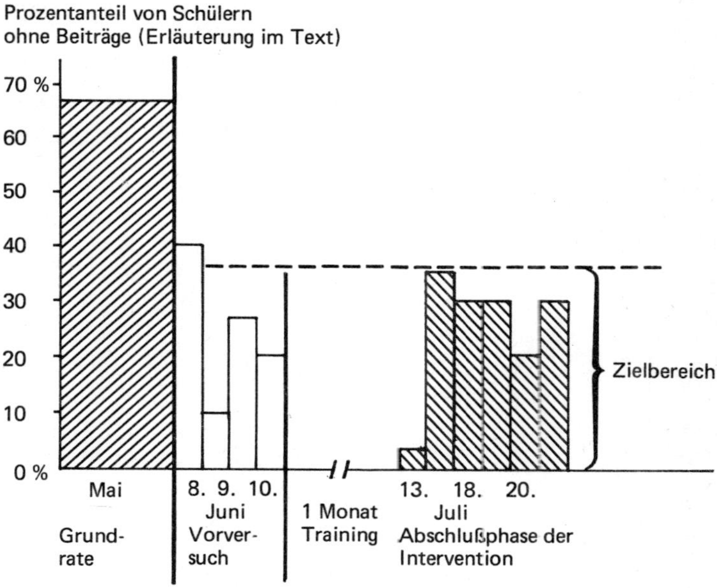

Im Verlauf der Intervention fällt die Zahl der Schüler ohne Beiträge deutlich ab. Der Effekt bleibt stabil. Eine Belohnung oder Korrektur der Intervention war nicht notwendig. Im

Schnitt liegt der Anteil der beteiligten Schüler über 70%. Die Schwankungen an den einzelnen Tagen sind vermutlich auf unterschiedliche Fächer und Themen zurückzuführen.
Der Lehrer sieht das 1. Teilziel (geordnetes Unterrichtsgespräch) als „weitgehend erreicht" an.
Das 2. Teilziel (mehr Beteiligung bei mehr Schülern) ist seiner Wahrnehmung nach „vollständig erreicht".
Das 3. Teilziel (Selbstvertrauen) jedoch ist nur „teilweise verbessert".
Die Effekte führt der L. im wesentlichen darauf zurück, daß

- die Schüler *mitverantwortlich* am Projekt beteiligt waren,
- die Selbstbeobachtung für die Ss eine neue, interessante Lernmethode war, die ihr *Interesse an der Rückmeldung* über ihre Lernfortschritte und Leistungen befriedigte,
- bei ihnen die *Einsicht vertieft* wurde, daß Unruhe die gemeinsame Arbeit erschwert und verbesserte Kommunikation mehr Spaß macht.

Schließlich ist noch zu erwähnen, daß nach Auffassung des L. und der Fachlehrer auch in den Stunden ohne die Intervention erhöhte Beteiligung und verbessertes Gesprächsverhalten festzustellen war.

Mangelnde Beteiligung, Unruhe und häufige Zwischenrufe (H. Rüsch, G. Naber)

1. Rahmenbedingungen

7. Schuljahr (Gesamtschule): 19 Mädchen, 9 Jungen; die Intervention führte der Fachlehrer im Mathematikkurs durch. Er unterrichtete 3 Stunden pro Woche in dieser Gruppe. Der Klassenlehrer und zwei weitere Fachlehrer waren über das Vorgehen informiert und zeigten sich sehr interessiert. Die zeitliche Mehrbelastung betrug etwa 2 Stunden pro Woche. Interventionsdauer: 7 Wochen. Psychisch belastet fühlte sich der Lehrer nur zu Beginn: „Nur das Organisatorische hat zu Beginn Wirbel im Unterricht verursacht. Sonst war ich froh, daß es so gut klappte und fühlte mich überhaupt nicht eingeschränkt.“

2. Problemsicht des Lehrers

„Der Kurs setzt sich aus zwei Klassen zusammen. Die Folge sind zwei rivalisierende Gruppen. Dies wirkt sich aus in gegenseitiger Abwertung, gegenseitigem Zuschieben von Unterrichtsstörungen, Kämpfen um die Sitzordnung und starker Abgrenzung der Gruppen.
Die Unterrichtsarbeit wird gestört: Arbeitsanweisungen werden nicht genügend befolgt, die Schüler unterhalten sich zuviel privat (Unruhe), einige Schüler rufen laut dazwischen, viele beschäftigen sich mit fachfremden Dingen, Aufforderungen des Lehrers, ruhig zu sein, werden nicht genügend beachtet.
Eine Ursache ist meine Unerfahrenheit mit Schülern dieser Schulart und Altersgruppe, weil ich erst ganz neu Lehrer bin. Die Schüler sind straffes Arbeiten nicht gewohnt. Ich habe versucht, straffer zu sein: schärferes Eingreifen (Lautwerden),

klare Arbeitsanweisungen, bei Störverhalten Entfernung des Schülers aus dem Unterricht."

Konkretisierung des Problems:

Die Benennung von Problemverhaltensweisen, die Zusammenfassung zu Problembereichen und die Schätzung der Häufigkeiten je Problembereich ergab folgendes Bild:

Zwischenrufe sachfremdes und sachbezogenes Dazwischenrufen	4 Schüler je 8-10mal in 45 Minuten
Privatunterhaltung Schüler unterhalten sich gruppen- oder paarweise, gehen einer fachfremden Beschäftigung nach.	2 Gruppen von je 5 Schülern insgesamt 15 Minuten lang in jeder Stunde
Nicht-Befolgen von Arbeitsanweisungen Arbeitsanweisungen werden nur langsam und nach wiederholter Aufforderung befolgt. Aufforderung zum Unterrichtsbeginn wird kaum beachtet.	9 Schüler 1-2 Nachfragen je Schüler zu Beginn: 5-7 Minuten Wartezeit

Zielverhalten der Schüler aus Lehrersicht:

Nach den Vorstellungen des Lehrers sollen die Schüler *nach* der Intervention:
- größeres Interesse an der Sache zeigen
- aufmerksam dem Unterricht folgen
- sachbezogene weiterführende Fragen stellen
- Erfolgserlebnisse haben und positiv eingestellt sein
- Arbeitsaufträge nur mit sachbezogener leiser Unterhaltung erledigen
- Zusatzaufgaben lösen, wenn sie die vorgegebenen Aufgaben erledigt haben.

Kommentar: der Lehrer war zu diesem Zeitpunkt noch nicht in der Lage, die Ziele der Intervention konkret zu benennen. Die ausgeführten Ziele sind eher Idealvorstellungen als realistische Maßstäbe für den Erfolg späterer Maßnahmen. Die Spezifizierung der Ziele muß im Laufe der Interventionsplanung weiterentwickelt werden.

Als Hilfestellung für den Lehrer, dem es schwer fiel, die Häufigkeiten des Problemverhaltens zu schätzen und der deshalb auch Schwierigkeiten bei der Bestimmung des Zielverhaltens hatte, ging ein Beratungslehrer als Beobachter in den Unterricht. Er registrierte die Zahl der Zwischenrufe, die Zahl der Schüler, die sich während des Unterrichtsgesprächs „privat" unterhielten und die Häufigkeit, mit der der Lehrer Zwischenrufe ohne Meldung aufnahm. Auf diese Bereiche sollte sich auch die spätere Intervention beziehen.
Ergebnis der Beobachtung einer Stunde:
- Zwischenrufe kamen in 20 Minuten (Unterrichtsgespräch) etwa 100mal vor.
- Privatunterhaltung von mindestens 20 Sekunden Dauer zeigten 18 der 26 anwesenden Schüler.
- Der Lehrer reagierte auf insgesamt 20 Zwischenrufe.

Der Lehrer bezeichnete die Stunde als typisch für die Arbeit in dem Kurs.

3. Problemsicht der Schüler

Lehrer und Berater entwickelten gemeinsam einen Fragebogen, um die Problemsicht der Schüler zu erfassen. Den Schülern wurde der Zusammenhang der Befragung mit späteren gemeinsamen Überlegungen zur Veränderung bestimmter Verhaltensweisen von Lehrern und Schülern dargestellt. Die Schüler wurden in diesem Zusammenhang ermutigt, zusätzlich zu den vorgegebenen Fragen eigene Argumente zu bringen.

<u>Fragebogen</u> (Bitte ankreuzen, was am ehesten zutrifft)

(1) Wenn ich mich im Unterricht mit Mitschülern privat unterhalte, liegt es daran, daß

a) ich die Aufgabe nicht verstanden habe

b) ich mich auf das Unterrichtsgespräch nicht konzentrieren kann

c) es so laut ist

d) das Thema mich nicht interessiert

e) andere Gründe: ....

(2) Wenn ich im Unterricht dazwischenrufe, liegt es daran, daß

a) ich vom Lehrer nicht drangenommen werde

b) ich sonst nicht gehört werde

c) es alle anderen auch tun

d) andere Gründe: ....

(3) Was mir am Verhalten der Mitschüler gefällt oder nicht gefällt:

Es wird im Unterricht privat geredet.

immer	oft	manchmal	selten	nie
( )	( )	( )	( )	( )

Antworten und Meinungen werden laut in die Klasse gerufen.

immer	oft	manchmal	selten	nie
( )	( )	( )	( )	( )

Ich werde am Aufpassen und Arbeiten im Unterricht gestört, weil meine Mitschüler zu laut sind.

immer	oft	manchmal	selten	nie
( )	( )	( )	( )	( )

Zwischenrufe einiger Mitschüler nehmen mir die Möglichkeit, mich zu beteiligen.

immer	oft	manchmal	selten	nie
( )	( )	( )	( )	( )

(4) Was mir am Unterricht gefällt oder nicht gefällt:

Die Themen sind interessant.

interessant — nicht so interessant

1 ( ) 2 ( ) 3 ( ) 4 ( ) 5 ( )

Der Unterricht ist abwechslungsreich.

abwechslungsreich				nicht so abwechslungsreich
1 ( )	2 ( )	3 ( )	4 ( )	5 ( )

Die Schüler können selbst aktiv sein.

können aktiv sein				nicht so aktiv sein
1 ( )	2 ( )	3 ( )	4 ( )	5 ( )

Die Erklärungen des Lehrers sind verständlich

verständlich				nicht so verständlich
1 ( )	2 ( )	3 ( )	4 ( )	5 ( )

Wir haben genug Zeit, auf Fragen des Lehrers eine Antwort zu überlegen.

genug Zeit				zu wenig Zeit
1 ( )	2 ( )	3 ( )	4 ( )	5 ( )

Ich habe genügend Gelegenheit, im Unterricht dranzukommen.

genügend Gelegenheit				zu wenig Gelegenheit
1 ( )	2 ( )	3 ( )	4 ( )	5 ( )

Was mir am Unterricht sonst noch gefällt oder nicht gefällt:

(5) Wie sollte der Unterricht Deiner Meinung nach sein, damit Du mehr mitarbeitest und stärker konzentriert bist?

....

Die Befragung der Schüler brachte folgende Ergebnisse:

IST:
- Privatunterhaltung liegt daran, daß „es so laut ist“.
- Zwischenrufe liegen daran, daß „ich vom Lehrer nicht drangenommen werde“.
- Es wird privat geredet, Antworten und Meinungen werden laut in die Klasse gerufen, die Unruhe stört bei der Mitarbeit.

- Am Unterricht gefällt nicht, daß
  er nicht abwechslungsreich ist,
  die Erklärungen des Lehrers nicht verständlich sind,
  zu wenig Zeit ist, auf Fragen des Lehrers eine Antwort zu überlegen,
  zu wenig Gelegenheit zum Drankommen ist.

SOLL: – Im Unterricht muß es leiser sein,
der Unterricht selbst sollte interessanter, abwechslungsreicher sein und bessere Themen haben,
damit die Schüler nach ihrer Sicht besser mitarbeiten können.

In einem Punkt unterscheiden sich zwei Teilgruppen in der Einschätzung. Eine Gruppe sagt, der Lehrer soll weniger erklären und schneller im Stoff weitergehen, eine andere Gruppe sagt dagegen, der Lehrer soll ausführlicher erklären und auch so oft, bis es von allen verstanden worden ist. Diese Problemsichten entsprechen sich, möglicherweise bedingen sie sich wechselseitig.

4. Bedingungsmodell – Gegenüberstellung der Problemsichten

Der Lehrer sieht bei den Schülern im Frontalunterricht als Probleme:	Privatunterhaltung und Zwischenrufe.	Darauf reagiert er mit kurzem Abwarten, Ermahnen und z. T. Aufnehmen der Zwischenrufe.
Die Schüler sehen im Frontalunterricht als Probleme:	Lautstärke in der Klasse, langweiliger Unterricht, nicht verständliche Erklärungen und zu seltenes Drankommen.	Sie reagieren darauf mit Privatunterhaltung und Zwischenrufen.

Als Zielverhalten sieht der Lehrer:	Aufmerksamkeit und Beteiligung.	Dann wäre der Unterricht interessant, es kämen mehr Schüler dran, Zwischenrufe würden ignoriert, er könnte besser erklären.
Als Ziel stellen sich die Schüler vor:	Mehr Ruhe im Unterricht, interessanteres Lernen, verständlichere Erklärungen und mehr Möglichkeiten zur Beteiligung.	Sie würden dann auch mehr Aufmerksamkeit und Beteiligung zeigen.

Kommentar: Lehrer und Schüler sehen gemeinsame Probleme. Der Lehrer sieht jedoch das Verhalten der Schüler als zunächst zu verändern an, worauf der Unterricht interessanter, aktiver und verständlicher würde. Die Schüler dagegen sehen ihr Verhalten als Folge des langweiligen, schwer verständlichen und lauten Unterrichts. Jeder sieht also den anderen als Verursacher des Problems.

Eine Veranschaulichung der Interaktion soll den Zusammenhang der Problemsichten im Ablauf zeigen:

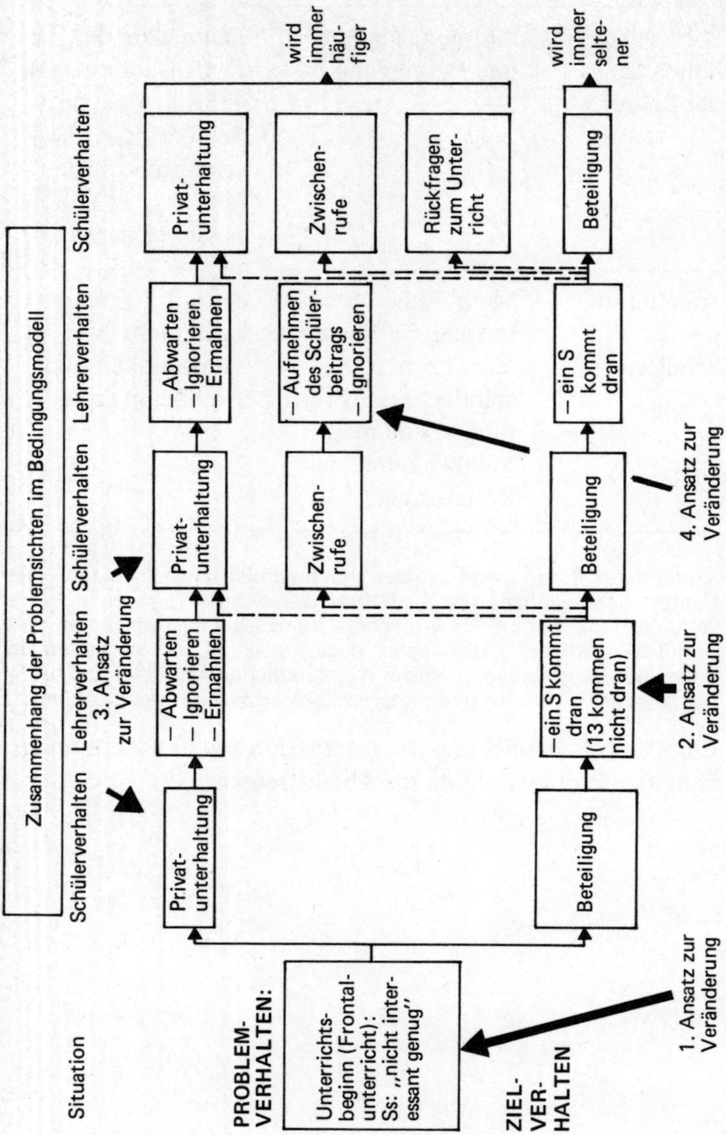
Zusammenhang der Problemsichten im Bedingungsmodell
Situation
Schülerverhalten
Lehrerverhalten
Schülerverhalten
Lehrerverhalten
Schülerverhalten
PROBLEM-VERHALTEN:
Unterrichtsbeginn (Frontalunterricht): Ss: „nicht interessant genug"
ZIEL-VER-HALTEN
Privat-unterhaltung
— Abwarten — Ignorieren — Ermahnen
Privat-unterhaltung
— Abwarten — Ignorieren — Ermahnen
Privat-unterhaltung
Zwischen-rufe
— Aufnehmen des Schüler-beitrags — Ignorieren
Zwischen-rufe
Rückfragen zum Unter-richt
wird immer häu-figer
Beteiligung
—ein S kommt dran (13 kommen nicht dran)
Beteiligung
— ein S kommt dran
Beteiligung
wird immer selte-ner
1. Ansatz zur Veränderung
2. Ansatz zur Veränderung
3. Ansatz zur Veränderung
4. Ansatz zur Veränderung

Beschreibung des Ablaufs im Bedingungsmodell

Am Anfang der Stunde redet etwa die Hälfte des Kurses privat, während die andere Hälfte sich beteiligt. Das Interesse einer Teilgruppe am Unterricht ist von vornherein gering. Diese Schüler erwarten einen langweiligen, wenig strukturierten Unterricht, in dem sie wenig Möglichkeiten haben, aktiv zu werden.

Da der Lehrer nur jeweils einem Schüler die Möglichkeit gibt, sich zu äußern, sind bei jeder Frage mehrere Schüler enttäuscht. Sie wandern ab (– – →). Die Gruppe der korrekt mitarbeitenden Schüler schrumpft.

Der Lehrer reagiert auf die Privatunterhaltung vorwiegend abwartend, er versucht, sie zu ignorieren und ermahnt erst, wenn die Unruhe zu groß wird. Die schrumpfende Beteiligung führt dazu, daß er zunächst wenige Zwischenrufe aufnimmt. Weil die Zwischenrufe aufgenommen werden, beteiligen sich die mitarbeitenden Schüler immer weniger durch Melden und rufen die Ergebnisse in die Klasse. Die Gruppe privat redender Schüler wächst. Hinzu kommt, daß einige interessierte Schüler laute Rückfragen zum Unterricht stellen, weil sie die Lehreräußerungen nicht verstanden haben.

An diesem Punkt des Interaktionsablaufs ist der Lehrer voll damit beschäftigt, auf Zwischenrufe einzugehen, erneute Erklärungen zu geben und um größere Ruhe zu bitten. Der Unterricht gerät ins Stocken. In vielen Fällen weicht der Lehrer aus auf schriftliche Aufgaben.

Eine Intervention, die erst am Ende des dargestellten Interaktionsverlaufs ansetzen würde, wäre zum Scheitern verurteilt. Die hier vorgestellte, analytische Darstellung weist auf vier vorher liegende Ansatzpunkte für eine Intervention hin.

(1) Der Unterricht wird stärker strukturiert, der Lehrer wählt einen akzentuierten Einstieg.

(2) Der Lehrer nimmt bei jeder Frage mehrere Schüler dran, läßt korrigierende und ergänzende Äußerungen der Schüler untereinander zu.

(3) Die Schüler stellen während des Unterrichtsgesprächs Privatunterhaltung und Zwischenrufe ein.
(4) Zwischenrufe von Schülern werden vom Lehrer nicht mehr aufgenommen.

5. Gemeinsame Zielbestimmung

Die Ergebnisse der Schülerbefragung und die Gegenüberstellung der Problemsichten im Bedingungsmodell wurden den Schülern dargestellt. Der Lehrer nahm eine Unterrichtsstunde für die gemeinsame Rekonstruktion des Interaktionsablaufs (vgl. S. 5). Das Bedingungsmodell wurde mit den Schülern noch einmal entwickelt und bestätigt. Beide Seiten erkannten ihre Problemsichten wieder und sahen, daß nur eine Veränderung auf beiden Seiten zur gleichen Zeit eine Lösung des Problems bringen konnte.

Das Bedingungsmodell bewährt sich hier als Grundlage der Planung einer Intervention. Lehrer und Schüler reflektieren am Bedingungsmodell Lösungswege und einigen sich auf gemeinsame Ziele.

Gesamtziel: Interessanter Unterricht mit aktiver Mitarbeit
Teilziele:

(1) Die Schüler beteiligen sich aktiv durch Melden.	Zielwert:	4 Meldungen/ Minute
Der Lehrer berücksichtigt jede Meldung.	Zielwert:	2 Aufrufe/Minute

(Der geringere Zielwert beim Teilziel 1 für den Lehrer (2 Aufrufe bei 4 Meldungen) ergab sich aus der Überlegung, daß ein Teil der Schüler die Meldungen zurücknehmen würde, nachdem der erste Mitschüler sich geäußert hat.)

(2) Die Schüler machen keine Zwischenrufe.	Zielwert:	1 Zwischenruf/ Minute
Der Lehrer geht auf Zwischenrufe nicht ein.	Zielwert:	2 Annahmen von Zwischenrufen in 15 Minuten

Die Zielwerte wurden so bestimmt, daß eine Zielerreichung

realistisch war. Die Zielerreichung sollte auch als einziger Anreiz für die Veränderung eingesetzt werden.

6. Interventionsplan

Die Teilziele sollen gemeinsam erreicht werden. Als Zeit für die Intervention wurden wöchentlich dreimal 20 Minuten (Frontalunterricht) über einen Zeitraum von 6 Wochen geplant.
Die Teilziele wurden zwischen Lehrer und Schüler als Regeln formuliert und in einem Vertrag schriftlich vereinbart (vgl. S. 176).
Jeder Schüler beobachtet und entscheidet selbst, ob er Regelverstoß oder Regeleinhaltung in seinen Selbstbeobachtungsbogen einträgt. Außerdem notiert er, wenn er drangenommen wurde. Der Lehrer hält seine Regelverstöße an der Tafel fest.
Die vertragliche Vereinbarung gilt nur für die Phase des Unterrichtsgesprächs. Diese wird durch Zeichen für Frontalunterricht und Gruppenarbeit (vgl. S. 178) jeweils signalisiert.
Am Ende der Stunde werden die Ergebnisse der einzelnen Schüler und des Lehrers in einer gemeinsamen Liste gesammelt, die herumgereicht wird. Es werden dann die Summen für Regeleinhaltung und -verstoß der Schüler gebildet und durch die Minutenzahl des Unterrichtsgesprächs dividiert, um die Ergebnisse verschieden langer Unterrichtsgespräche miteinander vergleichen zu können.
Die Ergebnisse werden für jede Stunde in ein Diagramm eingetragen (vgl. S. 179). Dieses wird auf einer großen Schautafel dargestellt, die für alle sichtbar in der Klasse aufgehängt wird. Die Lehrerdaten werden jeweils auf 15 Minuten bezogen (zu geringe Häufigkeiten beim Regelverstoß pro Minute).

Vertrag

Zwischen diesem Mathekurs aus Jahrgang 7 und Herrn Naber wird folgender Vertrag geschlossen:

1. Beginn: Der Vertrag fängt in der Unterrichtsstunde immer dann an, wenn der Unterricht an der Tafel erfolgt (also nicht bei Gruppenarbeit) und jeder Schüler seinen Kontrollbogen auf dem Tisch liegen hat.

2. Regeln: Es werden folgende Regeln für die Schüler und den Lehrer festgesetzt:

   Schülerregel: Wenn ich etwas sagen möchte, rufe ich nicht dazwischen, sondern melde mich.

   Lehrerregel: Ich nehme keine Zwischenrufe an, aber alle Schüler, die sich melden.

3. Dauer des Vertrages: Nach 6 Wochen soll gemeinsam entschieden werden, ob der Vertrag weiterlaufen, verändert oder aufgehoben werden soll.

4. Kontrolle: Die Schüler und der Lehrer kontrollieren selbst, ob die Regeln eingehalten werden oder ob sie verletzt werden.

   Jedesmal, wenn ein Schüler sich meldet, muß er sich einen Pluspunkt anstreichen, wenn er dazwischenruft, einen Minuspunkt. Wird er vom Lehrer auf Grund seiner Meldung drangenommen, streicht er dies ebenfalls an. Die Punkte der Strichlisten werden vom Lehrer gesammelt und in Schaubildern graphisch dargestellt.

   An einer anderen Übersicht werden die Punkte eingetragen, mit denen der Lehrer gegen seine Regel verstoßen hat, d.h. wenn er eine Meldung nicht beachtet oder einen Zwischenruf annimmt.

Der Vertrag tritt am 5. Januar 78 in Kraft.

....

Schüler Lehrer

Schülerbogen zur Selbstbeobachtung:

Selbstkontrolle der Regeln

Datum	Regeleinhaltung + Wenn ich etwas sagen möchte, melde ich mich	Ich bin drangenommen worden	Regelverstoß − Ich rufe dazwischen, wenn ich etwas weiß

Liste zur Sammlung der Ergebnisse der Schülerselbstbeobachtung:

Strichliste

Datum:..........

Dauer des Unterrichtsgesprächs: .... min

Wieviel Striche hast du dir in die jeweilige Spalte eingetragen?

Schüler	Regeleinhaltung + wenn ich etwas sagen möchte, melde ich mich	ich bin drangenommen worden	Regelverstoß − ich rufe dazwischen, wenn ich etwas weiß
1			
2			
3			
. . .			
26			
27			
28			
	=	=	= ....

Regelverstoß des Lehrers: Ich nehme keine Zwischenrufe an, aber alle Schüler, die sich melden: ...... Striche

Diskriminationshilfen zur Kennzeichnung der Unterrichtsphasen:

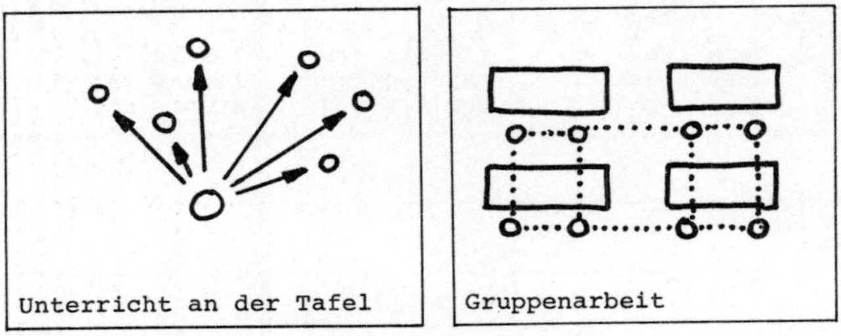

7. Verlauf der Intenvention und Ergebnisse

Die detaillierte Planung der Intervention bewährte sich in der Durchführung. Allerdings ließ sich die Anwendung der Regeln nur in 2 Stunden pro Woche realisieren. Wegen der Nähe des Halbjahreszeugnisses mußten mehrere Arbeiten geschrieben werden.

Die Durchführung wurde sehr stark von dem Motiv der Schüler bestimmt, eine Verbesserung der Lernbedingungen im Kurs zu erreichen. Sie hatten bereits in der Planung ihr Interesse deutlich gemacht durch eine Reihe konkreter Vorschläge. Sie wollten mehr Gruppenarbeit, Differenzierung in Aufgabenart und -menge, gegenseitiges Erklären u. a. Diese Vorschläge sollten in einer zweiten Intervention berücksichtigt werden.

Die Intervention übertraf bereits in der ersten Stunde der Durchführung die vorher festgelegten Zielbereiche. Die Ergebnisse der Schüler lagen voll im Zielbereich. Der Lehrer war nicht so erfolgreich (vgl. S. 180).

In der Nachbefragung hielt der Lehrer die beiden Teilziele für weitgehend erreicht. Er gibt an, daß sich das persönliche Verhältnis zu den Schülern gebessert habe. Es war für ihn teilweise schwer, auf die vielen Meldungen einzugehen bei gleichzeitiger Berücksichtigung des angestrebten Stunden-

ziels. Er erklärt die Wirkung der Intervention mit dem Vertrag, an den sich die Schüler gebunden fühlten und damit, daß er als Lehrer sich ändern mußte.
Als Erfahrung aus der Intervention benennt er: „Mir ist bewußt geworden, daß ich Schüler nicht 45 Minuten durch ein Unterrichtsgespräch belasten kann und die Schüler viel mehr selbst tätig sein müssen. Mich hat auch die Bereitschaft der Schüler, beim Programm mitzumachen, erstaunt. Meine Regeleinhaltung (alle Melder drannehmen und keine Zwischenrufe beachten) konnte ich leichter durchführen, als ich es erwartet hatte.“
Die Schüler haben die Durchführung des Vertrags als erfolgreich eingestuft. Sie schlugen vor, eine Zeit von 6 Wochen ohne Vertrag zu versuchen und sich dann gemeinsam zu überlegen, ob dieser oder ein anderer Vertrag notwendig wäre.

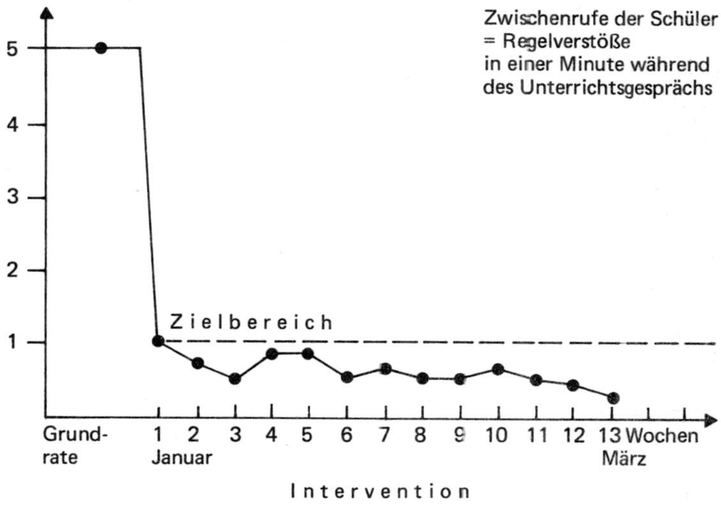

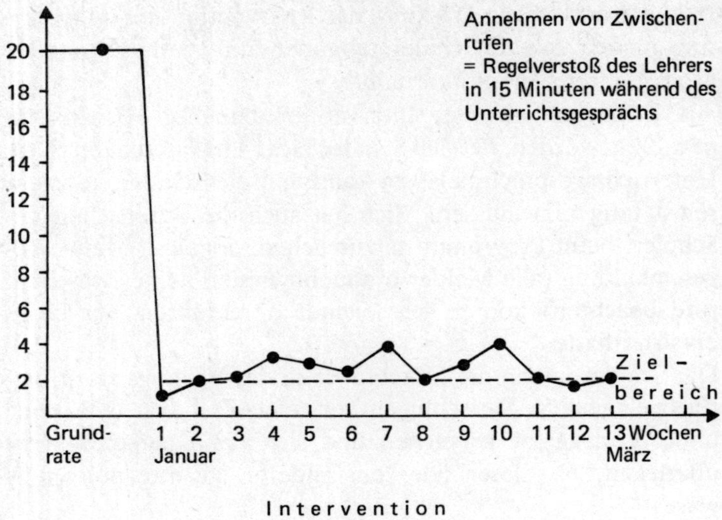
Annehmen von Zwischenrufen
= Regelverstoß des Lehrers in 15 Minuten während des Unterrichtsgesprächs
20
18
16
14
12
10
8
6
4
2
Ziel-bereich
Grund-rate
1 2 3 4 5 6 7 8 9 10 11 12 13 Wochen
Januar
März
Intervention

Aufbau aktiven, abwechslungsreichen Unterrichtsverhaltens des Lehrers (C. Bock)

1. Rahmenbedingungen

Die Intervention wurde über 10 Unterrichtswochen in einem 7. Schuljahr (Gymnasium) durchgeführt. Der Lehrer unterrichtete 13 Wochenstunden in der Klasse, in der 14 Jungen und 19 Mädchen waren. Vorausgegangen war ein Projekt zur Verbesserung des Gesprächsverhaltens in der Klasse.
Der Lehrer hob nach Abschluß der Intervention hervor, wie wichtig für ihn die Erfahrung war, sich der regelmäßigen Einschätzung seines Unterrichts durch die Schüler zu stellen, Kritik anzunehmen und eine allmähliche aber stetige Verbesserung des Unterrichts zu registrieren.

2. Problemsicht des Lehrers und der Schüler / Planung der Intervention

Die erste Intervention war als mündliches Abkommen mit Belohnung als Selbstkontrollprojekt der Schüler gelaufen. Diese erhielten für jede Stunde Selbstbeobachtungsbogen mit Schüler- und Lehrerregeln zum Gesprächsverhalten. Nach jeweils 5 Minuten wurde das Ende eines Zeitintervalls signalisiert und die Schüler sollten das eigene und das Lehrerverhalten auf Regeleinhaltung oder -verstoß einschätzen.
Die Intervention wurde erfolgreich abgeschlossen. Nach den Ferien fand ein Gespräch in der Klasse statt, in dem die Schüler deutlich machten, daß sie einen Bereich beim Lehrerverhalten verändern wollen. Er sollte energischer werden, sich mehr durchsetzen. Auf die Rückfrage des Lehrers, ob sie damit einen Lehrer haben wollten, der Schüler unter Druck setzt, Strafen androht und ausführt usw., äußerten die Schüler, daß sie sich wünschen, daß er aktiver auftritt, mehr sagt, wo es

‚langgeht', den Unterricht abwechslungsreicher aufbaut und die Themen interessanter macht.
Der Lehrer akzeptierte diese Zielbestimmung der Schüler, die Schüler waren einverstanden, weiterhin auf Regeleinhaltung während des Unterrichtsgesprächs zu achten.
Als Ziele der 2. Intervention leiteten sich hieraus ab:

- Die Schüler sollen im Unterrichtsgespräch nicht untereinander reden.
- Der Lehrer soll den Unterricht abwechslungsreicher und interessanter gestalten.

Als Methode schlugen die Schüler vor, wieder die Bogen zur Selbsteinschätzung zu nehmen.
Der neue Selbstbeobachtungsbogen sah so aus:

Schülerregel: Bei der gemeinsamen Arbeit mit der ganzen Klasse nicht untereinander reden!		Lehrerregel: Den Unterrichtsstoff interessant machen!	
Ich habe die Regel eingehalten:		Herr Bock hat hat die Regel eingehalten:	
ja	nein	ja	nein
ja	nein	ja	nein
ja	nein	ja	nein
......	....	....	....

Die Schüler übernahmen wieder Durchführung und Auswertung. Der Lehrer brachte als neues Element ein, nach Durchführung der Stunde und vor Auswertung der Ergebnisse eine Schätzung des Ergebnisses vorzunehmen. Die Schüler gaben an, in welchem Ausmaß sie die Regeln eingehalten haben. Der Lehrer schätzte die Güte seines Unterrichts. Damit sollte eine realitätsgerechte Wahrnehmung entwickelt werden. Gleichzeitig wurde eine Verknüpfung des zahlenmäßigen Ergebnisses mit den Erfahrungen in der Situation hergestellt.

3. Ergebnisse der Intervention

Die Intervention lief über 10 Unterrichtswochen in 1 bis 2 Stunden. Der Lehrer hielt die angestrebten Teilziele „Abbau nicht zum Unterricht gehörenden Redens“ bei den Schülern und ‚Durchführung interessanten Unterrichts‘ bei sich selbst für erreicht.
Eine Einschätzung der Veränderungen durch die Schüler auf einer 4stufigen Skale (1 = keine Veränderungen, 4 = Ziele sind vollständig erreicht) ergab einen Durchschnittswert von 2,5. Die Schüler fanden, daß die Ziele ‚weitgehend‘ erreicht waren. Möglicherweise gingen sie dabei von einem absoluten Zielniveau von 100% Regeleinhaltung aus, während der Lehrer sich realistischere Ziele gesetzt hatte.
Die Ergebnisse der Intervention blieben auch nach Beendigung der Intervention bestehen, wie eine 3 Monate (!) später durchgeführte Nachuntersuchung ergab.
Es hatte eine starke Generalisierung der Effekte gegeben. Dies galt für alle Stunden beim Klassenlehrer, aber auch für den Unterricht bei den Fachlehrern. Diese nahmen die Schüler gesprächsbereiter und aktiver wahr.
Die positiven Ergebnisse erklärte sich der Lehrer nachträglich so: „Die Schüler hatten über die Kontrollbogen die Möglichkeit, direkt und aktiv den Wunsch nach interessanterem Unterricht auszudrücken. Sie erlebten sich als Verursacher der Tatsache, daß ich besseren Unterricht mache. In der Anfangsphase habe ich auch ganz erheblich unter dem Druck der Schülerrückmeldung gestanden, dann aber selbst Spaß daran gefunden, neue Möglichkeiten der Unterrichtsgestaltung zu entdecken.“
Die Schüler erlebten den Lehrer während der Intervention zunehmend freundlicher, heiterer sowie weniger meckernd und ungerecht.
Insgesamt gesehen ist der Erfolg auf eine einfach durchzuführende, ökonomisch auswertbare Intervention zurückzuführen, die das Motiv der Schüler nach selbstgesteuerter Veränderung und kritischer Rückmeldung gut getroffen hat.

Die folgenden Graphik zeigt den Verlauf der Intervention. Von ursprünglich 60% als „nicht-interessant" eingeschätzten Intervallen sinkt die Einschätzung auf 20% zum Abschluß.

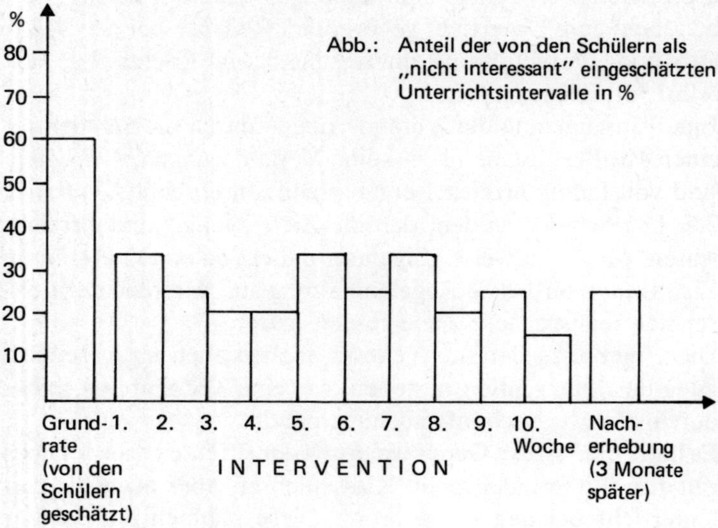

Abb.: Anteil der von den Schülern als „nicht interessant" eingeschätzten Unterrichtsintervalle in %

Aufbau aktiver Beteiligung aller Schüler an Diskussionen (J. Diederichs, J. Paape)

1. Rahmenbedingungen

Die Intervention lief in einer 7. Hauptschulklasse, die der Lehrer zu Schuljahresbeginn gerade übernommen hatte. Die insgesamt 27 Schüler (15 Mädchen, 12 Jungen) im Alter von 12 bis 14 Jahren kamen aus verschiedenen Klassen einer Schule. Der Lehrer gab insgesamt 12 Stunden Unterricht in dieser Klasse. Er versuchte, von Anfang an in dieser Klasse einen aktiven, lebendigen Unterricht durchzuführen, um Schulmüdigkeit und Resignation bei den Hauptschülern gar nicht erst aufkommen zu lassen. In diesem Zusammenhang sah er auch die Notwendigkeit, das Diskussionsverhalten der Schüler von Anfang an zu verändern. Dementsprechend ist die Intervention eher als Prävention einzustufen und weniger als Beseitigung eines Problems.

2. Problemsicht des Lehrers

Die Zusammenstellung konkreter Problemverhaltensweisen und Einteilung in drei Problembereiche brachte folgendes Ergebnis:

Unaufmerksamkeit
- Ss reden während des Unterrichtsgesprächs mit ihren Nachbarn
- Ss beschäftigen sich mit anderen Dingen
- die Konzentration schwankt stark, die Ss beteiligen sich und hören dem nächsten schon nicht mehr zu

passive Beteiligung
- Ss hören zu, melden sich jedoch nicht von sich aus, sie halten Blickkontakt zum Lehrer oder Schüler, der gerade spricht
- Schüler können bei Nachfragen einen Beitrag geben

passive Nicht-beteiligung	– Ss melden sich nicht, folgen dem Gespräch auch nicht
	– Ss verhalten sich still, reden nicht mit den Nachbarn, beschäftigen sich nicht mit anderen Dingen
	– Ss können auch bei Nachfragen keinen Beitrag bringen

Eine genauere Angabe über die Häufigkeit der Problembereiche oder die Zahl der Schüler, für die dieses Verhalten typisch ist, konnte der Lehrer zu diesem Zeitpunkt noch nicht angeben. Er nahm sich vor, eine genauere Beobachtung im Unterricht durchzuführen.
Der Lehrer schätzte an verschiedenen Tagen und Stunden in Deutsch und Mathematik jeweils nach Abschluß der Stunde ein, welcher Schüler in welche der untenstehenden Kategorien einzuordnen ist.

Datum/Stunde/ Fach Schüler-Kategorie	30. 9. 1. Std. Deutsch	4. 10. 3. Std. Mathe	6. 10. 2. Std. Deutsch	7. 10. 3. Std. Deutsch	∅
„aktiv" beteiligt	8	14	8	7	~ 9
„aktiv" unbeteiligt	1	1	4	4	~ 3
„passiv" beteiligt	8	4	4	5	~ 5
„passiv" unbeteiligt	5	6	6	7	6

Das Ergebnis der Einschätzungen bestätigt die Notwendigkeit einer Intervention. Zwei Fünftel der Schüler beteiligen sich nicht, sitzen entweder passiv da oder stören aktiv. Ein Fünftel wird nur auf Aufforderung aktiv. Zwei Fünftel der Schüler zeigen das Zielverhalten.

Kommentar: Diese Form der Beobachtung/Einschätzung ist problematisch. Es handelt sich um eine Zuordnung der Schüler zu „Beteiligungstypen“. Dabei werden geringere Veränderungen oder Abweichungen der Schüler vom Bild, das der Lehrer von ihnen hat, vermutlich nicht registriert. Die Einschätzung trägt somit nicht oder nur wenig dazu bei, die Sicht des Lehrers zu korrigieren und Veränderungen durch eine Intervention zu erfassen.

Die Schüler sollen nach der Intervention in der Lage sein, 20 Minuten mündlichen Unterricht (Diskussionen im Deutschunterricht) aufmerksam zu verfolgen. Sie sollen von sich aus Beiträge leisten können und sich dazu melden.
Die aktiv oder passiv beteiligten Schüler sollen mindestens 5 Wortmeldungen pro Stunde äußern. Die aktiv und passiv nicht beteiligten Schüler sollen sich mindestens dreimal melden.

3. Problemsicht der Schüler

Ein Fragebogen zur Beteiligung am Unterrichtsgespräch soll dazu beitragen, die Gründe für die ungleiche Beteiligung herauszufinden.

Fragebogen: Beteiligung am Unterrichtsgespräch - H7 -

		meistens	oft	selten
(1)	Wenn ich im Unterricht etwas weiß, melde ich mich	( )	( )	( )
(2)	Ich beteilige mich gern am Unterrichtsgespräch	( )	( )	( )
(3)	Das Gespräch mit meinen Mitschülern ist interessant	( )	( )	( )

(4) Wenn ich mich am Unterrichtsgespräch nicht beteilige, liegt es daran, daß

( ) das Gespräch zu lange dauert und ich nicht aufpassen kann.

( ) das Thema des Gesprächs mich nicht interessiert.

( ) die Fragen zum Thema zu schwierig sind.

( ) ich mich nicht so gut ausdrücken kann.

( ) ich Angst habe, etwas Falsches zu sagen.
( ) ich durch andere Dinge abgelenkt bin.
( ) ....

(5) Ich möchte mich gern häufiger beteiligen, aber

( ) ich komme zu selten dran.
( ) andere lachen, wenn ich etwas Falsches sage.
( ) mein Lehrer lobt mich nicht genug dafür.
( ) ich habe Angst, daß mein Lehrer mich kritisiert.
( ) es hört keiner der anderen Schüler zu.
( ) ich weiß nicht genug und bin zu langsam im Denken.
( ) ....

(6) Es stört mich, daß sich so wenige am Unterricht beteiligen und immer dieselben reden. ( )

(7) Ich möchte mich häufiger melden. ( )

(8) Ich melde mich häufig genug im Unterrichtsgespräch. ( )

Ergebnisse der Schülerbefragung:

Was stört die Schüler?
Sie beteiligen sich nicht gern am Unterrichtsgespräch, obwohl das Gespräch mit den Nachbarn nicht interessanter ist als das Unterrichtsgeschehen.
Ein Drittel der Schüler meldet sich meistens, wenn sie zum Unterricht etwas beitragen können, zwei Drittel der Schüler tun dies nur selten oder oft.
Als Gründe für die Nichtbeteiligung werden genannt:
Ich kann mich nicht so gut ausdrücken (16 Ss).
Das Thema interessiert mich nicht (12 Ss).
Das Thema ist zu schwierig, ich habe Angst, etwas Falsches zu sagen (12 Ss).
Drei Viertel der Schüler möchten sich häufiger melden, aber:
Sie kommen zu selten dran (12 Ss).
Andere lachen, wenn sie etwas Falsches sagen (5 Ss).
Sie wissen nicht genug, ihnen fällt die Antwort zu spät ein, sie können sich nicht gut genug ausdrücken, es hat meistens schon jemand anderes etwas gesagt (5 Ss).

4. Bedingungsmodell – Gegenüberstellung der Problemsichten

Im mündlichen Unterricht und in Diskussionen sieht der *Lehrer* bei den Schülern als Problem:	Die Schüler beteiligen sich nicht genügend, einige überhaupt nicht, sie hören z. T. nicht zu.	Er reagiert darauf mit Ermahnung (verbal und nonverbal), direkte Ansprache mit anschließender Verstärkung oder Ermahnung.
Die *Schüler* sehen als Probleme bei Lehrer und Mitschülern im mündlichen Unterricht und in Diskussionen:	Sie kommen zu selten dran; die Themen sind zu schwierig oder zu langweilig; sie selbst können sich nicht gut genug ausdrücken; andere lachen, wenn etwas Falsches gesagt wird.	Als Reaktionen auf diese vorausgehenden Reize und erwarteten nachfolgenden Konsequenzen melden sie sich nicht, beteiligen sie sich nicht und vermeiden aus Angst vor Ausgelachtwerden eigene Äußerungen.
Der *Lehrer* strebt als Zielverhalten an:	Alle Schüler beteiligen sich 20 Minuten je Stunde; sie melden sich mindestens dreimal.	Darauf will er mit Anerkennung und Lob reagieren.

Die *Schüler* wollen als Veränderungen:	Der Lehrer soll interessantere Themen auswählen und mehr Schüler drannehmen. Die Mitschüler sollen nicht mehr lachen, wenn etwas Falsches gesagt wird.	Dann glauben sie, daß die Beteiligung aller Schüler möglich wäre.

Gemeinsam ist Lehrer und Schülern das Interesse an größerer und gleichmäßiger verteilter Beteiligung der Schüler am mündlichen Unterricht. Die Problemsicht der Schüler enthält wichtige Hinweise darauf, warum dieses Zielverhalten bisher gehemmt wurde.
Das Schaubild auf der nächsten Seite versucht, die Sichtweisen von Lehrer und Schülern in eine Darstellung des Interaktionsablaufs zu übersetzen.

5. Gemeinsame Zielbestimmung

Die Abbildung des Interaktionsablaufs für das Gesprächsverhalten im Unterricht wurde den Schülern in einer Stunde vorgestellt. Nach Rückfragen und Diskussion akzeptierten sie es. Lehrer und Schüler machten anschließend daran die Ziele der Intervention fest.
Gesamtziel:
Aktivere Beteiligung aller Schüler am Unterrichtsgespräch.
Teilziele:
(1) Der Lehrer stellt vor Beginn einer Arbeitseinheit die vorgesehenen Themen vor und ermöglicht den Schülern, eine Auswahl zu treffen.
Der Lehrer spricht keinen Schüler mehr direkt an und fordert ihn zur Beteiligung auf. Er ermahnt keine Schüler mehr.

Interaktions-Kette des Lehrer-Schüler-Verhaltens

Bedingungsmodell

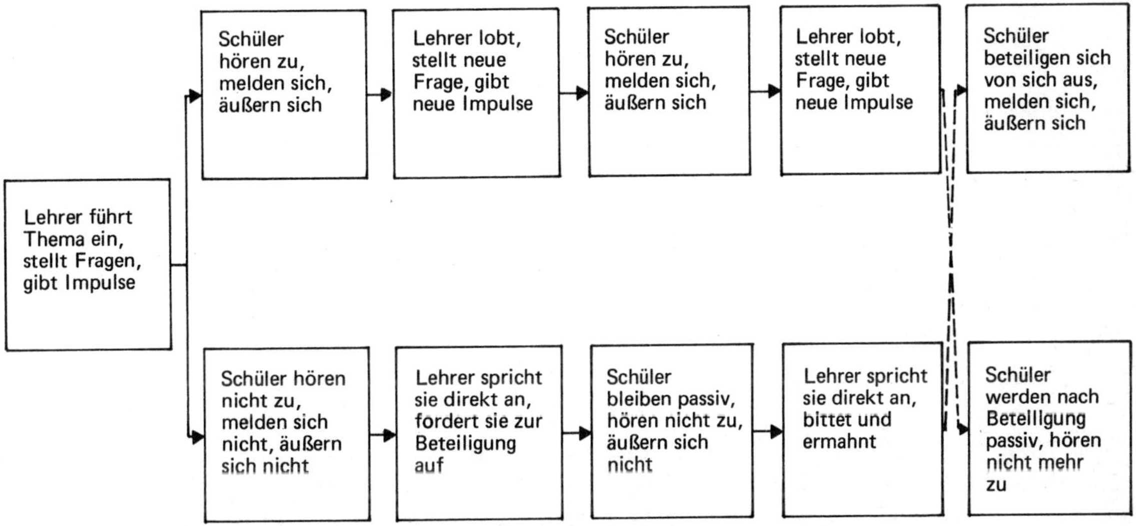

Eine Teilgruppe zeigt regelmäßige, aktive Beteiligung (obere Interaktionskette).
Eine zweite Teilgruppe bleibt passiv und beteiligt sich nicht (untere Interaktionskette).
Eine dritte Teilgruppe zeigt wechselhafte Beteiligung, äußert sich gelegentlich von sich aus oder wird nach kurzer Phase der Beteiligung passiv (gestrichelte Pfeile).

(2) Jeder Schüler beteiligt sich von sich aus mindestens einmal pro Stunde am Gespräch.
Zielwerte für die ganze Klasse wurden nicht abgemacht. Eine Belohnung für Zielerreichung demnach auch nicht vorgesehen.

6. Interventionsplan

Die Teilziele sollten mit Hilfe eines mündlichen Abkommens erreicht werden. Als Diskriminationshilfe wurde den Schülern ein Selbstbeobachtungsbogen gegeben, auf dem sie in den Interventionsstunden notierten, wie häufig sie sich meldeten und wie oft sie Beiträge äußern konnten. Am Ende der Stunde wurden diese Ergebnisse in eine Klassenliste eingetragen.
Der Lehrer erhielt so eine Rückmeldung darüber:
- wie häufig sich die einzelnen Schüler in der Klasse am Gespräch durch Meldungen beteiligten,
- welche Schüler er im Verhältnis zur Zahl ihrer Meldungen bevorzugt dran nahm,
- welche Schüler zu wenig Gelegenheit erhielten, sich zu äußern.

Diese Rückmeldung sollte dazu führen, daß er in den darauffolgenden Stunden Korrekturen an seinem Verhalten vornahm.
Die Intervention sollte an jeweils 4 Stunden in der Woche abwechselnd in Deutsch und Geschichte angesetzt werden. Zunächst war ein Durchführungszeitraum von 2 Wochen vorgesehen.

7. Verlauf und Ergebnisse der Intervention

Das mündliche Abkommen zeigte schlagartige Wirkung. In der ersten Durchführungsstunde meldeten sich alle Schüler mindestens einmal, im Durchschnitt beinahe 15mal.

In den ersten beiden Wochen wurden 6 Interventionsstunden durchgeführt, in denen die Durchschnittszahl der Meldungen zwischen 11 und 17 pro Schüler schwankten und zwischen 0 und 2 Schülern keine Beteiligung zeigten. Eine so weitgehende Zielerreichung in so kurzer Zeit hatte der Lehrer vorher nicht erwartet. Es hatte offenbar nur eines kleinen Anstoßes bedurft, um ein Verhalten hervorzurufen, das die Schüler ohnehin beherrschten.

In den darauffolgenden drei Wochen ohne Intervention ging die Zahl der Meldungen allmählich zurück und die Zahl der passiven Schüler nahm allmählich aber spürbar wieder zu. Die Klasse beschloß eine weitere Intervention durchzuführen.

Die erste Stunde der zweiten Intervention zeigte im Ergebnis deutlich die Notwendigkeit einer Weiterführung. Obwohl sie weder vom Thema noch von der Arbeitsform her sich von den vorangegangenen Stunden der ersten Intervention unterschied, meldeten sich die Schüler durchschnittlich nur viermal und sechs Schüler äußerten sich überhaupt nicht. In den darauffolgenden Tagen stieg die Beteiligung erheblich an. Die durchschnittliche Zahl der Meldungen pro Schüler erreichte nicht ganz das Ausmaß der ersten Intervention. Die Zahl der passiven Schüler ging auf durchschnittlich einen pro Stunde zurück.

Kommentar: Interventionen, die Ziele sozialen Lernens verfolgen, unterliegen einer besonderen Gefahr. Die gesetzten Ziele werden häufig sehr schnell erreicht. Die Schnelligkeit der Zielerreichung ist jedoch nicht zu verwechseln mit der Stabilität des Verhaltens. Diese ist häufig größer, wenn das Ziel nach längerer Anstrengung erreicht ist.

Also: Auch schnell erreichte Interventionsziele sollten längere Zeit beibehalten werden, damit sich die Verhaltensweisen stabilisieren können.

Ein wichtiger Effekt der Intervention bestand darin, daß der Lehrer bestimmte Schüler im Gespräch häufiger und andere seltener drannahm. Er wertete jedesmal nach der Stunde aus, welche Schüler ein besonders günstiges bzw. ungünstiges Verhältnis von Meldungen zu Beiträgen hatten. Diese Auswertung war Grundlage für die Korrektur des Lehrerverhaltens in

der nächsten Interventionsstunde. Die Wirksamkeit dieser Rückmeldungen ist in Abb. 2 am Beispiel zweier Schüler über den gesamten Interventionsverlauf dargestellt.
Die Nachbefragung des Lehrers zur Intervention brachte folgende Ergebnisse: Eine zeitliche Mehrbelastung ergab sich von durchschnittlich 1 Std. pro Woche. Eine psychische Einschränkung oder Belastung empfand der Lehrer gar nicht. Im Gegenteil sei es für ihn überraschend gewesen, wie schnell die Schüler in der Lage waren, die gesetzten Ziele zu erreichen.
Als neue Erfahrung nennt er:
(1) Schüler melden sich öfter als vom Lehrer wahrgenommen.
(2) Bestimmte Schüler werden oft drangenommen, ohne daß sich der Lehrer dessen bewußt ist.
Insgesamt hält er das Teilziel Steigerung der Gesprächsaktivität bei den Schülern für weitgehend erreicht. Die Effekte hätten sich auch auf andere Stunden bei ihm übertragen. Allerdings ist er skeptisch, wie der Langzeiteffekt dieser Maßnahmen einzuordnen ist.
Die Lehrerteilziele hält er ebenfalls für weitgehend erreicht. Es war für ihn keine Schwierigkeit, auf direkte Ansprache der Schüler zur Meldung zu verzichten, da die Schüler sich genügend beteiligten. Für die Beteiligung der Schüler an der Themenauswahl müßten noch bessere Formen gefunden werden, damit die Informationen, die die Schüler brauchen, um entscheiden zu können, welche Themen sie auswählen, besser verstanden werden. Auf jeden Fall ließ sich eine Themenauswahl anhand eines Katalogs praktisch durchführen.

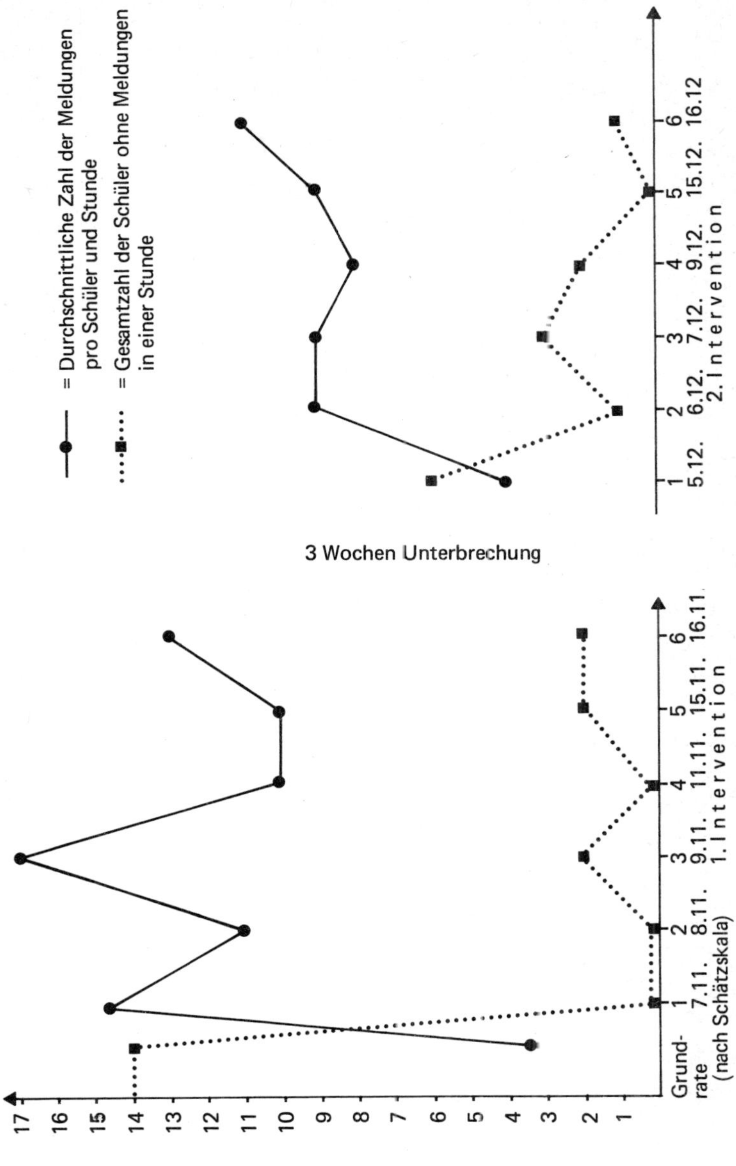

Abb. 1. Ausmaß der Beteiligung am Gespräch.

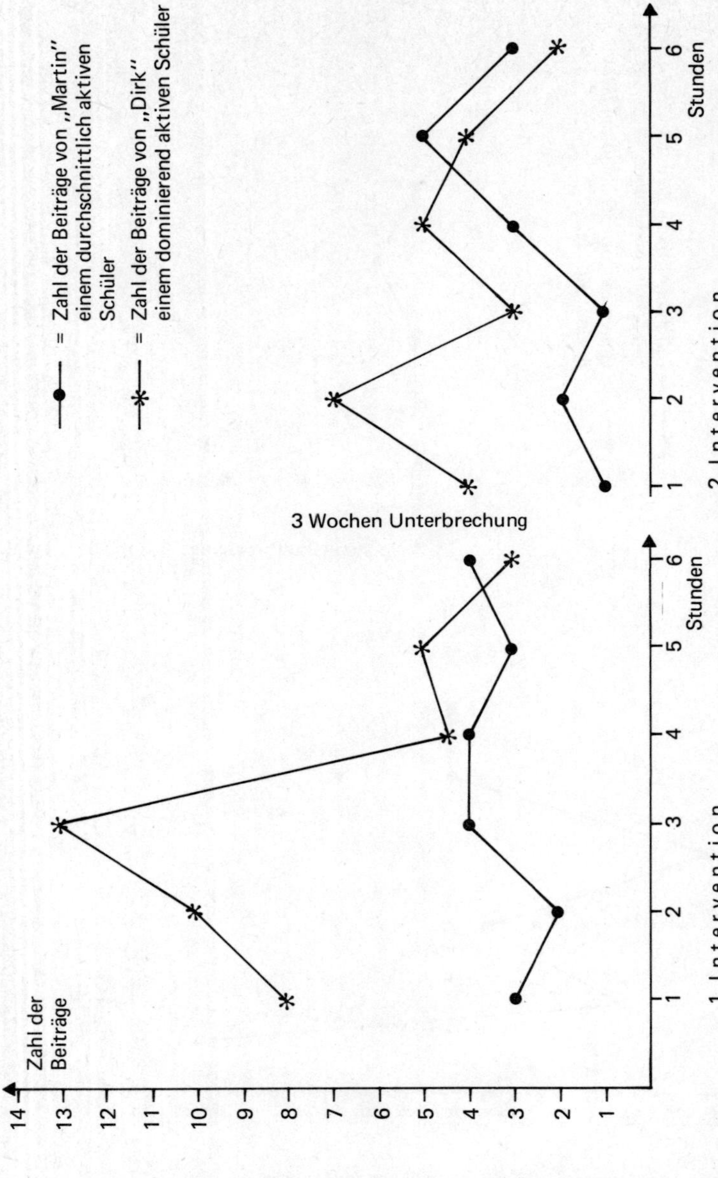

Abb. 2. Vergleich der Zahl der Beiträge von zwei Schülern.

Mangelnde Verständigung und Zusammenarbeit zwischen Jungen und Mädchen in einer 8. Realschulklasse (J. Schröter)

1. Rahmenbedingungen

In der Klasse waren 14 Jungen und 16 Mädchen im Alter von 13 bis 14 Jahren. Die Lehrerin unterrichtete in der Woche 10 Stunden in ihrer Klasse. Die Intervention wurde über ein halbes Jahr durchgeführt und von Schülern und Lehrerin als großer Erfolg bezeichnet.
Während der Intervention war die Lehrerin zeitlich nicht zusätzlich belastet. Die Durchführung und Auswertung der Intervention war voll in den Unterricht integriert und lag weitgehend in den Händen der Schüler.

2. Problemsicht der Lehrerin

Die Lehrerin notierte zunächst alle problematischen Verhaltensweisen ihrer Schüler und faßte sie zu folgenden Problembereichen zusammen:

Mangelndes Diskussionsverhalten	Schüler hören nicht genau hin, antworten nicht zum Thema, sprechen sich nicht direkt an, gehen nicht auf den Beitrag des Vorredners ein.
Fehlende Zusammenarbeit zwischen Jungen und Mädchen	Jungen und Mädchen wollen nicht nebeneinander sitzen, mögen nicht zusammen arbeiten, äußern Unwillen, wenn die Lehrerin Zusammenarbeit anordnet.

Ungleiche Beteiligung am Unterrichtsgespräch	Zahlreiche Mädchen bringen von sich aus keine Beiträge, äußern sich auch auf Ansprechen hin nur kurz, sehen interessiert zu, wie die Jungen die Themen bewältigen, Jungen äußern sich abfällig über schüchterne Mädchen.

Die Lehrerin stellte sich als Erfolg der Intervention vor, daß die Schüler nach Abschluß

- bereitwillig zusammensitzen, zusammen spielen und zusammen arbeiten und zwar in Spielstunden, Gruppenarbeitssituationen und bei Klassenunternehmungen,
- besseren Kontakt untereinander entwickeln und die gegenseitigen Reaktionen von Jungen und Mädchen aufeinander freundlicher und verständnisvoller sind,
- weniger geschlechtsrollenspezifisches Verhalten zeigen, d. h. Mädchen und Jungen sich am Unterrichtsgespräch und Diskussionen gleichmäßig beteiligen.

3. Problemsicht der Schüler

Die Lehrerin wollte die Schülersicht des Problems durch einen Fragebogen zum Verhältnis Jungen-Mädchen herausbekommen. Vorher formulierte sie Vermutungen über die Probleme, die die Schüler zur Zeit beschäftigen.

(1) Die Schüler sind aufgrund ihres Alters (13, 14 Jahre) stark mit ihrer Wirkung auf andere, vorwiegend das andere Geschlecht, beschäftigt. Sie entwickeln deshalb Zurückhaltung aus Furcht vor Ablehnung oder Ausgelachtwerden.

(2) Möglicherweise kennen die Schüler sich untereinander noch nicht sehr genau, etliche Schüler sind in bezug auf ihr Verhalten und die Reaktionen der anderen unsicher.

(3) Einige Schüler sind selbstunsicher in bezug auf ihre Leistungsfähigkeit. Dies sind erstens Jungen und Mädchen, die vom Gymnasium auf die Realschule zurückgestuft wurden,

und zweitens Sitzenbleiber. Diese Schüler schätzen sich selbst minderwertig ein und fürchten zusätzlich, von den forschen Schülern (vorwiegend Jungen) abgelehnt oder lächerlich gemacht zu werden.
Die Lehrerin setzte diese Vermutungen im Fragebogen um.

Fragebogen zum Verhältnis Jungen - Mädchen

( ) Junge ( ) Mädchen

1) In der Schule sitze ich lieber neben einem Mädchen ( ) / Jungen ( )

2) Ich finde, daß die Jungen und die Mädchen in unserer Klasse sich nicht gut verstehen und nicht gut zusammenarbeiten.

ja ( ) nein ( )

3) In der Freizeit spiele ich lieber mit Mädchen ( )/ Jungen ( ).

4) Ich möchte in der Freizeit als Mädchen auch gern mit Jungen / als Junge auch gern mit Mädchen zusammensein.

ja ( ) nein ( )

5) Beim Unterrichtsgespräch sind die Jungen ( ) / die Mädchen ( ) aktiver.

6) Ich möchte mich gern öfter beteiligen, aber ich fürchte,
   a) daß einige Jungen mich auslachen. ( )
   b) daß die ganze Klasse lacht, wenn ich einen Fehler mache. ( )
   c) daß die Lehrerin mich kritisiert, wenn meine Antwort falsch ist. ( )
   d) daß die besseren Schüler mich hinterher kränken oder aufziehen. ( )
   e) .... ( )

7) Im Vergleich zu den anderen Schülern beteilige ich mich am Unterricht

( ) häufig, ( ) mittelmäßig, ( ) selten.

8) Im Unterrichtsgespräch sage ich nicht soviel, weil
   a) ich nicht so gut formulieren kann. ( )
   b) ich zu unsicher bin, ob das, was ich denke, stimmt. ( )
   c) ich die Lehrerin nicht verstehe. ( )
   d) .... ( )

9) Die Spielstunde, die wir jede Woche einmal machen, finde ich
   ( ) gut, ( ) mittelmäßig, ( ) schlecht.

1o) Ich finde die Spielstunde gut / nicht gut, weil
   ....
   ....

11) Die meisten meiner Mitschüler kenne ich inzwischen
   ( ) gut, ( ) mittelmäßig, ( ) nicht gut.

Ergebnisse der Befragung:

Was stört die Schüler?

- Alle Schüler sind der Meinung, daß sich Jungen und Mädchen in der Klasse nicht gut verstehen.
- Für die Sitzordnung und die Freizeitbeschäftigung bevorzugen Jungen und Mädchen jeweils Schüler des gleichen Geschlechts. Die meisten möchten jedoch gern mit Schülern des anderen Geschlechts auch in der Freizeit etwas zusammen machen.
- Im Unterrichtsgespräch werden Jungen eindeutig als aktiver eingeschätzt. 12 Schüler, davon 8 Mädchen, schätzen ihre Beteiligung am Unterricht gering ein.
- Vor allem die Mädchen würden sich öfter melden, aber sie befürchten, daß einige Jungen sie auslachen (7 Ss) oder sogar die ganze Klasse sie auslacht (9 Ss). Einige wenige denken, daß die Lehrerin schimpft, wenn die Antwort falsch ist (3 Ss), oder daß die besseren Schüler sie in der Pause hinterher heruntermachen (4 Ss).
- Als Schwierigkeiten bei sich selbst sehen die Schüler, daß

sie nicht gut genug formulieren können (9 Ss, davon 5 Mädchen), daß sie zu unsicher sind, um einzuschätzen, ob das was sie denken, stimmt (17 Ss, davon 11 Mädchen), und daß sie manchmal die Lehrerin einfach nicht verstehen (6 Ss, davon 5 Mädchen).
- Die Spielstunde in der Klasse finden 16 Schüler gut und 10 mittelmäßig.
- 24 Schüler meinen, ihre Mitschüler gut genug zu kennen.

Was wollen die Schüler?
- Alle Schüler möchten das Verständnis zwischen Jungen und Mädchen verbessern, d. h. besser zusammen arbeiten, zuhören, miteinander spielen, einander helfen und miteinander streiten können.
- Eine Teilgruppe der Schüler möchte besser formulieren können, sicherer werden und Fragen und Ausführungen der Lehrerin besser verstehen.
- Viele Mädchen wünschen sich, von den Jungen nicht mehr ausgelacht zu werden.

Die Befragung der Schüler hebt ein Problem besonders hervor, die Beziehung zwischen dominierenden, leistungsstarken Jungen und selbstunsicheren, gehemmten Mädchen. Dieses Verhältnis führt zu Spannungen in der Klasse und wird von den Schülern selbst als dringend zu verändern angesehen.

4. Bedingungsmodell des Problems

Die *Lehrerin* sieht in der Beziehung von Jungen und Mädchen als Probleme:	Jungen sind aktiver und sicherer als die Mädchen. Sie reagieren manchmal „hämisch“ auf schwache Beiträge.	Sie fordert deshalb die Jungen auf, freundlicher zu sein und spricht die Mädchen direkt an, um sie zu Beiträgen zu bewegen.

Die *Mädchen* sehen in der Beziehung zu den Jungen und in ihrer eigenen Aktivität folgende Probleme:	Jungen und Mädchen arbeiten schlecht zusammen. Mädchen beteiligen sich zu wenig, können nicht gut formulieren, sind unsicher. Leistungsstärkere Jungen lachen bei „falschen“ Beiträgen.	Sie ziehen sich zurück und beteiligen sich nicht, weil sie so ablehnende und abwertende Reaktionen vermeiden können.
Die *Jungen* sehen in der Klasse folgende Probleme:	Jungen und Mädchen arbeiten schlecht zusammen. Mädchen sind schüchtern, beteiligen sich nicht, wehren sich nicht.	Sie nutzen deshalb ihre „Überlegenheit“ aus und „machen die Mädchen an“.

5. Gemeinsame Zielbestimmung

Aufgrund der hohen Übereinstimmung der Problemsichten der Beteiligten ließen sich übereinstimmende Ziele bestimmen. Als Gesamtziel wurde benannt: gleichmäßige Beteiligung von Jungen und Mädchen an Aktivitäten in der Klasse.
Teilziele für *Jungen*:
Sie verhalten sich geduldiger gegenüber langsamen oder unsicheren Unterrichtsbeiträgen, lachen nicht bei falschen Antworten und kränken andere in der Pause auch nicht durch abwertende Bemerkungen.
Teilziele für *Mädchen*:
Die Mädchen versuchen aktiver zu werden, sich besser durch-

zusetzen, sich mindestens zweimal in der Stunde zu melden und zu sagen, wenn sie etwas nicht verstanden haben.
Teilziele für die *Lehrerin*:
Sie versucht, Fragen und Arbeitsanweisungen so einfach wie möglich zu formulieren, nimmt sich vor, auch falsche Antworten aufzunehmen und mit Freundlichkeit und Hilfestellung zur Korrektur des Denkfehlers beizutragen, und strebt an, durch Aufgabenübertragung an Mädchen deren Selbstbewußtsein zu stärken und sie in ihrer Aktivität durch Akzeptierung zu unterstützen.
Alle Teilziele sollen in der Intervention gemeinsam erreicht werden.

6. Interventionsplan

Die Lehrerin entscheidet sich dafür, die Ziele auf zwei Ebenen anzustreben:
(1) Sie möchte über ein Abkommen mit den Schülern die direkten Verhaltensweisen der Jungen und Mädchen zueinander im Unterricht verändern.
Sie möchte die Aktivitäten der Mädchen im Unterricht steigern und die Jungen darin fördern, abwertende Äußerungen einzustellen und ungeduldige Reaktionen (Zwischenrufe) abbauen.
(2) Auf einer zweiten Ebene strebt sie an, Situationen zu schaffen, in denen Jungen und Mädchen von der Sache her sich verständigen und zusammenarbeiten. Sie denkt dabei insbesondere an Ausflüge, Spielsituationen und vor allem ein umfassenderes Rollenspielprojekt.
Das *Abkommen* sah die Einhaltung von Regeln in allen neun Stunden bei der Klassenlehrerin vor. Regeleinhaltung und Regelverstoß registrierte jeder Schüler für sich auf einem Selbstbeobachtungsbogen. Dieser enthielt drei Kategorien

- ‚Ich habe mich gemeldet'
- ‚Ich habe dazwischengerufen (gehetzt, gegackert)'
- ‚Ich habe bei ROT gestört' .

Ein rotes Schild wurde als Diskriminationshilfe angesetzt, um Gruppen- und Einzelarbeitsphasen von der Phase Unterrichtsgespräch zu unterscheiden. Die Regeln sollten den ganzen Unterricht gelten, aber nur während des Unterrichtsgesprächs registriert werden.
Eine zielwertabhängige Belohnung wurde nicht vereinbart. Schüler und Lehrer waren sich darin einig, etwas Schönes zu unternehmen, wenn die Intervention nach beiderseitiger Einschätzung einen Erfolg gebracht hat.
Ein längeres *Rollenspiel-Projekt* sollte Mädchen und Jungen in gemischten Gruppen zusammenführen, in denen sie über das Interesse an der Aufgabe in zwangloser Weise Kontakt miteinander haben: Sie entwickeln gemeinsam ein Drehbuch für das Rollenspiel, üben gemeinsam, spielen es vor, fotografieren sich gegenseitig, entwickeln diese Fotos, wählen gemeinsam die besten Fotos aus, legen sie zusammen zu einer Geschichte, entwickeln Texte zu den einzelnen Aufnahmen und gestalten die Bildgeschichte abschließend. Während dieses Prozesses arbeiten sie ständig miteinander, sprechen, lachen, streiten und freuen sich gemeinsam, ohne laufend zu denken: „Jetzt lernen wir, wie Jungen und Mädchen zusammenarbeiten."

7. Verlauf der Intervention

Wirkung des Abkommens:
Die Schüler erhielten einen Selbstkontrollbogen, der für die Stunden einer Woche ausreichte. Nach jeder Stunde wurde ausgezählt und gefragt, wieviele Schüler das Ziel erreicht haben. Als Zielerreichung wurde gewertet, wenn sich ein Schüler mindestens zweimal pro Stunde gemeldet hatte, keinmal gestört hatte und keinmal dazwischengerufen hatte. Die Zahl der Schüler, die diese Zielwerte jeweils erreichten, wurde an der Tafel festgehalten, die Gründe für gutes oder schlechtes Abschneiden besprochen und dann wieder weggewischt.

Nach jeder Woche wurde eine Wochenbilanz aufgestellt, um den Trend im Auge zu behalten und ggf. rechtzeitig Veränderungen einleiten zu können. Später wurden nur noch Wochenauswertungen durchgeführt.

Zwischenbilanz nach einer Woche:
Die Mädchen haben es bis auf eines soweit gebracht, sich mindestens einmal pro Stunde zu melden. Die Jungen haben sich gemäßigt, 6 Jungen sind allerdings noch 4 bis 6mal pro Stunde in Zwischenrufe, wenn auch leise, abgerutscht. Mit dieser Jungengruppe führte die Lehrerin ein Einzelgespräch.

Zwischenbilanz nach zwei Wochen:
Alle Mädchen hatten sich mindestens dreimal in der Stunde gemeldet und in jeder Stunde mindestens einmal etwas gesagt. Die Jungengruppe, die große Schwierigkeiten hatte die Zwischenrufe zu unterlassen, hatte es immerhin geschafft, nur noch ein- bis zweimal pro Stunde zu ‚hetzen' und war auf 4 Jungen geschrumpft. Jungen und Mädchen empfanden die Stimmung in der Klasse wesentlich entspannter und äußerten befriedigt ihre Eindrücke bei einer Zwischenbesprechung.

Bilanz nach 4 Wochen:
Im Schnitt meldeten sich die Schüler zehnmal pro Stunde und brachten zwei bis drei Beiträge. Störungen oder Zwischenrufe kamen zusammengenommen weniger als einmal pro Schüler und Stunde vor, bei den meisten Schülern überhaupt nicht mehr.
Alle Mädchen meldeten sich weiterhin mindestens dreimal pro Stunde und brachten jeweils mindestens einen Beitrag. Die Jungen blieben auf dem niedrigen Niveau abwertender oder ironischer Äußerungen. Diese hatten inzwischen jedoch nur noch eine geringe Wirkung, da die Mädchen durch ihre zunehmende Aktivität sich kaum noch irritieren ließen.
Lehrerin und Schüler stellten nach vier Wochen gemeinsam fest, daß sie mit dem Verlauf sehr zufrieden waren und belohnten sich mit einem gemeinsamen Ausflug.

Nachwirkungen:
Die Verhaltensregeln wurden auch in der Folgezeit von den Schülern beachtet. Die Lehrerin stellt nur noch einen leichten Rückgang in der Aktivität der Mädchen fest. Drei Monate später schlug sich die Veränderung im Gesprächsverhalten bei den Mädchen auch in den Zeugniszensuren nieder, sie wurden in Deutsch und sozialkundlichen Fächern um jeweils eine Note besser. Bei den Zeugnisbesprechungen mit einzelnen Schülerinnen wies die Lehrerin darauf hin, daß sie jetzt den Eindruck hatte, ein allmähliches Abschlaffen in der Meldeaktivität festzustellen. Diese Rückmeldung an einzelne Mädchen führte dazu, daß diese sich spontan zusammenschlossen und eine erneute Durchführung der Selbstbeobachtung ihrer Meldeaktivität vorschlugen.

Verlauf der Projektarbeit:
Zu Beginn der Arbeit wurde ein Leitthema gesucht, zu dem die Schüler Rollenspiele entwickeln sollten. Das Thema „Konflikt zwischen Lehrer und Schüler" hatte die Mehrheit. Es wurden vier Gruppen gebildet, die sich so fanden, daß die Schüler sich für eine der folgenden vier Grundideen für das Rollenspiel entschieden:
- Lehrer hat Probleme mit Klasse, regelt sie mit Hilfe des Schulleiters.
- Der neue Lehrer ist langweilig, die Schüler besprechen das Problem mit ihm.
- Der Fachlehrer kommt mit der Klasse nicht weiter, der Klassenlehrer hilft.
- Der Lehrer explodiert, bespricht das Problem anschließend mit den Schülern.

Jede Gruppe arbeitete für sich in einer Klasse oder einem Gruppenraum. Es wurden jeweils mehrere Stunden gebraucht, um das Rollenspiel zu planen, Rollen zu verteilen, das Drehbuch auszuformulieren und das Vorspielen zu üben. Als alle Gruppen soweit vorbereitet waren, wurde im Klassenzimmer vorgespielt. Die Nichtmitspieler saßen hinten, beobachteten das Spiel sehr genau und äußerten anschließend ihre

Eindrücke und Bewertungen. Einige Schüler fotografierten. Nach dem Vorspielen aller Gruppen wurden neue Gruppen zusammengestellt, da die Schüler das Gefühl hatten, sonst nur die Jungen und Mädchen in ihrer Teilgruppe besser kennenzulernen. Die Schüler fanden sich schnell zu neuen Gruppen zusammen. Die neue Aufgabe bestand jetzt darin, die Rollenspiele als Bildergeschichte darzustellen. Dazu war es notwendig, die Fotos in Großformat abzuziehen, sie auszuwählen, zugleich mit den Abfolgen zusammenzulegen, sie jeweils knapp und verständlich zu untertiteln, eine Gestaltung der Abfolge zu überlegen und schließlich die fertige Bildergeschichte mit Sprechblasen auszumalen.
Diese Arbeit dauerte mehrere Wochen. Insgesamt wurde das Projekt fast ein halbes Jahr lang durchgeführt. Trotzdem war bei den Schülern kein Nachlassen der Spannung festzustellen. Mit dieser Arbeit waren so viel neue und interessante Aktivitäten verbunden, daß sie sich jedesmal neu auf die Arbeit stürzten. Zum Halbjahresende wurde die Projektarbeit dann beendet.

8. Ergebnisse der Intervention

Ein Indikator für die erfolgreiche Lösung des Problems der Beziehungen zwischen Jungen und Mädchen war der spontane und gemeinsame Beschluß der Schüler gegen Ende des Projekts, die Sitzordnung in der Klasse so zu verändern, daß Jungen und Mädchen gemischt sitzen und so in vielen normalen Unterrichtsstunden auch zusammenarbeiten können.
Eine Nachbefragung der Lehrerin ergab von ihr eine differenzierte Einschätzung der Zielerreichung bezüglich der einzelnen Teilziele. Für vollständig erreicht hielt sie ihre Teilziele ‚Mädchen unterstützen aktiver zu werden' und ‚bei falschen Antworten Hilfestellung zur Korrektur leisten' sowie das Schülerteilziel ‚in Gruppen gut zusammenarbeiten'.
Weitgehend erreicht sind ihrer Meinung nach die Teilziele ‚Mädchen beteiligen sich aktiv am Unterricht', ‚Jungen äußern

keine abwertenden Bemerkungen mehr' und ,Jungen und Mädchen sitzen gemischt in der Klasse'. In einem Punkt will sie selbst sich noch mehr bemühen, sie möchte vor allem im Geschichtsunterricht verständlicher darstellen und formulieren.
Sie erklärt sich die Wirkung der Intervention dadurch, daß die Schüler in ihren ureigensten Interessen angesprochen waren, daß sie keinen Druck ausgeübt habe, die Intervention durchzuführen, daß die Schüler unmittelbar gespürt hätten, daß die Maßnahmen auch Veränderungen bringen und daß schließlich das Rollenspielprojekt so großen Anklang gefunden hatte. Schließlich habe ihr das Ganze auch selbst Spaß gemacht. Sie sei in der Beziehung zu den Schülern erheblich gelöster und freudiger geworden.
Zur Überprüfung ihrer Eindrücke über die Veränderungen in der Klasse an der Sicht der Schüler entwickelte die Lehrerin einen Nachbefragungsbogen.

Nachbefragung zum Projekt: Verbesserung der Beziehung zwischen Mädchen und Jungen

---

(1) ( ) Junge ( ) Mädchen

(2) Mein Verhältnis zu den Jungen/Mädchen hat sich im letzten halben Jahr
- ( ) deutlich verbessert ( ) ganz gut verbessert
- ( ) kaum verbessert ( ) nicht verbessert

(3) Im Unterrichtsgespräch
- ( ) fürchte ich noch immer, ausgelacht zu werden.
- ( ) habe ich Angst vor Kritik der Lehrerin bei einer falschen Antwort.
- ( ) bin ich aktiver geworden; mache ich besser mit als früher.
- ( ) bin ich selbstsicherer geworden.

(4) In unserer Klasse fühle ich mich jetzt

( ) deutlich sicherer als früher,

( ) etwas sicherer als früher,

( ) so sicher wie früher,

( ) so unsicher wie früher.

(5) Ich bin noch immer etwas unsicher,

( ) weil ich das Gefühl habe, die Lehrerin mag mich nicht,

( ) weil ich glaube, meine Mitschüler mögen mich nicht.

(6) Die Zusammenarbeit zwischen Jungen und Mädchen in unserer Klasse

( ) ist deutlich besser geworden,

( ) etwas besser geworden,

( ) gleich schlecht geblieben.

(7) Hat die (Rollen-)spielstunde zur Verbesserung der Klassengemeinschaft beigetragen? Wie erklärst du dir diese Wirkung?

....

(8) Glaubst du, der Sexualkundeunterricht könnte dazu beitragen, daß Jungen und Mädchen sich noch besser verstehen?

....

(9) Was könnte oder müßte in der Klasse noch besser werden?

Was könnten Lehrer und Schüler dazu tun?

....

....

Ergebnisse der Nachbefragung:

– Die Schüler schätzen die Beziehung und die Zusammenarbeit zwischen Jungen und Mädchen in der Klasse als deutlich besser ein.
– Aus der Teilgruppe selbstunsicherer und passiver Schüler, vor allem Mädchen, sagen alle, daß ihre Unterrichtsaktivität gewachsen sei und sie selbstsicherer geworden seien. Es

fürchten nur noch drei Mädchen, kritisiert oder ausgelacht zu werden.

- Die wöchentliche Rollenspielstunde wird besonders von den Mädchen sehr positiv eingeschätzt. Sie führen die Verbesserung der Klassengemeinschaft darauf zurück. Die Jungen sehen dies in etwas abgeschwächter Form auch. „Die Rollenspielstunde hat zur Verbesserung beigetragen, denn wir haben auch Probleme besprochen, die in der Klasse sind. Außerdem haben Jungen und Mädchen in den Gruppen viel zusammen getan“ (eine Schülerin).

Kommentar: Die Schüler schätzen die Wirkung der Intervention positiv ein, sie bestätigen damit die Einschätzung der Lehrerin. Es ist ihr offensichtlich gelungen, gemeinsam mit den Schülern eine problem- und bedürfnisorientierte Intervention zu entwickeln, die über eine lange Durchführungszeit ihre Spannung nicht verloren hat und in den Schulalltag gut integriert werden konnte.

Abbau von mangelhaftem Interesse und Unruhe im Mathematikunterricht (H. Scholz)

1. Rahmenbedingungen

Es handelt sich um eine 9. Klasse an der Hauptschule: 30 Schüler – im Alter von 14 bis 17 Jahren. Die Intervention wurde in sieben Mathematikstunden innerhalb von zehn Tagen durchgeführt. Geplant wurde die Intervention vom Klassenlehrer, der 16 Stunden Deutsch, Geschichte, Politik und Mathematik in dieser Klasse unterrichtete. Die Durchführung lag dann in den Händen der Schüler. Bemerkenswert ist noch, daß die Intervention vier Wochen vor der Entlassung der Hauptschüler durchgeführt wurde: normalerweise eine Zeit, in der in diesen Klassen nichts mehr an schulischem Lernen läuft.

2. Problemsicht des Lehrers

Der Lehrer schildert das Problem: „Im Mathematikunterricht ist es fast unmöglich, etwas Neues einzuführen oder frontal zu erklären: nur wenige passen auf, viele unterhalten sich mit dem Nachbarn oder rufen laut Fragen und Antworten dazwischen.“ Die unterrichtsbezogene Beteiligung ist sehr gering und nur auf wenige Schüler beschränkt (5 von 30). Dieses Problemverhalten der Schüler tritt nach Auffassung des Lehrers vorwiegend im Mathematikunterricht auf. Bei Fachlehrern oder in seinen anderen Stunden tritt es zwar auch auf, aber in geringerem Ausmaß. Auf störendes Verhalten reagiert der Lehrer zum Teil mit Ermahnungen, zum Teil ignoriert er es. Die Beteiligung versucht er zu erhöhen, indem er allgemeine Fragen stellt und diejenigen, die sich beteiligen, positiv verstärkt.

Der Lehrer schätzt, daß während einer Stunde etwa 50 störende Zwischenrufe auftreten. Die Zahl der Seitengespräche ist so hoch, daß er sie nicht schätzen kann.
Sein Ziel: „Die Schüler sollen im Mathematikunterricht, wenn ein Problem erklärt oder diskutiert wird, etwa fünf bis zehn Minuten konzentriert zuhören, damit sie in der Lage sind, allein weiterzurechnen.“ Dazu muß die Zahl der störenden Zwischenrufe und der Seitengespräche erheblich reduziert werden. Dies gilt nicht nur für die Phase des Frontalunterrichts, sondern auch für Gruppen- und Stillarbeit.

3. Problemsicht der Schüler

Der Lehrer befragt die Schüler zu ihrer Sicht des Problems:

Schülerbogen (H 9)

1) Die Erklärungen des Lehrers im Mathematikunterricht sind
verständlich 1 2 3 4 5 unverständlich

2) Die Aufgaben im Mathematikunterricht sind
zu schwer 1 2 3 4 5 zu leicht

3) Der Unterricht in Mathematik ist
langweilig 1 2 3 4 5 interessant

4) Der Unterricht im Fach Geschichte ist
langweilig 1 2 3 4 5 interessant

5) Ich arbeite im Unterricht lieber
allein ( ) mit einem Partner ( )
in der Gruppe ( )

6) Im Unterricht ist es so laut, daß ich gar nicht arbeiten kann.
oft ( ) manchmal ( ) selten ( ) nie ( )

7) Ich traue mich nicht zu fragen, wenn ich etwas nicht verstehe.
oft ( ) manchmal ( ) selten ( ) nie ( )

8) Der Lehrer müßte sich mehr um mich kümmern.
oft ( ) manchmal ( ) selten ( ) nie ( )

Ergebnis:

1) Drei Viertel der Schüler finden, daß es im Unterricht oft oder manchmal so laut ist, daß sie nicht mitarbeiten können.
2) Die Schüler schätzen den Mathematikunterricht genauso (durchschnittlich) interessant ein wie den Geschichtsunterricht, bei dem das Problemverhalten am wenigsten auftritt.
3) Die Mehrzahl der Schüler möchte lieber mit einem Partner im Unterricht zusammenarbeiten als allein oder in der Gruppe.
4) Im übrigen finden die Schüler die Erklärungen des Lehrers durchschnittlich verständlich; die Aufgaben im Mathematikunterricht sind weder zu schwer noch zu leicht; die meisten denken, daß sie Mathematik verstehen können; sie trauen sich, auch dann Fragen zu stellen, wenn sie im Unterricht etwas nicht verstanden haben; der Lehrer braucht sich nicht mehr um sie zu kümmern.

4. Bedingungsmodell

Die Schüler sehen das Problem ähnlich wie der Lehrer: es ist zu laut im Unterricht; sie können nicht mitarbeiten. Sie finden Mathematik durchschnittlich interessant und sind nicht überfordert. Darüber hinaus haben offensichtlich einige Schüler noch ein spezielles Interesse daran, bestimmte Elemente der Mathematik (Algebra, Prozentrechnung) zu lernen, weil ihnen Berufsaufnahmeprüfungen bevorstehen.
Es scheint also weniger so zu sein, daß eine bestimmte Ursa-

che vorliegt, sondern das Problemverhalten der Schüler hat sich offenbar gewohnheitsmäßig „eingeschliffen".

5. Gemeinsame Zielbestimmung

Der Lehrer sollte den Unterricht in Mathematik stärker an den Bedürfnissen der Schüler orientieren, was in diesem Fall heißt, mehr berufsspezifische Themen anzubieten. Dadurch kann er den Unterricht interessanter gestalten und vom Thema her die eingeschliffenen störenden Interaktionsformen durchbrechen. Dazu sollte er den Wunsch der Schüler nach Partnerarbeit berücksichtigen.
Auf der anderen Seite sollten auch die Schüler sich bemühen, Zwischenrufe und Seitengespräche abzubauen sowie sich stärker am Unterricht zu beteiligen.
Wir haben also drei Teilziele:
1) der Lehrer gestaltet den Unterricht interessanter,
2) die Schüler bauen unterrichtsfremde Gespräche und Zwischenrufe ab,
3) die Schüler beteiligen sich mehr unterrichtsbezogen.

6. Interventionsplanung

Der Lehrer will die Struktur des Mathematikunterrichts folgendermaßen festlegen: nach nur 10 Minuten Frontalunterricht, in der die Aufgaben für die Unterrichtsstunde besprochen und erklärt werden, folgt eine zwanzigminütige Phase der Partner- bzw. Stillarbeit. Danach sollen die Ergebnisse fünf Minuten lang verglichen und besprochen werden. Die restlichen fünf Minuten sollen dazu dienen, ein Mathe-Spiel durchzuführen.
Während der Partnerarbeit – in der Stillarbeitsphase – können sich die Schüler ihre Aufgaben selber zusammenstellen. Diese Maßnahmen betreffen das Verhalten des Lehrers und sollen

den Unterricht für die Schüler interessanter gestalten. Die Kürze des Frontalunterrichts erleichtert ihnen, sich zu konzentrieren. Partnerarbeit und Zusammenstellung der zu bearbeitenden Aufgaben orientieren sich an den Bedürfnissen der Schüler.
Um den Schülern eine Hilfe für ihre Zielverhaltensweisen zu geben, schlägt der Lehrer die folgenden Regeln für den Mathematikunterricht vor:

Regeln für den Mathematikunterricht (H 9)

Frontalunterricht

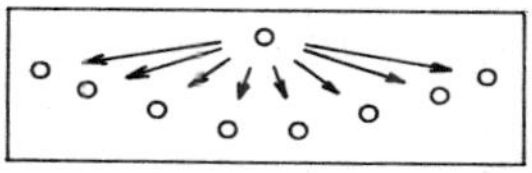

Regeln:
+ Ich höre zu, wenn einer spricht.
+ Ich frage nach, wenn ich etwas nicht verstanden habe.
- Ich rede dazwischen.
- Ich stehe von meinem Platz auf und spreche mit anderen.

Gruppenarbeit mit dem Nachbarn

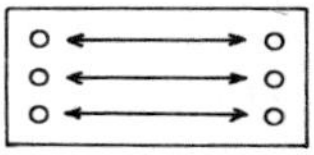

Regeln:
+ Ich frage leise meinen Nachbarn, wenn ich etwas nicht verstanden habe.
+ Ich erkläre meinem Nachbarn, wenn er etwas nicht verstanden hat.
- Ich frage den Lehrer, wenn ich etwas nicht verstanden habe.
- Ich rufe meine Fragen durch die Klasse.

Das oben abgebildete Papier ‚Regeln für den Mathematikunterricht' sowie den folgenden Selbstbeobachtungsbogen erhält jeder Schüler.

Selbstbeobachtungsbogen für Schüler			
Ich höre zu, wenn einer spricht (Frontal) +	Ich frage, wenn ich etwas nicht verstehe (Frontal) +	Ich frage leise meinen Nachbarn, wenn ich etwas nicht verstehe (Partnerarbeit) +	Ich erkläre meinem Nachbarn, wenn er etwas nicht versteht (Partnerarbeit) +
Ich rede dazwischen –	Ich stehe von meinem Platz auf und spreche mit anderen –	Ich frage den Lehrer während der Partnerarbeit –	Ich rufe meine Frage laut in die Klasse –
	Endpunktzahl ( )		

Im oberen Teil des Selbstbeobachtungsbogens werden die Zielverhaltensweisen registriert (Pluspunkte), im unteren Teil die problematischen Verhaltensweisen. Ganz unten wird jeweils die Endpunktzahl festgehalten, die sich aus der Zahl der Pluspunkte abzüglich der Minuspunkte ergibt.

Der Lehrer geht davon aus, daß eine Belohnung für bestimmte Summen von Pluspunkten nicht sinnvoll ist. Er möchte völlig ohne externe Verstärker auskommen.

Kommentar: In diesem Fall geht es also um eine reine Selbstbewertung, die die Schüler durchführen. Dazu ist es sehr wichtig, daß die Schüler selbst ihr Ziel setzen. Der Selbstbewertungsprozeß wird dann um ein wichtiges Glied amputiert, wenn die gemeinsame Zielbestimmung mit den Schülern fehlt und ihnen das Zielverhalten unklar ist. Hier wurde durch die Befragung und das folgende Gespräch ein gemeinsames Ziel gesetzt, das sowohl Verhaltensweisen des Lehrers als auch der Schüler einbezog. Außerdem wurde in Form der Regeln das Zielverhalten der Schüler genau beschrieben.

7. Verlauf und Ergebnisse

Regel- und Selbstbeobachtungsbögen wurden mit den Schülern ausführlich besprochen. Der Lehrer berichtet: „Die Schüler haben das Programm sehr gut angenommen. Sie waren so stark beteiligt, daß sie selbst ihre Punkte völlig ohne Hilfe ausgewertet und zusammengezählt haben.“ Außer der etwa 1½stündigen Vorbereitung der Intervention, der Befragung und einer einstündigen Einführung hatte der Lehrer nichts mehr zu tun. Insofern kann er „nur“ als Initiator der Intervention angesehen werden.
Die Schüler notierten selbständig Plus- und Minuspunkte und werteten sie aus: So entstand beispielsweise am ersten Interventionstag eine Endpunktzahl von 179 Punkten dadurch, daß von 213 Pluspunkten 34 Minuspunkte abgezogen wurden. Der Erfolg läßt sich am besten messen am Abbau der Problem-Verhaltensweisen. Dies stellt die folgende Abbildung dar:

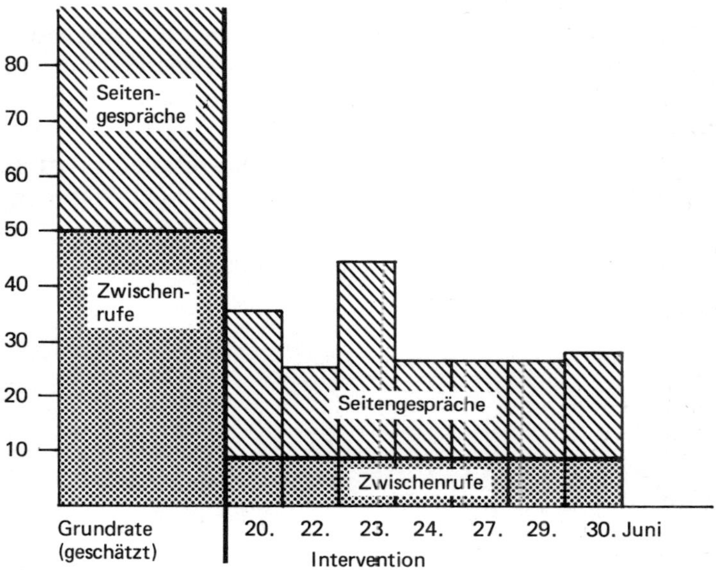

Aus der Schätzung des Lehrers geht hervor, daß vor der Intervention etwa 50 Zwischenrufe und weit mehr Seitengespräche pro Stunde stattgefunden hatten. Während der Intervention sanken Zwischenrufe und Seitengespräche auf durchschnittlich 27. In der Nachbefragung erläutert der Lehrer diesen Wert folgendermaßen: die störenden Zwischenrufe sanken etwa auf 8 pro Mathematikstunde. Alle Minuspunkte zusammengenommen ergaben die in der Grafik aufgezeichneten Werte während der Intervention.
Nachdem die Intervention beendet war, stieg das Problemverhalten wieder leicht an, wodurch jedoch der Unterrichtsverlauf kaum gestört wurde. In den folgenden drei Wochen bis zur Entlassung blieb das Verhalten dann konstant positiv.
Der Lehrer sieht die gemeinsamen Ziele als weitgehend erreicht an. Er selbst hat sich korrigieren können in seinem Unterrichtsvorgehen, indem er den Mathematikunterricht in kleinere Lernschritte zerlegte. Für ihn wurde durch diese kurze Intervention klar, daß bei den meisten Schülern das Motiv zum Lernen und zur Verbesserung ihres eigenen Sozialverhaltens vorliegt. Der Erfolg selbst war für sie interessant, nicht irgendeine externe Belohnung. Und diesen Erfolg konnten sie in Form ihrer Punktzahlen sehen. Insgesamt führt er deshalb den Erfolg der Intervention besonders auf dieses Element zurück.
Seiner Wahrnehmung nach war auch ein leichter Übertragungseffekt der Intervention im Deutschunterricht zu spüren, indem die Schüler zunehmend weniger Unruhe verbreiteten und sich mehr unterrichtsbezogen beteiligten.

Unterrichtsstörungen und mangelhaftes Arbeitsverhalten in einer Handelsschul-Oberstufenklasse (K.-H. Grönke)

1. Rahmenbedingungen

8 Mädchen, 9 Jungen; Alter: 17-18 Jahre; ‚Reine Wiederholer (Versager)-Klasse'. Die Intervention wurde durchgeführt vom Fachlehrer (Mathematik) mit 4 Wochenstunden Unterricht.
Dauer der Intervention: 4½ Wochen = 18 Stunden. Eine zeitliche Mehrbelastung während der Durchführung trat nicht auf. Sie belastete den Lehrer und die Schüler kaum.

2. Problemsicht des Lehrers

Insbesondere in Eckstunden und beim Frontalunterricht arbeiten viele Schüler nicht kontinuierlich mit: sie spielen, dösen usw. In Übungs- und Anwendungsphasen bleiben sie ohne fremde Hilfe passiv, geben bei auftretenden Schwierigkeiten schnell auf. Hausaufgaben fehlen häufig. Darüber hinaus treten häufig Unterrichtsstörungen durch einzelne Schüler auf. Die Beziehungen der Schüler zur Klassenlehrerin sind sehr schlecht. Im allgemeinen wird die Klasse von den Lehrern abgelehnt.
Der Lehrer möchte, daß die Schüler zielgerichtet, konzentriert und ausdauernd über einen längeren Zeitraum mitarbeiten; ihre Aufmerksamkeit soll gesteigert werden, insbesondere bei gemeinsamer (einführender) Problembearbeitung; sie sollen sich in Anwendungs- und Übungsphasen intensiver um eigene Problemlösungen bemühen.

3. Problemsicht der Schüler

Der Lehrer entwickelt einen Fragebogen für die Schüler mit folgenden Fragestellungen:

- Wie sehen die Schüler ihren eigenen Leistungsstand? Wie fühlen sie sich dabei? („Meine Zensuren sind so schlecht, daß ich nur noch wenig Hoffnung habe, die Prüfung zu bestehen").
- Wie sehen die Schüler ihre Beziehung zu den Lehrern? („Ich habe das Gefühl, daß viele Lehrer ungern in unserer Klasse unterrichten").
- Wie sehen die Schüler ihre Beziehung zum Mathematiklehrer? („Er sollte uns mehr loben, wenn wir gute Arbeit leisten").
- Wie sehen die Schüler die Unterrichtsorganisation? („Wir sollten mehr in Gruppen arbeiten").

Ergebnis:

„Etwa ⅔ der Schüler sehen sich einem starken Leistungsdruck ausgesetzt. Nur 3 Schüler sind aufgrund ihres augenblicklichen Zensurenstandes relativ sicher, die Prüfungen in gut einem halben Jahr zu bestehen. ⅔ der Schüler sehen kaum Zukunftschancen, wenn sie die Prüfung nicht bestehen. Etwa ⅔ haben das Gefühl, daß von allen Lehrern ein starker Leistungsdruck ausgeübt wird.
Ca. ⅔ der Schüler fühlen sich von allen Lehrern nicht oder nur wenig akzeptiert. Sie empfinden die Reaktionen des Mathematiklehrers auf ihr Verhalten als recht neutral; d. h. sie vermissen zum großen Teil das Lob, erwarten andererseits aber fast ohne Ausnahme keine Strafen, obwohl er nach Meinung vieler Schüler in letzter Zeit zu oft schimpft und ungeduldig reagiert. ⅔ der Schüler empfinden die augenblickliche Unterrichtssituation in Mathe als angespannt. Viele finden den Mathematikunterricht langweilig und möchten gern in Gruppen arbeiten.
Keiner der Schüler findet, daß der Mathematiklehrer zu viel Hausaufgaben aufgibt." (Zitate aus Berichten des Mathematiklehrers)

4. Bedingungsmodell

„Die Klasse setzt sich ausschließlich aus Schülern zusammen, die mindestens einmal das Versagenserlebnis der Nicht-Versetzung hatten (reine Wiederholer-Klasse). Relativ geringer Leistungsstand und Leistungsdruck durch die bevorstehende Prüfung und das Lehrerverhalten allgemein erzeugen Angst vor erneutem Mißerfolg. Die negative Erwartungshaltung fast aller an der Klasse unterrichtenden Lehrer verstärkt die Mißerfolgserwartung der Schüler.“

Kommentar: Die Beantwortung des Fragebogens bestätigt die Sichtweise des Lehrers: die Schüler möchten mehr gelobt werden, sie fühlen sich unter Leistungsdruck, sehen ihre Chancen für die Zukunft schwarz. Die Schüler fühlen, daß die meisten Lehrer ungern in ihrer Klasse unterrichten. Aus diesen Informationen und aus der Tatsache, daß alle Lehrer wissen: „Dies ist eine Versager-Klasse“, entwickelt der Mathematiklehrer ein Bedingungsmodell, das sich so beschreiben läßt:

Unterricht —
- zu spät kommen
- Hausaufgaben nicht machen
- sich nicht mündlich beteiligen
- Arbeitsaufgaben nicht beginnen
- angefang. Arb.Aufg. abbrechen
- den Unterricht stören
- sich still unterrichtsfremd beschäftigen

⟶ ?

Das Modell muß sehr verschiedene problematische Verhaltensweisen der Schüler erklären.
Was haben diese Verhaltensweisen gemeinsam?
Sie sind unvereinbar mit aktiver, engagierter Unterrichtsbeteiligung. Wer zu spät kommt, Arbeitsaufgaben nicht beginnt oder abbricht, durch laute Gespräche stört oder ‚döst‘, beteiligt sich nicht. Das Modell muß deshalb nicht erklären, wie die problematischen Verhaltensweisen *auf*gebaut, sondern das Zielverhalten ‚aktive Beteiligung‘ *ab*gebaut wurde!
Dazu wissen wir, daß alle Ss einmal sitzengeblieben sind. Alle haben schon das empfindliche Erlebnis des ‚schulischen Versagens‘ gehabt. Sie werden vermutlich die Erfahrung gemacht haben, daß wichtige Personen ihrer Umwelt sie als ‚Versager‘ o. ä. betrachtet haben, und sie werden an ihren eigenen Fähigkeiten gezweifelt haben (Fremdbild ⟶ Selbstbild). Vor Eintritt dieser Erfahrungen haben sie sicherlich zahlreiche Signale kennengelernt, die das unangenehme

Erlebnis ankündigen. Diese Signale selbst sind als Strafreize zu betrachten.
Als Schema:

	unterrichts-	→ Fehler	
Unterricht →	bezogenes u.	→ Kritik	Fremdbild u.
	-fremdes	→ schlechte	Selbstbild
	Verhalten	Zensuren	‚Versager'
		→ Herabsetzungen	

Schüler in diesem Alter haben ein ausgeprägtes Selbstbewertungs- und Selbstverstärkungssystem entwickelt. Insbesondere vor sich selbst möchten sie nicht als Versager dastehen. Also unterdrücken sie alle Verhaltensweisen, die zu Fehlern, Mißerfolgen und damit zu neuen ‚Versager-Gefühlen' führen könnten. Aktive und vor allem engagierte Beteiligung birgt aber immer diese Gefahren. Also tun sie das Gegenteil: die o. g. problematischen Verhaltensweisen. Sie dienen in erster Linie der Vermeidung von Mißerfolgen.
An diesem Punkt setzt nun ein Teufelskreis ein. Ausgerechnet diese Ss werden in *einer* Klasse zusammengefaßt. Alle Lehrer der Klasse haben eine entsprechend negative Erwartungshaltung bezüglich der Leistungen der Schüler. Sie nehmen Bemühungen und kleine Fortschritte kaum wahr und verstärken sie nicht. Kleine Ansätze der Ss, am Unterricht aktiv mitzuarbeiten, werden somit abgebaut.
Folge: Die Ss resignieren und bestätigen damit die Erwartungen der Lehrer. Dies erhöht die Wahrscheinlichkeit negativer Bewertungen. Ss ziehen sich noch mehr zurück oder beginnen mit Störmanövern, was aus der Sicht der Lehrer das Bild der ‚Problemklasse' nur noch abrundet. Die Beziehungen zwischen Lehrern und Schülern werden immer schlechter. Schließlich lassen die gegenseitigen ‚Feindbilder' keine Schattierungen mehr zu:

der ursprünglich nur leistungsschwache Schüler wird zum ‚Dauerversager' und ‚Störenfried'	⟷	der ursprünglich um Verständnis bemühte Lehrer wird zum ‚autoritären Ekel'

In dem vorliegenden Fall scheint besonders die Beziehung zwischen den Ss und der Klassenlehrerin sehr schlecht gewesen zu sein. Möglicherweise stand sie selbst unter dem Druck, für die schlechten Leistungen der Klasse verantwortlich zu sein, und setzte sich selbst und die Ss einem erhöhten Leistungsanspruch aus.
Stattdessen hätte man davon ausgehen müssen, daß diese Ss zunächst möglichst viele Erfolgserlebnisse haben müssen, um überhaupt an den Stoff heranzugehen. ‚Selbstverständliche' Leistungen hätten *direkt* und *jedesmal* anerkannt werden müssen. Eine Zusammenfassung in einer ‚Wiederholer-Klasse' hätte man vermeiden können.

Der Mathematiklehrer, der eine verhältnismäßig gute Bezie-

hung zur Klasse hat, bemüht sich um Verbesserungen: „Der Versuch, die in letzter Zeit verstärkt auftretenden Konflikte durch Gespräche zu regulieren, hatte wenig positive verhaltensändernde Wirkung. Vielmehr betrachteten einige Schüler die Gespräche als geeignetes Mittel zur Vermeidung des Mathematikunterrichts; durch das (verständnisvolle) Lehrerverhalten wurde das unerwünschte Schülerverhalten eher verstärkt. Der Mathelehrer reagierte auf die Unterrichtssituation in letzter Zeit verstärkt durch Äußerungen von Ungeduld und Unzufriedenheit. Er bestrafte zwar selten; unterrichtsbezogenes Verhalten und erbrachte Leistungen wurden andererseits jedoch zu wenig honoriert.
Die Schüler erfuhren insbesondere Zuwendung vom Lehrer, wenn sie sich bei Schwierigkeiten hilfesuchend an ihn wandten. Diese Zuwendung könnte das mangelnde Bemühen um eigene Problemlösung verstärkt haben. Die Schüler lernten so ebenfalls, Anstrengung und Mißerfolg in der Einzelarbeit zu vermeiden."

5. Zielbestimmung

Im Gegensatz zur Zielbestimmung vor der Befragung der Schüler und der Erstellung eines Bedingungsmodells weist die folgende Zielbestimmung schon auf Handlungsmöglichkeiten hin. Der Lehrer möchte Selbständigkeit und Eigenverantwortlichkeit der Schüler fördern; eine Voraussetzung dafür ist die Verbesserung des Arbeitsverhaltens der Schüler im Unterricht und bei den Hausaufgaben.
‚Arbeitsverhalten' gliedert er in drei Bereiche:

a) Veränderung des Basisverhaltens zur Durchführung von Unterricht:
- pünktliches Erscheinen zum Unterricht
- regelmäßiger Schulbesuch
- Erhöhung der Unterrichtsbeteiligung

- Abbau von unterrichtsfremdem Verhalten
- regelmäßige Erledigung von Hausaufgaben

b) Unterrichtsgestaltung

- häufiger Methodenwechsel; insbesondere Gruppenarbeit
- gegenseitige Kontrolle der Hausaufgaben

c) Förderung von Anstrengungsbereitschaft und Ausdauer

- Verbesserung der Kooperation zwischen ‚guten' und ‚schlechten' Schülern
- selbständige Erarbeitung von Problemlösungen in Gruppen unter Anleitung ‚guter' Schüler

6. Intverventionsplan

Die genannten drei Teilziele sind ohne Schwierigkeiten in Verhaltensregeln umzuformulieren. Die Einhaltung der Regeln sollte zu angenehmen, ihre Verletzung zu unangenehmen Konsequenzen führen. Gleichzeitig sollten ‚falsche' positive Verstärker wie die Hilfestellung des Lehrers bei unselbständigem Verhalten ausbleiben. Außerdem sollten gute Schüler als Modelle für aktive Bewältigung von mathematischen Problemen eingesetzt werden. Aus diesen allgemeinen Überlegungen entwickelte der Mathematiklehrer den folgenden Interventionsplan:

„Vorbemerkungen: Im Frühjahr wurde ich von der Klasse gebeten, mit ihnen auf Klassenfahrt zu gehen, da die Klassenlehrerin aus gesundheitlichen Gründen eine Reise abgelehnt hatte. Die Begründung für die Ablehnung der Klassenreise durch die Klassenlehrerin wurde von den Schülern angezweifelt.

Von Seiten der Schulleitung wurden Bedenken hinsichtlich einer Klassenreise mit dieser ‚Problemklasse' unter Leitung eines Fachlehrers geäußert (Lernrückstände und Unterrichtsausfall, Disziplin der Klasse, Dominanz des Fachlehrers gegenüber der Klassenlehrerin).

Obwohl auch ich Bedenken hinsichtlich der Disziplin in der

Klasse hatte, gelang es mir, indem ich auf das allgemeine Gefühl der Diskriminierung innerhalb der Klasse und auf mögliche positive verhaltensändernde Wirkung bei einer Klassenreise hinwies, die Zustimmung der Schulleitung zu erhalten.
Ich erklärte der Klasse die Bedenken der Schulleitung und meine eigenen im einzelnen und informierte sie über die Erwartungen hinsichtlich einer Verhaltensänderung; dann erklärte ich mich zu einer Klassenreise bereit.

Einführung der Interventionen:
Ausgehend von meiner Besorgnis über die Disziplin der Schüler während der geplanten Klassenreise und den Erwartungen hinsichtlich einer Verhaltensänderung wurden gemeinsam mit der Klasse häufig auftretende unerwünschte Verhaltensweisen gesammelt (vgl. Zielbestimmung). Hieraus gingen folgende Regeln hervor, die ich der Klasse vorschlug und die Inhalt eines (mündlichen) Vertrages mit der Klasse wurden.

Vertragsregeln:
- Jeder zu spät zum Unterricht erscheinende Schüler erhält einen Minuspunkt.
- Jede Unterrichtsstörung und jede sonstige unterrichtsfremde Beschäftigung führen zu einem Minuspunkt. Im Zweifel entscheidet die Klasse mit Mehrheit, ob ein Schülerverhalten zu Punktabzug führen soll.
- Die Schüler kontrollieren zu Beginn der Stunde gegenseitig die Erledigung von Hausaufgaben und melden Fehlanzeige (Minuspunkte).
- Zu Beginn der Stunde umreißt der Lehrer das zu behandelnde Stoffpensum.
- Im Unterrichtsgespräch (Frontalunterricht) werden jeweils für die Dauer von 10 Minuten je drei Schüler vom Lehrer beobachtet. Jeder freiwillig geäußerte Unterrichtsbeitrag dieser Schüler (ob richtig oder falsch) sowie jeder richtige Beitrag nach Aufforderung erbringen einen Pluspunkt (vgl. Beobachtungsbogen im nächsten Abschnitt).

- Es wird vermehrt in Gruppen gearbeitet.
- Für die Dauer der Intervention werden fünf feste Gruppen gebildet. Vier Gruppen werden von guten Schülern geleitet; drei Schüler mit erheblichen Schwierigkeiten im Fach Mathe arbeiten unter Anleitung des Mathelehrers in einer Gruppe.
- Die Aufgabe der Anleiter in den Gruppen besteht *nicht* darin, für die Gruppen die Arbeit zu leisten, sondern gemeinsam mit allen Gruppenmitgliedern die Lösungen zu erarbeiten, d. h. anzuregen, zu erklären, Fragen zu beantworten u. a.
- Gruppen, die vor anderen bzw. vor Ablauf einer vorher vereinbarten Zeit die Aufgaben gelöst haben, können sich nach ihrer Wahl beschäftigen, ohne den übrigen Unterricht zu stören. Unter Umständen dürfen sie den Unterricht beenden und in die Pause bzw. nach Hause gehen.
- Jede Gruppe erhält für die richtige Lösung einen Punkt. Die Arbeit darf in den Gruppen erst beendet werden, wenn jedes Gruppenmitglied die richtige Lösung vorlegt und nach eigener Aussage den Lösungsweg durchschaut.
- Das Zielverhalten der Klasse gilt als erreicht, wenn je Unterrichtsstunde min. 3 Punkte erzielt werden (17 Schüler Klassenstärke).
- Wird das Soll von min. 3 Punkten regelmäßig erreicht, so darf die Klasse das Programm der geplanten Klassenreise selbständig gestalten, insbesondere unabhängig über die Art der Aktivitäten, über den Umfang der Freizeit und (im Rahmen der Herbergsordnung) über die Dauer des abendlichen Ausgangs entscheiden. Der Mathelehrer hat hinsichtlich der Programmgestaltung lediglich ein Vorschlagsrecht.
- Die Einhaltung der Regeln wird vom Mathelehrer in einem Beobachtungsbogen registriert. Die Schüler können die Eintragungen jederzeit kontrollieren."

Kommentar: Unterrichtsstörendes Verhalten und fehlende Hausaufgaben wurden mit Minuspunkten (also Strafreizen) geahndet. Geht man davon aus, daß diese Schüler ganz deutliche Signale für die

Anerkennung eigener Lernfortschritte und Bemühungen brauchen, dann ist der Einsatz von Strafreizen generell ungünstig. Soweit wie möglich sollten positive Verstärker eingesetzt werden für erwünschtes Verhalten statt Strafreize für unerwünschtes. Dadurch wird dann Annäherungsverhalten anstelle von Vermeidungsverhalten generell trainiert. Beispielsweise hätte jede Viertelstunde ohne eine Unterrichtsstörung auch einen Pluspunkt erbringen können. Statt Minuspunkten für fehlende Hausaufgaben hätte man jeweils einen Pluspunkt für vollständige Hausaufgaben in einer Arbeitsgruppe geben können.

7. Verlauf und Ergebnisse

„Die Intervention wurde vom 5. 5. bis zum 5. 7. in wöchentlich vier Mathematikstunden durchgeführt. Unterrichtsverspätungen wurden fast vollständig beseitigt. Störungen des Unterrichts wurden etwa auf ein bis zwei je Stunde reduziert; lediglich einmal wurden sechs Störungen registriert, wobei sehr strenge Maßstäbe angelegt waren.
Die Unterrichtsbeteiligung nahm merklich zu. Die Zusammenarbeit in den Gruppen war gut; wesentlich häufiger als bisher wurden Probleme eigenständig (ohne Hilfestellung des Lehrers) gelöst. Insbesondere ein relativ leistungsstarker Schüler, der zuvor durch häufige Unterrichtsstörung aufgefallen war, verhielt sich in der Gruppe sehr kooperativ und tat sich im Unterrichtsgespräch durch herausragende Leistungen hervor. Er konnte mehrfach vorzeitig vom Unterricht befreit werden.
Im ganzen waren die Schüler mit fast ‚sportlichem' Ehrgeiz bemüht, das Soll zu erfüllen.
Während der Klassenreise vom 10. 7. bis 17. 7. gab es keinerlei Disziplinschwierigkeiten. Jeder Schüler verhielt sich ausgesprochen gruppenbezogen und mitverantwortlich für ein Gelingen der Klassenfahrt. Das vorher gemeinsam erstellte Programm wurde, abgesehen von fest eingeplanten Veranstaltungen, täglich erneut zur Disposition gestellt und zum Teil geändert. Getroffene Vereinbarungen wurden sämtlich und gewissenhaft eingehalten. Großes Interesse war trotz erhebli-

cher Spannungen zwischen einigen Jungen und den Mädchen der Klasse an gemeinsamen Aktivitäten vorhanden. Erwähnenswert ist, daß an einem Abend am Lagerfeuer von einer Schülerin der Vorschlag gemacht wurde, zwecks Überwindung der Spannungen innerhalb der Klasse gruppendynamische Spiele zu spielen. Ein von der Schülerin vorgeschlagenes Spiel leitete mehrstündige Gruppen- und Zweiergespräche ein, die am folgenden Tag während einer Busfahrt zum Teil fortgesetzt wurde. Auf Wunsch der Klasse wurde der Abend am Lagerfeuer mit weiteren Spielen wiederholt.“

Beobachtungsbogen zur Erfolgskontrolle (mit Beispiel-Eintragungen)

Datum	Punktwerte	1o.5.77	11.5.77	....
Zahl der unpünktl. Schüler	Minuspunkte	2	0 0	
Frontalunterricht	Minuspunkte Pluspunkte	1 7	1 1 5 7	
Gruppenarbeit	Plus-Punkte	0	2 3	
Gesamtsumme		4	6 9	

Im Frontalunterricht erhielten Schüler *Minuspunkte*, wenn sie zu spät kamen, fehlende Hausaufgaben hatten oder den Unterricht störten.

Pluspunkte gab es für die selbständigen bzw. richtigen Beiträge zum Unterrichtsgespräch von jeweils 3 zufällig ausgewählten Schülern, die der Lehrer 10 min lang beobachtete und ihre Beiträge notierte. Im Gruppenunterricht erhielt jede Gruppe dann einen Punkt, wenn sie mit dem jeweiligen Arbeitsauftrag fertig war.
Die Gesamtsumme setzt sich aus den Pluspunkten vom Frontal- und Gruppenunterricht zusammen abzüglich der Minuspunkte.
An manchen Tagen hatte der Mathe-Lehrer 2 Unterrichtsstunden. Dann führte er die Punktwerte getrennt auf.

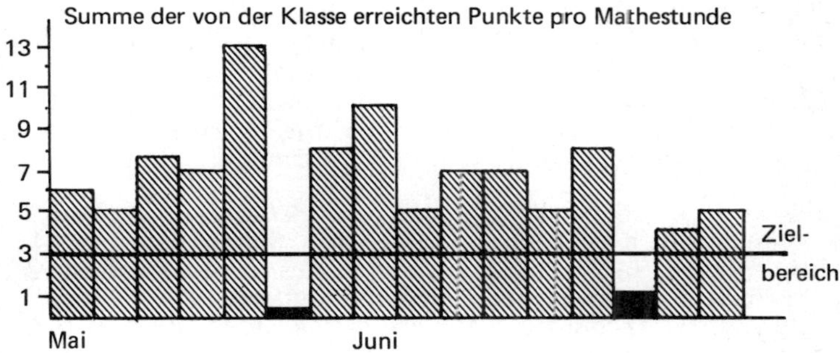

Den Verlauf der Intervention zeigt die Abbildung. Die Klasse hat mit Ausnahme von zwei Stunden (schwarze Säulen) jedesmal den Zielwert erreicht. In diesen beiden Stunden hatten die Schüler genausoviele Pluspunkte gesammelt wie an den anderen Tagen. Durch zahlreiche Störungen wurde jedoch die Gesamtsumme vermindert.
Die Daten stützen somit die Beschreibung des Lehrers.

Kommentar: Bei diesen Daten fehlt die Grundrate. Man kann kaum abschätzen, ob sich die Schüler vor der Intervention nicht ebenso verhalten haben wie in der Interventionsphase.

Literaturverzeichnis

Allen, D., Ryan, K.: Microteaching, London 1969

Antons, K.: Praxis der Gruppendynamik, Göttingen 1973

Bandura, A.: Verhaltenstheorie und die Modelle des Menschen, in: ders. (Hrsg.): Lernen am Modell, Stuttgart, Klett 1976, S. 205-229

Bandura, A.: Self-efficacy: Toward a unifying Theory of Behavioral Change, in: Psychological Review 1977 (84), S. 191-215

Barkey, P., Eisert, H. G.: Verhaltensmodifikation jugendlicher Delinquenz, in: *Rost, D., Grunow, P., Oechsle, D.* (Hrsg.): Pädagogische Verhaltensmodifikation, Weinheim u. Basel 1975, S. 162-190

Belschner, W.: Behandlungsmodelle, in: *Belschner* u. a.: Verhaltenstherapie in Erziehung und Unterricht, Stuttgart 1973, S. 84

Belschner, W., Hoffmann, M., Schott, F., Schulze, Ch.: Verhaltenstherapie in Erziehung und Unterricht, Stuttgart 1973

Blankertz, H.: Theorien und Modelle der Didaktik, München 1970

Brezinka, W.: Von der Pädagogik zur Erziehungswissenschaft, Weinheim 1969

Brusten, M., Hurrelmann, K.: Abweichendes Verhalten in der Schule, München 1973

Chin, R.: System- und Entwicklungsmodelle – Ihr Nutzen für den Praktiker, in: *Bennis, W. G., Benne, K. D., Chin, R.* (Hrsg.): Änderung des Sozialverhaltens, Stuttgart 1975, S. 238-259

Cohen, H. L., Filipczak, J., Bis, J., Cohen, J., Goldiamond, T., Lankrin, P.: Case II-model: A contingency-oriented 24 hour learning environment in a juvenile correctional institution, Silver Spring 1968

Cohn, R.: Von der Psychoanalyse zur themenzentrierten Interaktion, Stuttgart 1971

Eisert, H. G., Barkey, P.: Verhaltensmodifikation in der Schule, in: *Rost* u. a. (Hrsg.): Pädagogische Verhaltensmodifikation, Weinheim 1975

Fend, H.: Konformität und Selbstbestimmung, Weinheim 1971

Fittkau, B. u. a.: Kommunizieren lernen (und umlernen): Trainingskonzeptionen und Erfahrungen, Braunschweig 1977.

Gordon, T.: Lehrer-Schüler-Konferenz, Hamburg 1977

Hartig, M. (Hrsg.): Selbstkontrolle, München 1975

Heckhausen, H.: Förderung der Lernmotivierung und der intellektuellen Tüchtigkeiten, in: *Roth, H.* (Hrsg.): Begabung und Lernen. Gutachten der Bildungskommission, Bd. 4, 1969, S. 193 ff.

Heckhausen, H.: Relevanz der Psychologie als Austausch zwischen naiver und wissenschaftlicher Verhaltenstheorie, in: Psychologische Rundschau 1976 (27), S. 1-11.

Hofer, M.: Die Schülerpersönlichkeit im Urteil des Lehrers, Weinheim 1974
Holland, J. G., Skinner, B. F.: Analyse des Verhaltens, München, Berlin, Wien 1971
Hurrelmann, K.: Erziehungssystem und Gesellschaft, Reinbek 1975
Homme, L. E.: Perspectives in psychology XXIV: Control of coverants, the operants of the mind, in: Psychol. Rec. 15, 1965, S. 501-511
Homme, L. u. a.: Verhaltensmodifikation in der Schulklasse, Weinheim 1974
Kanfer, F. H.: Selbstmanagement – Methoden, in: *Kanfer, H. F., Goldstein, A. P.* (Hrsg.): Möglichkeiten der Verhaltensänderung, München 1977, S. 350 ff.
Koch, J. J.: Lehrer – Studium und Beruf. Einstellungswandel in den ersten beiden Phasen der Ausbildung, Ulm 1972
Kraiker, Ch.: Bemerkungen über die empirischen und theoretischen Grundlagen der Verhaltenstherapie, in: *Kraiker, Ch.* (Hrsg.): Handbuch der Verhaltenstherapie, München 1974, S. 11 ff.
Krieger, R., Bergmann, C., Bernath, L., Hohmann, J., Mendel, G., Theobald, G.: Erlebte Belastung des Lehrers durch verhaltensgestörte Schüler, in: Ztschr. f. Entwicklungspsychologie und Pädagogische Psychologie, 1976 (4), S. 245-250
Kuhlen, V.: Verhaltenstherapie im Kindesalter, München 1972
Lorenz, R., Molzahn, R., Teegen, F.: Verhaltensänderung in der Schule: Systematisches Anleitungsprogramm für Lehrer, Reinbek 1976
McClelland, D. C.: Toward a Theory of Motive Acquisition, in: American Psychologist 1965 (20), S. 321-333
Miller, G. A., Galanter, E., Pribram, K. H.: Strategien des Handelns, Stuttgart 1975
Minsel, B.: Verhaltensmodifikation im Elternhaus, in: *Rost, D., Grunow, P., Oechsle, D.* (Hrsg.): Pädagogische Verhaltensmodifikation, Weinheim 1975, S. 141-161
Nelson, G. M., Worell, J., Polsgrove, L.: Behaviorally disordered peers as Contingency-managers, in: Behavior Therapy 1973 (4, 2), S. 270-276
Opp, K.-D.: Methodologie der Sozialwissenschaften, Reinbek 1970
Opp, K.-D.: Verhaltenstheoretische Soziologie, Reinbek 1972
Petermann, F., Hasslinger, U.: Ein Training zum Abbau aggressiver Verhaltensweisen bei Kindern, in: Psych. Inst. Bonn (Hrsg.): Berichte aus dem Psych. Inst. Bonn, 11/1977
Redlich, A., Schley, W.: Hauptschulprobleme. München 1980 a
Redlich, A., Schley, W.: Lehrer und Schüler lösen zusammen Unterrichtsprobleme. betrifft: erziehung 1980 b (6) S. 47-50
Redlich, A., Ott, C.: Veränderung der Interaktion in Schulklassen statt Stigmatisierung durch Einzelfallbehandlung. Die Deutsche Schule 1980 (6) S. 379-389
Redlich, A., Schley, W.: Zur Einbeziehung von Gruppenprozessen in die Theorie und Praxis der kognitiven Verhaltensmodifikation.

Mitteilungen der Deutschen Gesellschaft für Verhaltenstherapie e. V. 1979 (11, 4) S. 661-676

Reichwein, P., Frech, H. W.: Lehrerbildung: Verführung zur Anpassung oder Befähigung zur Innovation, in: betrifft: erziehung 1971 (12), S. 19-32

Sarason, N. W.: Verbal learning, modeling and juvenile delinquency, in: American psychologist, 1968, 23, S. 254-266

Schley, W.; Redlich, A.: Von der Theorie-Praxis-Vermittlung zum Austausch von Alltagstheorien. In: Hinsch, R.; Jürgens, B.; Steinhorst, H. (Hg.): Der Lehrer in Erziehung und Unterricht. Hannover 1980, S. 170-198

Schott, F.: Verhaltensmodifikation durch Unterricht, Erziehung und Therapie, in: *Belschner* u. a.: Verhaltenstherapie in Erziehung und Unterricht, Stuttgart 1973, S. 60 ff.

Schulze, Chr.: Praktische Hinweise für die Therapie von Verhaltensproblemen, in: *Belschner* u. a.: Verhaltenstherapie in Erziehung und Unterricht, Stuttgart 1973, S. 180-190

Schulz v. Thun, F.: Die Aneignung von Kenntnissen im Unterricht durch verständliche Lehrtexte, in: Unterrichtswissenschaft (2) 1976, S. 101-113

Signer, R.: Verhaltenstraining für Lehrer, Weinheim 1977

Tausch, R., Tausch, A.: Erziehungspsychologie, Göttingen 1970

Tausch R.: Gesprächspsychotherapie, Göttingen 1973

Wendlandt, W., Noll, H.-W.: Entwicklung und Erprobung eines tonbandprogrammierten Selbstsicherheitstrainings, in: Verhaltenstherapie – Praxis –, Kongreßberichte Berlin 1976. DGVT-Sonderheft II/1977, S. 59-70

Zifreund, W.: Training des Lehrerverhaltens mit Fernsehaufzeichnungen – ‚Micro-Teaching‘ als Beitrag zu einer Reform der Lehrerausbildung, in: betrifft: erziehung, 6, 1970, S. 15-19